JN275441

諸外国の汚職防止法制

国際刑法研究 第14巻

森下 忠 著

成 文 堂

はしがき

　昨年，わたくしは，『国際汚職の防止』国際刑法研究第13巻を刊行した。
　この書は，1970年代の終りごろから国際的に高まった汚職防止の気運に応じて締結された諸条約の紹介と検討をしたほか，「20世紀以降に制定された汚職に関する"世界中で最も苛酷な法律の1つ"」(one of the most draconian anti-corruption measures in the world) と呼ばれる米国の1977年の Foreign Corrupt Practices Act＝FCPA〔外国汚職防止法〕および英国の2010年の Bribery Act 2010＝UKBA〔贈収賄法〕を紹介すると共に，するどく批判したものであった。
　「苛酷な法律」(Draconian acts, lois draconiennes) というのは，古代ギリシャのアテネの執政官であったドラコン (Dracon, Drakon) が制定した苛酷きわまりない法律に由来する言葉である。それがいわゆる"ドラコンの血法"として語り継がれるのであるが，21世紀の現今，米英両国が「汚職に関するドラコン法」を制定・適用していることは，重大な問題である。現に，いくつかの日本企業が，米国の FCPA の適用により，共謀などの罪で200億円などという莫大な制裁金や和解金を課せられている。英国も，米国の先例にならって，司法取引を活用することにより高額の制裁金・和解金を課する方針のようである（英国の文献による）。
　わが国は，汚職防止に関する諸条約のうち，1997年の OECD の「国際商取引における外国公務員への贈賄防止条約」を批准しているにすぎない。その故もあって，わが国では，汚職に関する諸条約，さらにそれら諸条約の当事国（締約国）の国内法制についての研究が，著しく立ち遅れている。
　2012年現在，2003年の国連汚職防止条約 (UNCAC) の当事国は，161か国に達している。これは，最も開発の遅れた国とか，独裁政治の国などを除く大部分の国が，国連条約の当事国となっていることを物語る。そこで，「日本も早く UNCAC を批准せよ」という外圧がかかってくることが予想

される。

　わが国が国連条約を批准するためには，日本の法制度の基本原則と相容れないと考えられる多くの問題に直面することになる。例えば，汚職防止独立委員会の設置，共謀（conspiracy）や協議（counselling）の犯罪化，特別捜査手法（盗聴，盗撮，通信の傍受，秘密警察による捜査など）の導入などが，それである。これにつき国連条約は，締約国の「憲法及び法制の基本原則に従い」，「国内法の基本原則に従い」，「自国の法的原則に従い」などの，いわゆる安全ガード条項を設けているほか，立法措置の義務にレベルを設けている（本書11頁以下）。それゆえ，すでに当事国となった161か国の汚職防止法制は，国によってさまざまであり，個々の国について調査・研究すべきことになる。外国の企業等との間で商取引，開発事業，インフラ整備等に係る各種の契約を締結しようとする日本の公的機関や企業等については，当該外国の司法制度，法的制裁に関する各種の法令，訴追制度のみならず，社会的慣行などについて，できる限り綿密な研究・調査を行うことが望まれる。

　本書では，この見地からさし当たり，世界の主要な15か国の汚職防止法制について，入手可能な限りでそれぞれの国の現行法制とその運用の実態を記述することに努めた。それら15か国の掲載順は，3つの地域に分けた中で英語のアルファベット順とした。

　執筆に当たっては，可能な限りそれぞれの国の言葉で書かれた条文について，それを訳し，記述する方針をとった。本書では，英語，フランス語，ドイツ語，イタリア語，ポルトガル語およびスペイン語の各条文および文献が基本の素材とされている。このような執筆方針をとることを心がけたのは，次の理由による。

　ヨーロッパ大陸諸国では，フランス語が最もよく通用している。のみならず，アフリカの北部と中西部の大部分（合計31か国）は，いわゆるFrancophone Africa〔フランス語を話すアフリカ〕であって，フランス語が第1言語ないし第2言語として通用している。これらの国の法制は，フランス法の影響を強く受けている。

ドイツ法は，その精緻な理論体系によってドイツ語圏の国々（オーストラリア，スイスなど）に大きな影響を与えている。わが国もまた，ドイツ法から多くのことを学んでいる。

　イタリアは，地中海を隔ててアフリカ大陸と向かい合っていて，歴史的にアフリカ諸国との交流が盛んである。それゆえ，日本の企業がイタリアの企業と共同企業体を構成して，アフリカにおける開発事業を行うなどの場合に，イタリア法制についての知見は役立つであろう。ちなみに，イタリアの2001年委任政令（法律と同一の効力をもつ）231号は，法人のみならず，法人格をもたない団体についても法的責任を認めることとした注目すべき立法であり（本書232頁以下），また，イタリア最大の商業都市ミラノには，つとに100社を超える日本企業が支店や営業所を設置している。

　中南米は，ブラジルを除いて，かつてスペインの植民地であったせいで，スペイン語が国語とされており，法制面では，スペインの影響を受けている。スペインでは，2010年法律5号により法人等の刑事責任を認める刑法の重要な一部改正が行われた（本書281頁以下参照）。このスペインの新法律は，やがて中南米諸国に影響を及ぼすであろうと推測される。

　ブラジルは，かつてポルトガルの植民地であった。その故で，国語は，ポルトガル語である。ブラジルは，いま，BRICs（新興4か国）のトップを行く国として，世界の注目を浴びている。日本の23倍の面積をもち，豊富な資源に恵まれているブラジルには，日本企業が相次いで進出をしている。本書では，この新しい動向に眼を向けて，ブラジルの汚職防止法制について紹介した。ただし，最新の立法（2010年の汚職防止法）についての資料を入手しえなかったので，その点，ご了承をお願いしたい。

　ポルトガルは，2007年法律59号により，法人等の団体の刑事責任を問うことができるとする，刑法の重要な一部改正をしている（本書264頁以下参照）。このポルトガルの新立法は，ブラジルに影響を与えているであろうと推測される。ポルトガル刑法については，2007年以降に行われた一部改正をも織り込んで，2012年の現行規定を紹介している。

　なお，中南米諸国は，いずれも汎米汚職防止条約（IACAC）の当事国と

なっている事情もあって，米国法の影響を受けている。例えば，条約の適用対象とされる汚職行為につき，共犯，未遂のほか，共謀までも含まれている（条約6条）。このような処罰範囲の拡大は，中南米では麻薬犯罪組織が取締官憲への贈賄工作をすることがしばしばであるので，それらの犯罪を制圧する意図にもとづくものである。中南米に進出を図る日本企業は，このような事情に留意すべきであろう。

　本書を執筆して印象に残るのは，共産主義の国，独裁政権の国，かつて植民地とされていた国，民主的革命をなしとげた旧共産圏の国において，汚職が風土病のように国中にまん延していることである。中国，インド，ルーマニアについての記述を参照していただきたい。汚職王国ロシアについては，文献入手が困難であったので，論述を省略した。

　本書は，米寿を迎えた老学者が1年がかりで書き上げたものである。入手することのできた外国の立法や文献が限られていたため，十分な内容のものとは言えない。それにもかかわらず，類書の存在しない分野を開拓した仕事として，研究者，法律実務家をはじめ，多くの企業関係者のお役に立つことができれば，幸せである。

　本書を刊行するに当たっては，成文堂の阿部耕一社長の温かいご配慮にあずかり，また，同社の石川真貴(まき)さん，さらに編集部の諸氏の一方ならぬご協力を受けた。心から厚くお礼を申しあげる。

　2013年1月吉日

　　　　　　　　　　　　　　　　　　　　　　　　　森　下　　忠

凡　例

訳語について

1．ヨーロッパ評議会　　欧州評議会

　これは，Council of Europe（英），Conseil de l'Europe（仏），Europarat（独）の訳語であって，同意義である。

　著者は，これまで，これを「ヨーロッパ理事会」と訳してきたが，EU 理事会（Council of the European Union）との混同を避けるため，上記の訳語に改めた。

2．締約国　　当事国

　1969 年の条約法条約（ウィーン条約）では，(f)「締約国」と (g)「当事国」とは，明確に区別して定義されている（2条）。しかし，わが国では，両者を含めて「締約国」という表現が定着しているので，本書では，この定着した表現を多くの箇所で用いた。

3．条約と外国法の訳文と訳語

　条約については，英語とフランス語の各正文を基礎としたほか必要に応じてスペイン語正文を参照して，内容に即した訳文と訳語を用いることに努めた。

　本書で扱った諸外国の刑法，汚職防止法等の法文の翻訳については，中国と韓国に関するものを除いて，できる限りそれぞれの国語による条文から訳出することを期した。

4．刑事法の専門用語

　国際刑事法に関する条約についてのわが国の公定訳および外務省訳の中には，誤訳が少なからず存在する。例えば，statute of limitations（時効）を「出訴期限」と訳し，mutual legal assistance（司法共助）を「法律上の相互援助」と訳しているのが，それである。そのほか，不適切な訳語も少なくない。

　本書では，それらの訳語についてわが国で定着している法令用語や学術用語を用いたほか，著者において適当と考える訳語を用いた。

主要な外国図書

Cohen & Marriott	International Corruption. 2010, Sweet & Maxwell
Dölling	Handbuch der Korruptionsprävention, 2007, Verlag C.H. Beck
Gruetzner/Hommel/ Moosmayer	Anti-Bribery Risk Assessment.-Systematic Overview of 153 Countries-. Including CD, 2011, Beck. Hart. Nomos

条約の略称

汎米条約	汎米汚職防止条約（1996年），*IACAC*
OECD条約	OECDの「国防際商取引における外国公務員贈賄防止条約」（1997年）
EU条約	欧州連合の「ヨーロッパ共同体の職員又は欧州連合加盟国の職員に係る汚職防止条約」（1997年）
CE刑事条約	欧州評議会の「汚職に関する刑事条約」（1999年）
CE追加議定書	欧州評議会の「汚職に関する刑事条約の追加議定書」（2003年）
CE民事条約	欧州評議会の「汚職に関する民事条約」（1999年）
国連条約	国際連合の汚職防止条約（2003年），*UNCAC*
AU条約	アフリカ連合の汚職防止条約（2003年）

目　次

はしがき

序　章　国連の汚職防止条約 …………………………………… 1
第1節　本条約のあらまし ……………………………………… 1
　　1　まえがき ……………………………………………………… 1
　　2　本条約の構成 ………………………………………………… 3
第2節　外務省訳における誤訳 ………………………………… 6
　　1　まえがき ……………………………………………………… 6
　　2　誤訳の代表的事例 …………………………………………… 7
第3節　立法措置の義務のレベル ……………………………… 11
　　1　義務の3つのレベル ………………………………………… 11
　　2　安全ガード条項 ……………………………………………… 12
第4節　贈賄と収賄 ……………………………………………… 14
　　1　公務員に係る贈収賄 ………………………………………… 14
　　　〔Ⅰ〕自国公務員に係る贈収賄（15条）(14)
　　　〔Ⅱ〕外国公務員等に係る贈収賄（16条）(15)
　　2　あっせん贈収賄（18条）…………………………………… 16
　　3　公務員の不正蓄財（20条）………………………………… 17
　　4　民間部門における贈収賄 …………………………………… 18
　　5　犯罪収益の洗浄 ……………………………………………… 19
　　　〔Ⅰ〕資金洗浄の防止措置（14条）(19)
　　　〔Ⅱ〕資金洗浄の犯罪化 (20)
第5節　法人の責任 ……………………………………………… 23
　　1　新しい法思想の確認 ………………………………………… 23
　　2　法人の責任 …………………………………………………… 25
　　3　法人に対する制裁 …………………………………………… 25

第1部　アジア諸国

第1章　中国の汚職防止法制………………………………31
第1節　中国における汚職事情………………………………31
まえがき…………………………………………………31
1　中国の公務員，組織体………………………………33
〔Ⅰ〕公務員（33）
〔Ⅱ〕組織体（34）
第2節　反不正当競争法………………………………………36
1　商業贈収賄……………………………………………36
2　競争法8条……………………………………………37
〔Ⅰ〕商業贈収賄（37）
〔Ⅱ〕行政罰（38）
第3節　刑法上の収賄罪………………………………………40
1　刑法における贈収賄罪の体系………………………40
2　刑法上の収賄罪………………………………………41
〔Ⅰ〕組織体職員収賄罪（163条）（41）
〔Ⅱ〕公務員収賄罪（43）
〔Ⅲ〕国家機関等収賄罪（44）
〔Ⅳ〕あっせん収賄罪（45）
第4節　刑法上の贈賄罪………………………………………46
1　非自国公務員への贈賄………………………………46
〔Ⅰ〕組織体職員への贈賄（46）
〔Ⅱ〕外国公務員への贈賄（47）
2　自国公務員への贈賄…………………………………48
〔Ⅰ〕自国公務員への贈賄（48）
〔Ⅱ〕国家機関等への贈賄（49）

〔Ⅲ〕あっせん贈賄（50）
　　　〔Ⅳ〕組織体による公務員贈賄（50）
　第 5 節　刑の体系　刑法の場所的適用……………………………51
　　　〔Ⅰ〕刑の体系（51）
　　　〔Ⅱ〕刑法の場所的適用（53）
　第 6 節　企業犯罪とそれに対する制裁………………………………55
　　　はじめに………………………………………………………………55
　　　1　中国における企業犯罪の歴史………………………………56
　　　2　今後の法改正への提言………………………………………57
　第 7 節　汚職防止のプロフィール……………………………………59
　　　1　国中にまん延する汚職………………………………………59
　　　2　贈収賄の実情…………………………………………………59

第 2 章　香港の汚職防止法制……………………………………………62
　第 1 節　第 2 次大戦後の香港……………………………………………62
　　　1　阿片戦争から香港の中国返還まで…………………………62
　　　2　1970 年代までの汚職蔓延……………………………………63
　第 2 節　汚職対策独立委員会……………………………………………65
　　　1　独立委員会の設置……………………………………………65
　　　2　独立委員会の権限と構成……………………………………66
　　　〔Ⅰ〕汚職対策の 3 つの柱（66）
　　　〔Ⅱ〕法の執行（66）
　　　〔Ⅲ〕予　防（68）
　　　〔Ⅳ〕教　育（68）
　　　3　汚職防止対策の成果…………………………………………69
　　　〔Ⅰ〕風土病的汚職の克服（69）
　　　〔Ⅱ〕汚職減少の理由（70）
　第 3 節　制定法上の汚職犯罪……………………………………………72
　　　〔Ⅰ〕公務員に係る贈収賄（72）

〔Ⅱ〕公務員に係る贈収賄罪（73）
　　　〔Ⅲ〕民間部門における贈収賄（74）
　　　〔Ⅳ〕不正蓄財（76）
　　　〔Ⅴ〕法的制裁（76）
　第 4 節　法人の刑事責任 …………………………………………79
　　1　法人の刑事責任 …………………………………………79
　　2　行政処分 …………………………………………………79
　　あとがき ……………………………………………………80

第 3 章　インドの汚職防止法制 …………………………81
　第 1 節　インドの過去と現在 ……………………………………81
　　1　植民地から独立国へ ……………………………………81
　　2　インドにおける汚職の歴史 ……………………………82
　　　〔Ⅰ〕英国の統治時代（82）
　　　〔Ⅱ〕独立後の官僚統治時代（82）
　　　〔Ⅲ〕1991 年以降における汚職撲滅国民運動（83）
　第 2 節　現行の汚職防止関連立法 ………………………………85
　　1　一連の諸法律 ……………………………………………85
　　2　1988 年の汚職防止法（PCA 1988）……………………86
　　　〔Ⅰ〕公務員の定義（86）
　　　〔Ⅱ〕収賄罪（87）
　　　〔Ⅲ〕あっせん収賄罪（8 条，9 条）（88）
　　　〔Ⅳ〕常習犯（88）
　　　〔Ⅴ〕収賄の推定（88）
　　　〔Ⅵ〕共謀罪（89）
　　　〔Ⅶ〕外国公務員への贈賄（89）
　　3　公益通報権法 ……………………………………………89
　第 3 節　法人の刑事責任 …………………………………………91
　　1　インドにおける伝統的な考え方 ………………………91

2　認める方向への歩み……………………………………92
　　3　裁判例の推移……………………………………………93
　　4　罰金以外の制裁…………………………………………95
　第4節　捜査および訴追……………………………………………96
　　1　中央監視委員会…………………………………………96
　　2　中央捜査局（Central Bureau of Investigation＝CBI）……97
　　3　会計検査院（Office of the Comptroller and Auditor General＝Office of C & AG）……………………………97
　　4　中央情報委員会（Chief Information Commission＝CIC）
　　　　………………………………………………………………98
　　5　重大詐欺事件捜査局（Serious Fraud Investigation Office＝SFIO）……………………………………………98
　第5節　汚職防止プロフィール……………………………………98
　　〔Ⅰ〕インドの社会と政治（98）
　　〔Ⅱ〕汚職防止への努力（99）
　　〔Ⅲ〕共謀処罰に注意（100）

第4章　韓国の汚職防止法制……………………………………… 102
　第1節　新生をめざす国………………………………………… 102
　　1　「汚職の国」のイメージ……………………………… 102
　　2　汚職防止法の制定……………………………………… 104
　　3　財閥の光と闇…………………………………………… 105
　　4　司法汚職がはびこる国………………………………… 107
　第2節　公務員に係る贈収賄…………………………………… 108
　　1　用語の意義……………………………………………… 108
　　〔Ⅰ〕公務員（108）
　　〔Ⅱ〕賄　賂（109）
　　2　公務員等の収賄………………………………………… 110
　　〔Ⅰ〕収賄，受託収賄（刑法129条）（110）

〔Ⅱ〕第三者供賄 (111)
　　　〔Ⅲ〕加重収賄，事後収賄 (111)
　　　〔Ⅳ〕あっせん収賄 (111)
　　3　公務員等への贈賄 ……………………………………… 112
　　4　没収，追徴，刑の加重 ………………………………… 112
　　　〔Ⅰ〕没収，追徴 (112)
　　　〔Ⅱ〕刑の加重 (112)
　第3節　商取引における民間の贈収賄 ……………………… 113
　　　〔Ⅰ〕民間部門における贈収賄 (113)
　　　〔Ⅱ〕資格停止と未遂 (114)
　第4節　特別犯罪の加重処罰 ………………………………… 114
　第5節　刑法適用法 …………………………………………… 115
　　　〔Ⅰ〕韓国刑法における諸原則 (115)
　　　〔Ⅱ〕若干の考察 (117)
　第6節　法人に対する制裁 …………………………………… 118
　第7節　汚職防止法 …………………………………………… 118
　　　〔Ⅰ〕この法律のあらまし (118)
　　　〔Ⅱ〕相次ぐ国際的批判 (119)
　第8節　新しい汚職防止法 …………………………………… 120
　　　〔Ⅰ〕新法のあらまし (120)
　　　〔Ⅱ〕委員会 (121)
　　　〔Ⅲ〕地方オンブズマン (121)
　　　〔Ⅳ〕汚職行為の通報，公益通報者の保護 (122)
　　　〔Ⅴ〕第7章　補充規定 (124)
　　　〔Ⅵ〕罰　則 (124)

第5章　シンガポールの汚職防止法制 ………………………… 126
　第1節　シンガポールの歴史と地理 ………………………… 126
　　1　歴　史 ………………………………………………… 126

〔Ⅰ〕イギリスによる植民地支配 (126)
　　　〔Ⅱ〕日本による占領と軍政 (127)
　　　〔Ⅲ〕マレーシア連邦 (127)
　　2　地理，通貨，対日関係……………………………………………128
第2節　法制度………………………………………………………………129
　　1　コモン・ロー制度の承継…………………………………………129
　　2　刑　法………………………………………………………………129
　　3　刑事訴訟法…………………………………………………………130
第3節　裁判所の構成と刑事管轄…………………………………………131
　　1　裁判所の構成………………………………………………………131
　　2　最高裁判所と下級裁判所の管轄…………………………………132
　　　〔Ⅰ〕最高裁判所の刑事管轄 (132)
　　　〔Ⅱ〕下級裁判所の刑事管轄 (132)
第4節　刑　罰………………………………………………………………134
　　1　死　刑………………………………………………………………134
　　2　拘禁刑………………………………………………………………134
　　3　むち打ち（caning）…………………………………………………135
　　4　罰金（fine）…………………………………………………………135
第5節　シンガポールにおける汚職の歴史………………………………137
　　1　英国の植民地時代の汚職…………………………………………137
　　2　日本占領下および戦後の汚職……………………………………137
第6節　シンガポールにおける汚職規制…………………………………139
　　1　関係する諸条約の批准……………………………………………139
　　2　刑法と汚職防止法における汚職関連規定………………………139
　　　〔Ⅰ〕用語の定義 (140)
　　　〔Ⅱ〕刑法における公務員に関する収賄罪 (141)
　　　〔Ⅲ〕汚職防止法における汚職規制 (142)

第7節　法人の刑事責任 …………………………………… 146
第6章　タイの汚職防止法制 ……………………………………… 148
　第1節　タイの歴史，経済，人口 ………………………………… 148
　　1　歴　史 ……………………………………………………… 148
　　2　タイの経済と人口 ………………………………………… 149
　第2節　汚職防止法制のあらまし ………………………………… 149
　　1　各種の法と機関 …………………………………………… 149
　　2　国際条約との関係 ………………………………………… 150
　第3節　刑法における贈収賄罪 …………………………………… 151
　　1　刑の体系 …………………………………………………… 151
　　2　6つの基本的な汚職犯罪 ………………………………… 152
　　3　刑法における収賄罪 ……………………………………… 153
　　　〔Ⅰ〕一般公務員の収賄（153）
　　　〔Ⅱ〕賄賂強要罪（154）
　　　〔Ⅲ〕加重収賄罪（155）
　　　〔Ⅳ〕事前収賄罪（156）
　　　〔Ⅴ〕職権濫用による背任等（156）
　　　〔Ⅵ〕司法職員の収賄（156）
　　4　刑法における贈賄罪 ……………………………………… 158
　第4節　汚職防止法 ………………………………………………… 158
　　1　まえがき …………………………………………………… 158
　第5節　その他の法律 ……………………………………………… 160
　　1　国営企業職員犯罪法 ……………………………………… 160
　　2　情報公開法 ………………………………………………… 161
　　3　公益通報者保護法案 ……………………………………… 161
　　4　資金洗浄防止及び処罰法 ………………………………… 161
　　5　行政裁判所及び行政裁判手続法 ………………………… 161

第6節　刑法の場所的適用 …………………………………… 162
　　第7節　法人の刑事責任 ………………………………………… 164
　　　〔Ⅰ〕法人に対する科刑（164）
　　　〔Ⅱ〕法人職員の刑事責任（164）

第2部　ヨーロッパ諸国

第7章　フランスの汚職防止法制 ………………………………… 169
　第1節　ナポレオン刑法典における汚職犯罪 …………………… 169
　　1　ナポレオン刑法典における汚職犯罪 ……………………… 169
　　　〔Ⅰ〕ナポレオン法典（169）
　　　〔Ⅱ〕1810年のフランス刑法典（170）
　　　〔Ⅲ〕1992年のフランス新刑法典（170）
　　　〔Ⅳ〕汚職に関する諸条約の批准（171）
　　　〔Ⅴ〕主要な刑法の一部改正（172）
　第2節　新刑法典における犯罪と刑罰 …………………………… 172
　　1　犯罪の分類，審級管轄 ……………………………………… 172
　　2　刑罰の種類 …………………………………………………… 174
　第3節　法人の刑事責任 …………………………………………… 175
　　1　新刑法典に至るまでの歩み ………………………………… 175
　　2　新刑法典における法人の刑事責任 ………………………… 176
　　　〔Ⅰ〕特別規定原則の廃止（176）
　　　〔Ⅱ〕法人の刑事責任の2要件（177）
　　　〔Ⅲ〕法人と個人との平等の原則（178）
　第4節　汚職犯罪の法的構造 ……………………………………… 179
　　1　汚職犯罪の概念の拡大 ……………………………………… 179
　　2　フランス刑法における汚職罪 ……………………………… 180
　　3　汚職犯罪に対する刑罰 ……………………………………… 181

〔Ⅰ〕公務員等による収賄罪の刑罰（181）
〔Ⅱ〕公務を執行しない者に係る贈収賄の刑（182）
　　4　刑法の場所的適用 …………………………………… 182
　第5節　刑法条文の邦訳 ………………………………………… 183
　第6節　汚職のリスク評価 ……………………………………… 194
　　1　収賄と贈賄 …………………………………………… 194
　　2　広い公務員概念 ……………………………………… 195
　　3　賄賂の範囲 …………………………………………… 195
　　4　刑法適用法 …………………………………………… 196

第8章　ドイツの汚職防止法制 ……………………………………… 197
　第1節　シーメンス疑惑事件 …………………………………… 197
　　1　シーメンス社，日本への進出 ……………………… 197
　　2　シーメンス社の外国における汚職活動 …………… 198
　第2節　ドイツの汚職防止法 …………………………………… 199
　　1　ドイツ刑法における序論的考察 …………………… 199
〔Ⅰ〕条約との関係（199）
〔Ⅱ〕補足的考察（201）
　第3節　公務員等に係る贈収賄罪 ……………………………… 202
　　1　用語の定義 …………………………………………… 202
　　2　公務員等による利益収受 …………………………… 203
　　3　公務員等による収賄 ………………………………… 205
　　4　公務員等への利益供与 ……………………………… 207
　　5　公務員等への贈賄 …………………………………… 207
　　6　加重収賄と加重贈賄 ………………………………… 208
　第4節　商取引における贈収賄 ………………………………… 209
　　1　商取引における贈収賄罪 …………………………… 209
〔Ⅰ〕沿　革（209）
〔Ⅱ〕商取引における収賄罪（刑299条1項）（210）

〔Ⅲ〕商取引における贈賄罪（299条2項）(212)
　　　〔Ⅳ〕商取引における加重贈収賄 (213)
　第5節　制裁および処分 …………………………………………… 213
　　1　主　刑 …………………………………………………………… 213
　　2　公職禁止，被選挙権の喪失，職業禁止 …………………… 214
　第6節　法人等に対する過料その他の制裁 …………………… 215
　　1　法人等に対する法的制裁 ……………………………………… 215
　　2　秩序違反法による過料 ………………………………………… 216
　　　〔Ⅰ〕秩序違反法30条の要件 (216)
　　　〔Ⅱ〕過料の額 (216)
　第7節　国外犯に対する刑法の適用 …………………………… 217
　　1　属地主義による拡大適用 ……………………………………… 217
　　2　能動的属人主義 ………………………………………………… 218
　　3　純代理処罰主義 ………………………………………………… 218
あとがき ……………………………………………………………………… 219
　　1　共　謀 …………………………………………………………… 219
　　2　公益通報者の保護 ……………………………………………… 220

第9章　イタリアの汚職防止法制 ……………………………… 221
第1節　イタリアが批准した諸条約 ……………………………… 221
　　1　まえがき ………………………………………………………… 221
　　2　イタリアが批准した汚職防止条約 ………………………… 222
　　　〔Ⅰ〕CE条約を批准せず (222)
　　　〔Ⅱ〕OECD条約を取り入れた国内法 (222)
第2節　刑法における汚職禁止規定 ……………………………… 223
　　1　まえがき ………………………………………………………… 223
　　2　内国公務員に係る汚職犯罪 …………………………………… 224
　　3　外国公務員等に係る汚職罪 …………………………………… 227
　　4　詐欺罪に係る刑法改正 ………………………………………… 229

第3節　法人の法的責任 …………………………………………… 230
　　　1　憲法27条1項 ………………………………………………… 230
　　　2　イタリアにおける法人の責任を問う動向 ………………… 231
　　　　〔Ⅰ〕2001年委任政令231号（232）
　　　　〔Ⅱ〕企業の責任（法5条）（234）
　　　3　行政制裁 ……………………………………………………… 235
　　　4　企業責任の法的性質 ………………………………………… 236
　　　　〔Ⅰ〕行政責任説（236）
　　　　〔Ⅱ〕刑事責任説（237）
　　　　〔Ⅲ〕準刑事責任説（237）
　　　5　企業責任を問うための重要規定 …………………………… 238
　　　　〔Ⅰ〕国外犯, 団体の責任（238）
　　　　〔Ⅱ〕コンプライアンス・プログラム（内部準則）（239）
　　　6　特色のある事柄 ……………………………………………… 242
　　　　〔Ⅰ〕民法第2635条（242）
　　　　〔Ⅱ〕過失致死又は重大な傷害に係る企業責任（242）

第10章　ポルトガルの汚職防止法制 ………………………………… 244
　　第1節　国土と歴史 ………………………………………………… 244
　　　1　ポルトガルと日本との結び付き …………………………… 244
　　　2　ポルトガル王国の盛衰 ……………………………………… 245
　　　3　カーネーション革命 ………………………………………… 246
　　第2節　ポルトガルの刑法 ………………………………………… 247
　　　1　近代的刑法典の歩み ………………………………………… 247
　　　2　1995年刑法における基本原則と刑の体系 ………………… 248
　　　　〔Ⅰ〕刑法の基本原則（248）
　　　　〔Ⅱ〕刑の体系（249）
　　　3　付加刑 ………………………………………………………… 253
　　　　〔Ⅰ〕自然人に対する付加刑（253）

　　　　〔Ⅱ〕法人に対する付加刑 (253)
　第3節　刑法における贈収賄 ……………………………………… 254
　　　　〔Ⅰ〕用語の意義 (256)
　　　　〔Ⅱ〕条文についての若干の解説 (257)
　　　　〔Ⅲ〕未　遂 (259)
　　　　〔Ⅳ〕その他の関連犯罪 (259)
　第4節　国際取引および民間部門における贈収賄 …………… 260
　　1　国際取引における贈賄 ……………………………………… 260
　　2　民間部門における贈収賄 …………………………………… 261
　　3　本法の場所的適用範囲 ……………………………………… 262
　第5節　法人の法的責任 ………………………………………… 263
　　1　刑法上の原則 ………………………………………………… 263
　　2　2007年法律59号による刑法改正 ………………………… 264
　　3　法人が刑事責任を問われないために …………………… 264
　　　　〔Ⅰ〕まえがき (264)
　　　　〔Ⅱ〕英国の贈収賄法における「適正な手続」の抗弁 (266)
　　　　〔Ⅲ〕汚職リスクを防止するための内部対策 (266)
　第6節　批准した関係条約 ……………………………………… 268
　　1　ポルトガルが批准した条約 ……………………………… 268
　　2　批准のために整備した国内法 …………………………… 269
　あとがき ……………………………………………………………… 269

第11章　スペインの汚職防止法制 ……………………………… 271
　第1節　スペインの新刑法 ……………………………………… 271
　　1　スペイン刑法の歴史 ……………………………………… 271
　　　　〔Ⅰ〕旧刑法の誕生まで (271)
　　　　〔Ⅱ〕1995年刑法典 (271)
　　　　〔Ⅲ〕その後の重要な一部改正 (272)
　　2　犯罪と刑罰の分類 ………………………………………… 273

〔Ⅰ〕犯罪の分類（273）
　　　〔Ⅱ〕刑罰の分類（274）
　　3　刑事責任の主体 …………………………………………… 277
　　　〔Ⅰ〕共犯と未遂の類型（277）
　　　〔Ⅱ〕法人管理者の責任（279）
第2節　法人の刑事責任 ………………………………………… 280
　　1　国際的動向 ………………………………………………… 280
　　2　刑法31条の2 ……………………………………………… 281
　　　〔Ⅰ〕法人の刑事責任（281）
　　　〔Ⅱ〕法人が刑事責任を問われる前提条件（283）
　　　〔Ⅲ〕法人以外の団体への刑事措置（283）
　　3　法人に適用される刑罰 …………………………………… 284
　　4　刑罰以外の法的制裁 ……………………………………… 284
　　5　法人が刑事責任を問われる犯罪 ………………………… 284
第3節　刑法における汚職犯罪 ………………………………… 286
　　1　内国公務員に係る贈収賄 ………………………………… 286
　　　〔Ⅰ〕公務員の加重収賄（286）
　　　〔Ⅱ〕公務員の収賄（288）
　　　〔Ⅲ〕内国公務員への贈賄（288）
　　2　外国公務員等に係る贈収賄 ……………………………… 290
　　3　国際商取引における汚職犯罪 …………………………… 291
　　4　あっせん贈収賄 …………………………………………… 292
第4節　その他の関連犯罪 ……………………………………… 294
　　1　公務員による職権濫用 …………………………………… 294
　　2　不正蓄財 …………………………………………………… 295
　　3　民間部門における贈収賄 ………………………………… 295
あとがき …………………………………………………………… 296

第3部 その他の諸国

第12章 アルゼンチンの汚職防止法制 …………………… 299
第1節 アルゼンチンの國土，歴史，財政 …………………… 299
　1　国土と歴史 …………………………………………………… 299
　2　財政悪化とその克服 ………………………………………… 300
第2節 アルゼンチン刑法 …………………………………… 300
　1　刑法の歴史 …………………………………………………… 300
　2　刑事制裁の体系 ……………………………………………… 301
　　〔Ⅰ〕刑罰の種類（301）
　　〔Ⅱ〕法人の刑事責任（303）
第3節 刑法における贈収賄 ………………………………… 304
　1　収　賄 ………………………………………………………… 304
　　〔Ⅰ〕公務員の収賄（304）
　2　民間部門における収賄 ……………………………………… 305
　3　司法官の収賄 ………………………………………………… 306
　4　あっせん収賄 ………………………………………………… 307
　5　贈賄罪 ………………………………………………………… 308
　6　外国公務員への贈賄 ………………………………………… 308
　7　勤務中の贈収賄 ……………………………………………… 309
　8　不正蓄財の罪 ………………………………………………… 309
　9　刑法の場所的適用 …………………………………………… 310
第4節 条約との関係 ………………………………………… 311
　1　中南米の特殊事情 …………………………………………… 311
　2　汎米汚職防止条約 …………………………………………… 312
　3　OECD条約との関係 ………………………………………… 313

22　目　次

　　　第 5 節　最近における汚職防止におけるプロフィール ……… 313
　　　　　1　1990 年代後半以降 …………………………………… 313
　　　　　　〔Ⅰ〕1990 年後半以降の経済発展と汚職防止策（313）
　　　　　　〔Ⅱ〕各層に滲み込んだ汚職体質（314）
　　　　　　〔Ⅲ〕汚職防止法制（316）
　　あとがき …………………………………………………………… 317

第 13 章　オーストラリアの汚職防止法制 ……………… 318
　　第 1 節　序　説 …………………………………………………… 318
　　　　　1　国の構成，面積，人口 ……………………………… 318
　　　　　2　オーストラリアが批准した条約 …………………… 319
　　　　　　〔Ⅰ〕OECD 条約（319）
　　　　　　〔Ⅱ〕国連条約（319）
　　第 2 節　連邦刑法 ………………………………………………… 320
　　　　　1　1995 年の Criminal Code …………………………… 320
　　　　　　〔Ⅰ〕基本的性格（320）
　　　　　　〔Ⅱ〕刑　罰（320）
　　　　　　〔Ⅲ〕刑事司法制度（321）
　　第 3 節　連邦刑法における汚職犯罪 …………………………… 322
　　　　　1　外国公務員への贈賄 ………………………………… 322
　　　　　　〔Ⅰ〕連邦刑法の規定（322）
　　　　　　〔Ⅱ〕2 種類の抗弁（323）
　　　　　　〔Ⅲ〕刑　罰（325）
　　　　　2　内国公務員に係る贈収賄 …………………………… 327
　　　　　　〔Ⅰ〕内国公務員の定義（327）
　　　　　　〔Ⅱ〕贈賄罪と収賄罪（327）
　　第 4 節　企業の刑事責任 ………………………………………… 328
　　　　　1　基本原則 ……………………………………………… 328

第5節　オーストラリア刑法の特色 ……………………………… 330
　　　〔Ⅰ〕刑事責任の拡大（330）
　　　〔Ⅱ〕共　謀（331）
　　第6節　訴追活動 ………………………………………………… 333
　　　1　汚職の少ない国 …………………………………………… 333
　　　2　内部告発 …………………………………………………… 334

第14章　ブラジルの汚職防止法制 ………………………………… 335
　　第1節　序　説 …………………………………………………… 335
　　　1　まえがき …………………………………………………… 335
　　　2　ブラジル社会の腐敗構造 ………………………………… 336
　　　3　ブラジルが締結した汚職防止条約 ……………………… 337
　　　〔Ⅰ〕汎米汚職防止条約（IACAC）（337）
　　　〔Ⅱ〕OECD条約（338）
　　　〔Ⅲ〕国連の汚職防止条約（UNCAC）（339）
　　第2節　刑法における汚職罪 …………………………………… 340
　　　〔Ⅰ〕まえがき（340）
　　　〔Ⅱ〕刑法各則第11編第1章（341）
　　　〔Ⅲ〕第11編第2章（343）
　　　〔Ⅳ〕条約の受入れによる追加規定（345）
　　第3節　新しい汚職防止法 ……………………………………… 347
　　　1　従前の汚職防止規定の不十分性 ………………………… 347
　　　2　新法の概要 ………………………………………………… 348
　　　〔Ⅰ〕米国 FCPA の影響（348）
　　　〔Ⅱ〕新法の主要箇所（349）

第15章　ルーマニアの汚職防止対策 ……………………………… 352
　　第1節　ルーマニアという国 …………………………………… 352
　　　1　地理，人口，宗教 ………………………………………… 352

2　政治体制の歴史 ……………………………………………… 353
第2節　ルーマニアの汚職 …………………………………………… 354
　　1　共産主義の時代 ……………………………………………… 354
　　2　民主主義の時代 ……………………………………………… 355
　　3　犯罪学的検討 ………………………………………………… 356
　　4　国際的角度から ……………………………………………… 357
　　　〔Ⅰ〕透明性認識指数（357）
　　　〔Ⅱ〕EUからの勧告（358）
第3節　刑法における汚職関連規定 ………………………………… 359
　　1　ルーマニア刑法の歴史 ……………………………………… 359
　　2　新刑法の特色 ………………………………………………… 360
　　3　新刑法における刑の体系 …………………………………… 361
　　　〔Ⅰ〕自然人に対する刑（361）
　　　〔Ⅱ〕法人の刑事責任と法人に対する刑（362）
　　4　新刑法における汚職の罪 …………………………………… 363
　　　〔Ⅰ〕公務員の収賄（363）
　　　〔Ⅱ〕贈　賄（365）
　　　〔Ⅲ〕事後収賄（366）
　　　〔Ⅳ〕不正報酬の収受（366）
　　　〔Ⅴ〕あっせん贈収賄（366）
　　　〔Ⅵ〕法人に対する制裁（367）
　　　〔Ⅶ〕刑法の場所的適用（368）
第4節　汚職対策をめぐる賛否の議論 ……………………………… 369
　　　〔Ⅰ〕議論の対立（369）
　　　〔Ⅱ〕2010年汚職防止（改正）法（372）
　　あとがき ………………………………………………………… 372

　　索　　引
　　外国語索引

序章　国連の汚職防止条約

第1節　本条約のあらまし
第2節　外務省訳における誤訳
第3節　立法措置の義務のレベル
第4節　贈賄と収賄
第5節　法人の責任

第1節　本条約のあらまし

1　まえがき

　国連の汚職防止条約（UNCAC）は，汚職防止に関する諸条約の中で最も重要な意義をもっている。
　そのプロフィールは，次のとおりである。

名　称　　汚職防止に関する国際連合条約
　　　　（英語）United Nations Convention against Corruption
　　　　（仏語）Convention des Nations Unies contre la Corruption
採　択　　2003年10月31日の国連総会で採択
署　名　　2003年12月9日から11日まで，メキシコのメリダ（Merida）で，すべての国の署名に開かれた。この期間中に140か国が署名した（日本も署名）。
当事国　　2012年7月12日現在，161か国が，批准，加入，承認または受諾によって当事国（State party, Etat Partie）となった（2012年9月のinternetによる）。

このように，現在，161 か国が本条約の当事国になっているということは，世界中のほとんど全部の国が汚職防止の重要性を認めていることを物語る。本条約は，汚職防止に関して法的拘束力をもつ，最初の国際的法律文書（international instrument）である点において，重要な意義をもつものである。

　日本は，いまだに本条約を批准していない。人口 1,000 万人以上の国であって，本条約の当事国となっていないのは，日本（人口 1 億 2,800 万）とドイツ（人口 8,200 万）が断然トップにいて，それに続くものとしてスーダン（人口 4,400 万），北朝鮮（人口 2,400 万），シリア（人口 2,200 万），ギニア（人口 1,000 万）などがある。(1) これらの国の中には，内戦状態が続く国や特殊な政治体制の国が含まれている。しかるに，政情が安定し，経済的発展をとげている日本とドイツが未批准国として存在することは，きびしい国際的批判を受けることは免れないであろう。「日本も早く批准せよ」という外圧がかかることも予想される。

　他面，かねてから日本企業は，世界の各国に経済進出しており，近時，商品や原材料等の輸出入をはじめ，新興国や開発途上国における開発事業，インフラ整備等の分野で海外進出のテンポを早めている。ところで，そうした海外進出に当たっては，進出先の国の法制，特に行政手続，契約，汚職防止に関する法制をよく研究しておく必要がある。

　現在，161 か国が本条約の当事国となっていることは，それらの国は，本条約の趣旨に沿った法整備を行っているはずである。特に注意すべきは，本条約が当事国に対し，義務的または裁量的に犯罪化を義務づけている条項についてである。

(1) 本文に記載した国のほか，人口 100 万以上であって未だ当事国になっていない国として，Burma, Saudi Arabia, Cote d'Ivoire, Czech Republic, Chad, Somalia, Eritrea, New Zealand, Oman および Swaziland がある。

2　本条約の構成

本条約は，前文および7章71か条から成る。それらの条文は，ほとんどが綿密かつ長文の規定である。その章ごとの構成は，次のとおりである。

第1章「一般規定」（1条～4条）　ここでは，目的（1条），用語（2条），適用範囲（3条），主権の保護（4条）が規定されている。

第2章「防止措置」（5条～14条）　ここでは，締約国が汚職防止のために講ずべき政策およびその遂行について執るべき事項が規定されている。そこで注目すべきは，公的部門（7条）においてのみならず，民間部門（private sector）（12条）においても，自国の国内法の基本原則に従い，民間部門における汚職行為を防止するなどのための措置をとるべきこととされ，適当な場合には，それらの措置の違反に対し，効果的で，均衡のとれた，かつ抑止力のある民事上，行政上または刑事上の制裁（penalties, sanctions）を定めることとされている点である（1項）。

汚職行為の防止および汚職との戦い（fight against corruption）を進めるために市民社会の参加（participation of society）を促進すること（13条），さらに資金洗浄（money-laundering, blanchiment d'argent）を防止するための措置をとるべきこと（14条）が規定されているのも，国際的な新動向を反映するものである。

第3章「犯罪化及び法執行」（15条～42条）　これについては，本条約の核心をなす部分であるので，節を改めて詳述する。

第4章「国際協力」（43条～50条）　国際的汚職（international corruption）および国越的汚職（transnational corruption）の効果的防止のために犯罪人引渡し（44条），受刑者の移送（transfer of sentenced persons）（45条），司法共助（mutual legal assistance）（46条），刑事訴追の移管（transfer of criminal proceedings）（47条），法執行のための協力（48条），2国間または多数国間における共同捜査（joint investigations）（49条）および特別捜査手法（50条）に関し，締約国が協力すべき旨が規定されている。

ここに掲げる国際協力のうち，最も長い伝統をもつのは，犯罪人引渡し

である。条約44条は，犯罪人引渡しについて詳細な規定を設けている。それは要するに，締約国間における犯罪人引渡しをできる限り広い範囲で，かつ円滑に進めようとする最近の国際的動向を反映したものである。

特に注目すべきは，「締約国は，犯罪人引渡しを行い，又はその実効性を高めるための2国間又は多国間の協定（agreements, accords）又は取決め（arrangements）を締結するよう努める。」と明記されていること（44条18項）である。欧米の先進国が，50か国以上，あるいは100か国以上の国との間で犯罪人引渡条約を締結しているのに比べて，わが国は，ごく僅かな国との間でのみ，犯罪人引渡条約を締結しているにすぎない。政府の関係当局が積極的態度に転ずることが，強く要請される。

第46条「司法共助」（mutual legal assistance, entraide judiciaire）は，30項目にわたり，実に詳細な規定を設けている。それは，まことに注目すべき事柄である。

いうまでもなく，国際汚職の防止を図るためには，捜査，訴追，裁判のために必要な証拠を収集することが，最大の課題となる。もともと汚職は，内密・巧妙に行われることが多く，そのため，とりわけ国外における証拠の収集には，言葉の壁，訴追当局における有能な人材の不足などという多くの困難が伴っている。わが国の関係当局者は，本条約46条の詳細な規定につき綿密な研究をし，それを実行に移すための方策を講ずべきである。

第50条（特別捜査手法）は，刑事手続における人権擁護の見地から，真剣に考慮すべき問題点を含んでいる。

ここにいわゆる **"特別捜査手法"**（special investigative techniques, techniques d'enquête spéciales）とは，「電子的その他の形態による監視，秘密警察による捜査」（electronic or other forms of surveillance and undercover operations）のごとき特別捜査の手法を意味する。秘密警察による捜査とはどのような内容，どの範囲までのものかは，分からない。恐らく，当該国の法令とか，実務によってさまざまであろう。そうだとすると，当該国の事情に不案内ないし不慣れな外国人にとっては，検挙され，訴追される大きな可能性に直面することがありうる。

そのゆえに、条約50条1項は、「締約国は、汚職行為と効果的に戦うため、自国の国内法制の基本原則によって認められる限り、かつ、自国の国内法によって定められる条件に従い…」という防御文言（ガード条項 guard clause）を入れている。この文言の趣旨は、理解することができる。問題は、このガードをどのように解釈して立法とその運用につき枠はめをするか、である。当然、わが国では、このガード条項は厳格に解釈・適用されるべきであろうが、外国ではどうであろうか。外国に進出する日本企業の関係者や外国と商取引等をしようとする者は、上記の点につき十分な研究をしておく必要があるように思われる。

第5章「財産の回復」（51条～59条）　ここで第31条（凍結、押収及び没収）の規定に従い、贈収賄、資金洗浄等の罪から収得した収益、それらの罪の行使のために用いられた財物、金銭等に係る没収、追徴等に関し、締約国に対し、国際協力をなすべきことなどが規定されている（55条）。

締約国が第31条および第55条（没収のための国際協力）により没収した財産は、当該国が、この条約および自国の国内法に従って処分する（57条1項）。これが、原則である。ただし、善意の第3者へ返還する必要がある（2項）。

ここで注目すべきは、第57条第5項（次掲）の規定である。

「締約国は、適当な場合には、没収された財産の最終的な処分のため、個々にその事例に応じて協定又は相互に受け容れることのできる取決めを締結することにつき、特別な考慮を払うことができる。」

ここでは、特別の考慮（special consideration）の対象とされる協定または取決めの内容は示されていない。しかし、本条約の実施のための『**立法指針**』（UNODC, Legislative Guide, 2006）が「関連する規定及び法律文書」として掲げているものの中に含まれる、1990年の欧州評議会マネー・ロンダリング条約（ETS No. 141）によれば、例えば、重大犯罪防止のための国際機関または国際基金で使われるとか、没収の根拠となった犯罪の被害者の救済

に充てられるとかが考えられる。[3]

第6章「技術援助及び情報交換」（60条～62条）

第7章「条約実施のメカニズム」（63条～64条）

第8章「最終規定」（65条～71条）

(2)　State Party は，条約法条約（ウィーン条約）2条によれば，「当事国」（2条g）を指すのであるが，わが国では「締約国」と訳すのが慣例になっているので，本書でもその訳語を用いることがある。

(3)　森下「マネー・ローンダリング条約」同・国際刑法の基本問題（1996年，成文堂）260頁をみよ。

第2節　外務省訳における誤訳

1　まえがき

本条約については，国連から次の2書が公刊されている。

1. 『国連の汚職防止条約実施のための立法指針』（UNODC, Legislative Guide for the Implementation of the United Nations Convention against Corruption, 2006）

　　この書（以下「**指針**」という。）は，書名のとおり，締約国が国内法を整備するために参考となる重要な指針を示すものである。

2. 『国連の汚職防止条約の実施ガイド』（UNODC, Technical Guide to the United Nations Convention against Corruption, 2009）

　　この書（以下「**実務ガイド**」という。）は，本条約を効果的に運用するため，関係当局の実務に参考となる方法や事例を提供する目的で作成されたものであって，上記の『立法指針』を補充することを目的としている。

本書の序章は，国連条約第3章「犯罪化及び法執行」について参考となる諸点を紹介するものであるので，実務ガイドは，一応関係がない。[4]

(4) 「実務ガイド」には，条約第3章については，『立法指針』を参照されたい，との見地から，記述は全くなされていない。

2　誤訳の代表的事例

A　corruption（汚職）

本条約では，「汚職」と訳すのが，適当である。もともと，'corruption' は，普通，食物，ごみ，浮遊物などの'腐敗'を意味する言葉であるが，政治家の腐敗，公務員の堕落などのように，倫理的・精神的な堕落を指す言葉でもある。しかし，犯罪として取締り・処罰の対象にせよというときの'corruption' は，「汚職」と同意義に用いられている[5]。つとに，立法例には，"Prevention of Corruption Act" の名称で公布されているものも，多数存在する。この点にかんがみると，本条約の題名における "Corruption" は，「汚職」と訳すのが相当である[6]。

B　第18条　Trading in influence, Trafic d'influence

これは，「あっせん贈収賄」を意味する。外務省訳は，これを「影響力に係る取引」と訳しているが，誤解されやすい表現である。日本刑法197条の4（あっせん収賄）にならって，「あっせん贈収賄」と訳すのが，適当である。

C　第29条　Statute of limitations, Prescription

外務省訳は，これを「出訴期間」と訳しているが，誤訳である。フランス語正文に用いられている'prescription' は，法律用語としては「時効」を意味する。「時効」は，わが刑事訴訟法250条以下などに用いられており，一般世人も「時効」の言葉の意義を理解している。

これまでわが国が締結した刑事司法共助に関する条約や協定の公定訳には，'statute of limitations' を「出訴期限」と訳したものもある。これは，英米法辞典における訳語を，その言葉の由来・内容を吟味することなしに借用したものであって，禍根を残すものである。国連条約は，いずれもアラビア語，中国語，英語，フランス語，ロシア語およびスペイン語をひとしく正文としている（本条約71条参照）。外務省は，英語のみならず，フラ

ンス語およびスペイン語の各正文を参照しながら，条文の内容を理解したうえで，最も適当な訳語を撰ぶべきである。

　D　第45条　Transfer of sentenced persons, Transfèrement des personnes condamnées

　外務省訳およびこの制度に係る条約の公定訳は，この見出しの言葉を「刑を言い渡された者の移送」と訳している。「刑を言い渡された者」という中には，罰金刑の言渡しを受けた者，執行猶予判決の言渡しを受けた者も含まれる。だが，本条の内容とする制度の対象となるのは，受刑者である。それゆえ，本条の見出しは，「**受刑者の移送**」と訳すのが，正しい。

　受刑者の移送については，つとに1983年，欧州評議会の受刑者移送条約（Council of Europe, Convention on the Transfer of Sentenced Persons, ETS No. 112）が締結されており（1985年7月1日，発効）⁽⁷⁾，わが国もこれに加入している。この条約に加入するために，わが国では，国際受刑者移送法（平成14年法律66号）が制定されている。

　E　第46条　Mutual legal assistance, Entraide judiciaire

　この用語については，「**司法共助**」という訳語が定着しており，つとに法律上も学術上も，この言葉が定着している。ここにいう「司法共助」は，19世紀の中葉以降，犯罪人引渡しに伴って発達した国際刑事司法協力の古典的形態であって，学問上は，「小さな司法共助」とか「狭義の司法共助」と呼ばれている。欧米語では，entraide judiciaire mineure（仏），kleine Rechtshilfe（独），minor legal assistance（英）などと呼ばれている⁽⁸⁾。

　しかるに，わが国の公定訳および外務省訳は，これを文字どおり直訳して「法律上の相互援助」と訳している。この誤訳は，わが国の刑事司法協力に関する研究および実務において，混乱と弊害をもたらしている。

　OECD外国公務員贈賄防止条約9条の見出し'Mutual legal assistance'も，「司法共助」と訳すのが，正しい⁽⁹⁾。

　F　第46条第27項'safe conduct'

　外務省訳では，これを「保証措置」と訳しているが，この訳語は，別の制度である「保護措置」（protection measures）⁽¹⁰⁾との混同を惹き起こすこと

は必定である。

　もともと，safe conduct は，*salvus conductus*（ラ），sauf-conduit（仏），freies Geleit, sicheres Geleit（独）と呼ばれて，つとに 12 世紀ごろからヨーロッパで行われ，徐々に発達した制度である。訳語としては，ラテン語，英語およびフランス語のとおり直訳して「**安全行動**」と表現するのが，一般人にとっても理解容易であろう。

　「**安全行動**」は，例えば，外国にいる者（証人，鑑定人等）がわが国の司法当局の要請を受けて，刑事手続に関して証言し，またはその他捜査当局に供述ないし情報提供をするため来日する場合に，仮にその者がわが国で訴追等の対象とされうる者であっても，日本国内において訴追されず，拘禁されず，処罰されず，また身体のいかなる拘束も受けない，という制度である(11)。

　これに対して，「保護措置」というのは，例えば，マフィアやテロリストから生命を狙われるおそれのある証人，鑑定人およびその家族等の身辺の安全を確保するため，偽名の旅券を交付したり，仮名で入国を認めたり，秘密警官による身辺警護をするなどの措置のことである(12)。

G　第 70 条　Denunciation, Dénonciation

　外務省訳は，この言葉を「廃棄」と訳しているが，本条約の場合，この言葉は「**脱退**」と訳すべきである。

　同じ言葉に異なる 2 つの意味があることがある。この場合が，それにあたる。

　「廃棄」は，当事者が一方的に条約の効力をなくすことである。廃棄は，2 国間条約について行われ，条約そのものが効力を失い，存在しなくなる。これは，あたかも婚約破棄に似ている。

　これに対し，「**脱退**」は，当事国が一方的に条約から離脱することである。脱退は，多国間条約について行われ，条約そのものは効力を失わず，他の当事国の間で存続する。ただ，脱退した当事国だけに関して，効力を失い，その国を拘束しなくなる(13)。

以上述べたところは，著者の眼についた代表的な誤訳および不適切訳を挙げたにすぎない。著者はこれまで「判例時報」誌において，国際刑事法関係の訳語について具体的に所見を述べているので，それらをも参照していただければ幸いである。

(5)　森下・国際汚職の防止（2012 年，成文堂）2 頁，110 頁。
(6)　英国の Bribery Act 2010 では，「汚職」のニュアンスを明確に打ち出すため，それ以前には，Prevention of Corruption Act 1916 などとして用いられていた 'corruption' の語を，'bribery' に改めた。ただ，言葉としての 'bribery' には '贈収賄' とか，'買収' というニュアンスが強い。森下・国際汚職の防止 210 頁以下。
(7)　森下・「ヨーロッパ理事会の受刑者移送条約」同・刑事司法の国際化（1990 年，成文堂）79 頁以下。なお，同書 45 頁をみよ。
(8)　森下・国際刑事司法共助の研究（1981 年，成文堂）1 頁。
(9)　森下・注(5)前掲書 64 頁。なお，欧州評議会の汚職に関する刑事条約 26 条につき，前掲書 127 頁以下をみよ。
(10)　森下・注(5)前掲書 259 頁。
(11)　この制度は 'immunity' と呼ばれることもある。しかし，'immunity' といわれている制度には 3 種類あって，'safe conduct' は，その 3 種類のうちの 1 つにとどまる。森下・国際刑事司法共助の理論（1983 年，成文堂）114 頁。なお，著者は，この書 100 頁などでは，safe conduct をドイツ語の 'freies Geleit' にならって「自由滞在」と訳したが，その後，*salvus conductus* の国際的慣行を考慮して「**安全行動**」という，分かりやすい訳語に改めた。
(12)　欧州刑事司法共助条約の第 2 追加議定書 23 条；森下・国際刑法の新しい地平（2011 年，成文堂）250 頁をみよ。
(13)　田畑茂二郎・国際法 II（新版），法律学全集（1976 年，有斐閣）463 頁。
(14)　森下「国際刑事法関係の訳語」判例時報 2017 号，「ローマ規程の訳語と解釈」判例時報 2044 号，「国連の汚職防止条約（上）」判例時報 2144 号。

第 3 節　立法措置の義務のレベル

1　義務の 3 つのレベル

　国連条約の当事国がすでに 161 か国に達している現状に照らせば,「日本も早く批准せよ」という外圧がかかってくることが予想される。批准に必要な国内法を整備するについては,「どこに, どのような問題があるか」を十分に検討しておく必要がある。その場合, 重要な 1 つの参考資料になるのは, 前記の UNODC（国連麻薬及び犯罪事務所）刊行の**『立法指針』**(Legislative Guide) である。

　立法指針によれば, 立法その他の措置をとるべき義務には, 次のように 3 つのレベルがある。

A　立法すべき義務（obligation to legislate）

　これは, 正確に言えば, 立法その他の措置（legislative or other measures）をとるべき義務のことである。条約には,「締約国は, ……次の行為を犯罪とするため, 必要な立法その他の措置をとる。」との文言により, 立法義務から成る義務的規定（mandatory provisions, which consist of obligations to legislate）が, 少なからず存在する。たとえば, 第 15 条（自国公務員への贈賄）の犯罪化に係る規定が, それである。

　これには,（i）絶対的に義務づけられている場合（例, 15 条）と(ii)特定の要件が備わることを条件として義務づけられる場合（例, 16 条 1 項）との 2 種類がある。[15]

B　考慮すべき義務（obligation to consider）

　これは, 必要な立法その他の措置をとることを考慮すべき義務（obligation to consider to adopt to such legislative and other measures as may be necessary）を意味する。たとえば, 16 条 2 項（外国公務員等の収賄）の罪とか, 18 条（あっせん贈収賄の罪）が, それである。言いかえると, この考慮義務が規定するのは, 任意的要件（optional requirements）である。

指針によれば，これは，締約国はある措置の採用を考慮し，かつ，その措置が自国の法制度に適合するであろうかどうかを見る真剣な努力をなすべき義務を意味する（4頁）。これによれば，立法その他の措置をとるかどうかを十分検討したが，「（立法するのは）やめだ」となっても，考慮義務を尽くしたことになる。

ところで，条約は，「締約国は，……するよう努める」（Each State Party shall consdider to ensure……；Chaque Etat Partie s'efforce de……）（例，23条2項(a)，30条3項，30条10項）という規定の仕方もしている。「指針」の記述からすれば，「考慮する」も「努める」も，ほぼ同じ内容のようである。

C とることが任意的である措置（optional measures：measures that are optional）

条文では，「締約国は，……考慮することができる」（States Parties may consider…；Etats Parties peuvent considerer…）とか，「必要な措置をとることができる」（…may adopt such……measures as may be necessary；…peut adopter les mesures législatives ou autres nécessaires）（41条，42条4項）などとなっている。これらの措置は，「任意的措置：締約国が考慮することができる措置」（Optional measures：measures States Parties may wish to consider）ともいわれている（指針パラ68）。[16]

(15) 16条1項では「国際商取引に関連して」外国公務員等に贈賄することが要件とされている。
(16) たとえば，締約国が自国内にいる外国人の逃亡犯罪人につき，日本から犯罪人引渡しの請求があった場合において，「日本が当該犯罪人につき死刑の言渡しをせず，または死刑の執行をしないことにつき十分な保証をしない」との理由で，犯罪人引渡しを拒絶したとき，被請求国が純代理処罰主義（例。イタリア刑法10条2項をみよ）にもとづく裁判権を設定して当該犯罪人を処罰する規定を設けるかどうかは，全く締約国の自由裁量に委ねられる。

2 安全ガード条項

条約は，いわゆる"safegaurd clause"（安全ガード条項，防御条項）とし

て，次の4通りの文言を条文中に織り込んでいる。

A　憲法上の原則に従い

たとえば，「自国の憲法及び法制の基本原則に従い」（20条），「自国の法制及び憲法上の原則に従い」（30条2項）

B　国内法の基本原則に従い

たとえば，次のものが挙げられる。

「自国の国内法の基本原則に従い」（23条1項）

「自国の法制の基本原則に適合する範囲内で」（30条6項・7項）

「自国の国内法の基本原則及び司法その他の手続の範囲内で」（31条8項）

C　自国の法的原則に従い（26条1項[17]）

D　自国の国内法に従い（27条，30条4項，31条3項，32条[18]）

これらは，条約にもとづいて締約国が国内法に取り入れるに当たり，規制の対象とされることあるべき者の人権を保障するための防御物（ガード guard）としての役割を果たさせる目的で規定された文言と解される。

ここでAからDまでに掲げた文言のそれぞれについて，指針にくわしい説明は載っていない。たとえば，「自国の国内法の基本原則」と「自国の国内法の原則」との間にどのような違いがあるのか，また，諸国の「憲法上の原則」をどのように捉えるかについても，締約国の法制はさまざまであるので，締約国における立法，さらにその解釈・適用については，多くの課題が残されているように思われる。

(17)　たとえば，26条（法人の責任）については，法人の刑事責任を認めない法的原則を維持する国があり，また，刑罰としては罰金のみを科することができるとの立場をとる国もある。

(18)　たとえば，20条（共犯及び未遂）について見れば，諸国の法制はさまざまである。とりわけ，コモン・ローの国とシヴィル・ロー（大陸法）の国との間で，法制に違いがあるほか，独裁国家（ないしその傾向をもつ国）では，共犯について処罰範囲を拡大しているように思われる。未遂の類型についても，同様である。

第4節　贈賄と収賄

本条約の中でわれわれの関心の的となるのは、第3章「犯罪化及び法執行」(15条~42条) である。そのうち、主要な規定について、問題点を考えてみることにする。

1　公務員に係る贈収賄

〔Ⅰ〕　**自国公務員に係る贈収賄（15条）**

この条でいわゆる「贈収賄」は、bribery（英）, corruption（仏）の訳である。贈賄は、active bribery（英）, corruption active（仏）と表現され、収賄は、passive bribery（英）, corruption passive（仏）と表現される。

A　賄賂の概念

一般に 'brīdery' は 'bribe'（英）, 'pot-de-vin'（仏）といわれているが、本条約では、「不正の利益」(an undue advantage, un avantage indu) という言葉が用いられている。不正の利益は、有形物であると無形物であるとを問わず、また、金銭であると非金銭的なものであるとを問わない。贈物 (gift), concession（許認可の承認）その他の利益をいう（指針パラ 196, 197）。

B　行　為

贈賄の行為となるのは、故意による約束、申込みまたは供与である。約束は、贈賄者と収賄者との間の合意を含むものであり、申込みは合意を含まない。行為は、直接になされると第3者を介して間接になされるとを問わない（パラ 197）。

C　自国の公務員

第15条は、自国の公務員 (national public officials, agents publics nationaux) への贈賄を罰する。ところで、条約2条 (用語) は、「**公務員**」の定義を次のように規定している。

　(i)　締約国の立法、行政または司法に属する職にある者（任命されたか選出

されたか，常勤か臨時か，有給か無給かを問わず，また，序列いかんを問わない）
(ii) 締約国の国内法において公的なものとされる任務（public function）（公的機関または公的企業のための任務を含む）又は役務（public service）であって，当該国の関連分野の法の適用を受けるものを遂行し，又は提供するその他の者
(iii) 締約国の国内法において公務員とされるその者

これによれば，日本法により「公務員」とされている者よりも広い範囲の者が，「公務員」に含まれる可能性がある。このことは，海外に進出する日本企業等の職員が留意すべき点であろう。

第15条(b)号は，自国の公務員による収賄の犯罪化を義務づけている。この号は，贈賄（a号）に対応する規定である。

立法例にあっては，贈賄罪の法定刑は，収賄罪の法定刑に比べて一般的に低く定められている。

〔II〕 外国公務員等に係る贈収賄（16条）
A まえがき

本条1項は，国際商取引（conduct of international business；activités de commerce international）に関連して商取引上の利益その他の不当な利益を取得し，または維持するために，外国公務員または公的国際公務員へ贈賄する行為の犯罪化を義務づけている。これは，すでに1997年のOECD条約1条で規定されていたのと同趣旨の規定である。ただ，OECD条約の当事国の数が多くない（2012年4月現在，39か国）のに対比すれば，世界の80％以上が当事国となっている国連条約のもつ意義は，はるかに大きい。[19]

ところで，立法例では，国際商取引に関連することなく，外国公務員等への贈賄を犯罪化しているものがある。つとに1999年の欧州評議会の汚職に関する刑事条約（略称 CE刑事条約）は，「国際商取引に関連する」という要件を外していて，外国公務員等による職務執行に係る贈収賄を犯

罪化すべきことを締約国に義務づけている（5条，6条）。[20]

B　外国公務員等の意義

ここにいわゆる"外国公務員等"とは，外国公務員と公的国際機関の職員とを含めた言葉として用いられている。条約2条（用語）では，次のように定義されている。

　「外国公務員」（foreign public official；agent public étranger）とは，外国の立法，行政又は司法に属する職にある者（任命されたか選出されたかを問わない。）及び外国のために公的な任務（当該外国の公的機関又は公的企業のための任務を含む。）を遂行する者をいう。（b号）
　「公的国際機関の職員」とは，国際公務員又は公的国際機関に代わって行動することを当該公的国際機関から委任された者をいう。（c号）

ここにいう「外国」（foreign country）は，本条約の締約国であることを要しない（指針パラ206）。

本条の罪の犯罪化は，義務的ではない。考慮義務があるにとどまる。

本条の規定は，外国公務員や公的国際機関の職員が享有するいかなるimmunity（裁判権からの免除）にも影響を及ぼさない（指針パラ211）。

(19)　ただし，OECD条約の当事国が関与する国際商取引の総計額は，全世界のそれの80％に達しているといわれるので，OECD条約が果たす役割は，重大である。
(20)　森下「欧州評議会の汚職に関する刑事条約」同・注(5)前掲書105頁以下。

2　あっせん贈収賄（18条）

本条は，あっせん贈賄（active trading in influence）の罪と，あっせん収賄（passive trading in influence）の罪とを規定し，その犯罪化を締約国の考慮に委ねる規定である。

この条文に用いられている「当該公務員その他の者が現実的又は想像上の影響力を不当に行使する」（abuse his or her real or supposed influence）というのは，わが国で俗に「（公務員等に）顔がきくこと（顔がきくと称するこ

と）」を口実にして口利きをするという意味である。この場合，贈賄者も収賄者も，ともに公務員に限らない。わが国のあっせん贈賄（刑 198 条参照）に当たるのが条約 18 条 a 号の規定であり，あっせん収賄（刑 197 条の 4）にほぼ相当するのが，条約 18 条 b 号の規定である。

本条は，贈賄者および収賄者のほか，行為を働きかけられるはずの第三者（a third person）の存在を予想するいわゆる三者構造の罪を規定する。しかし，本罪は，不正な利益を取得するために第三者に影響力を不当に行使する目的で（for the purpose of obtaining abusing one's influence……for a third person）不正な利益を供与等または収受等することによって成立する。あっせん行為が現になされたことも，働きかけられた行為がなされたことも必要でない（指針パラ 286, 289）。

(21) 日本刑法 197 条の 4 の罪の主体は，公務員に限られる。しかし，条約 18 条では，主体は「公務員又はその他の者」となっているので，必ずしも公務員であることを要しない。

3 公務員の不正蓄財（20 条）

本条は，公務員の財産における著しい増加（a significant increase in the assets of a public official；une augmentation substantielle du patrimoine d'un agent public）を「不正蓄財」（illicit enrichment；enrichissement illicite）の罪として犯罪化することを締約国の考慮義務としている。

ここで「**不正な蓄財**」とは，「自己の合法的な収入との関係において合理的に説明することのできない公務員の財産の著しい増加をいう」（条文の規定による）。

この罪は，すでに少なからぬ立法例で規定されている。1994 年のフランス新刑法 432 条の 10〔公務員による不法徴収〕は，その先駆けであるが，1996 年の汎米汚職防止条約（IACAC）9 条は，その代表的なものである。汎米条約にこの罪が規定されているのは，中南米では麻薬等の密輸が巧妙に行われており，それは組織犯罪集団と官憲との深い結び付きの結果である

不正蓄財罪にあっては,公務員の財産における著しい増加につき合理的説明（reasonable explanation）をなすべき責任は,被告人の側に転換されている。その結果,無罪推定の原則（principle of presumed innocent until proven guilty）に反するのではないかという異議が,国によっては提起されることがある。これにつき,立法指針は,次のように述べている。いわく,「有罪の推定」（presumption of guilt）が存在しないことは,かねてから明白であって,挙証責任は依然として検察側にある。なぜなら,検察側は,蓄財が被告人の合法的収入を超えていることを立証すればよいからである。このようにして,これは,「反証を許すことのできる推定」（rebuttable presumption）とみることができる。訴訟にあっては,被告人は,合理的なまたは信頼できる説明（a reasonable or credible explanation）を提出することができる（指針パラ297）。[24]

(22) 森下・注(5)前掲書179頁。
(23) そのほか,本書に記載する立法例を参照されたい。なお,ルーマニアでは,国境検問官が賄賂を取って不正な国境過通を黙認している結果,国境付近に豪邸を建てている,と伝えられている。本書第15章をみよ。
(24) 国によっては,不正蓄財の罪については,被告人に挙証責任が転換されているとする見解も述べられている。

4　民間部門における贈収賄

第21条は,「民間部門における贈収賄」（Bribery in the private sector）の罪に関する規定である。同条は,締約国に対し,民間部門（private sector, secteur privé）で「経済上,金融上又は商業上の活動において」故意に行われる贈賄（active bribery）と収賄（passive bribery）を犯罪化するため,必要な立法その他の措置をとることを考慮すべき義務を規定している。しかし,立法指針にあっては,"なぜ,民間部門においても贈収賄を犯罪化する必要があるか"については,なんら述べられていない。

民間部門における贈収賄を犯罪化することは，つとに1999年の欧州評議会の，汚職に関する刑事条約（略称　CE刑事条約）（ETS　No.173）7条および8条において明確に打ち出された。(25)この立場は，すでに多くの立法例において実現されている。

　CE刑事条約7条（贈賄）および8条（収賄）は，いずれも「商業活動の過程において」行われた場合に限定している。**国連条約21条**は「経済上，金融上又は商業上の活動」における贈収賄の犯罪化を打ち出している。両条約の間で犯罪構成要件に表現上の差異はあるが，内容的には大差ないであろう，と推測される。

　われわれとして留意すべきは，近時の国際刑事思潮によれば，贈収賄といえば，公務員の清廉潔白性の維持，公務の適正な執行についての国民の信頼の確保といったような法益思想は，今ではより広い範囲で，公共性・公益性のある活動領域にまで拡大されるべきだ，とする法思想によって修正されつつある，ということである。これを要約すれば，汚職犯罪概念の**拡大**は**汚職の保護法益概念の拡大**を招来していることになる。

　ともあれ，海外市場に進出する日本企業の関係者としては，広く眼を開いて，各種の条約および諸国の法制を仔細に研究することが望まれる。

(25)　森下「欧州評議会の汚職に関する刑事条約」同・注(5)前掲書115-117頁。

5　犯罪収益の洗浄

〔Ⅰ〕　**資金洗浄の防止措置（14条）**

　第23条（犯罪収益の洗浄）は，汚職に関連して行われることの多い資金洗浄（money-laundering, blanchiment d'argent）の犯罪化に関する規定である。資金洗浄は，通常の商取引に関連してでも賄賂に相当する金員または工作資金を捻出するためにもしばしば行われるところであるが，最も悪質な形態は，組織犯罪者集団が麻薬取引，武器取引，時には人身売買のためにも地下銀行，tax-haven（租税回避地），その他国外の仮空会社等を利用することによって行われるものである。

この見地から，1990年に欧州評議会のいわゆるマネー・ロンダリング条約(26)および2000年に国連の国越的組織犯罪防止条約（UN Convention against Transnational Organized Crime）(27) が締結されている。

　ところで，本条約（UNCAC）は，**第14条（資金洗浄を防止するための措置）**において，**資金洗浄の3段階**（three stages）(28) に対応してとるべき一連の防止措置を規定している。たとえば，包括的な国内の規制制度および監督制度を設けること（1項a号），資金洗浄に関する情報収集等の役割を果たす金融情報機関（financial intelligence units＝**FIU**）の設立を考慮すること（1項b号）などが，それである。

(26)　正式名称は，「犯罪収益の浄化，捜索，差押え及び没収に関する条約」（Convention on Laundering, Search, Seizure and Confiscation of Proceeds of Crime）である。これにつき，森下・国際刑法の基本問題（1996年，成文堂）244頁以下をみよ。
(27)　わが国につき，2003年，効力発生。わが国では，「国際的な組織犯罪の防止に関する国連条約」と訳されている。しかし，'transnational' の語は，「**国越的**」と訳すのが，適当である。同条約2条（用語）の定義を参照。
(28)　指針パラ127によれば，3つの段階とは，次のものをいう。
　(1)　placement　　　犯罪収益を財政システムに取り入れること。
　(2)　layering　　　　汚れたカネの出所およびそのカネの流れをあいまいにするため，各種の工作（transactions）をすること。
　(3)　integration　　見かけの上では合法取引を通じて正当な経済（legitimate economy）にそのカネを取り入れること。
(29)　FIU（金融情報機関）については，指針157～161にくわしい記述がなされているので，それを参照されたい。

〔Ⅱ〕　資金洗浄の犯罪化

　第23条（犯罪収益の洗浄）は，第14条にもとづき資金洗浄の防止措置が講ぜられることを前提とした上で，資金洗浄に係る一連の行為の犯罪化について規定している。

　第23条は，資金洗浄に関連する犯罪を次の**4つの形態**に分けて，その犯

罪化を締約国に義務づけている（指針パラ229以下）。ただし，以下のAおよびBは，締約国の国内法の基本原則に従うことが要件とされている。

A　犯罪収益の転換または移転（1項(a)(i)）

ここにいわゆる"転換または移転"(conversion or transfer)とは，財産的価値物（financial assets）があるタイプから他のタイプに変換されること，たとえば，違法に入手した現金を高価な金属または不動産を購入するために使用することである（パラ231）。

「犯罪収益」(proceeds of crime)とは，犯罪に由来する財産または犯罪の遂行によって直接または間接に取得したすべての財産をいう（2項(e)）。

これらの行為は，故意になされたことを要する（1項）。行為者は，転換または移転の時にその財産が犯罪の収益であることを認識しており，かつ，その行為が財産の出所の隠匿または偽装する目的でなされたことを要する。ここにいう認識（knowledge），意図（intent）または目的（purpose）は，客観的な事実の状況（objective factual circumstances）から推認することができる（28条参照）（指針パラ234）。締約国の立法者としては，自白のような直接証拠を要求するよりも，犯人につき故意を認定するについては条約28条の規定する推認（inference）を可能にすることが求められている（パラ368）。

B　犯罪収益の隠匿または偽装（1項(a)(ii)）

これは，その財産が犯罪収益であることを認識しながら，犯罪収益である財産またはその財産に係る権利の性質，出所，所在，処分，移動等に係る隠匿（concealment）または偽装（disguise）の犯罪化を規定するものである。この罪の構成要件は，当該財産に関するほとんどすべての観点（性質，出所等）または情報の隠匿または偽装を含むものであって，内容的には実に広い（パラ236）。

行為者は，その財産が犯罪収益であることを認識していたことを要する。ところで，立法指針によれば，この罪の主観的要素（すなわち，認識）は，(a)(i)に規定する転換・移転の罪よりも，ゆるやかに解すべきである。この点，立法者の配慮が求められている（パラ237）。

C　犯罪収益の取得，所持または使用（(b)(i)）

本条1項(b)は，締約国に対し，「自国の法制の基本的な概念に従い」とのガード条項の下に，2種類の犯罪化を義務づけている。

その1は，当該財産が犯罪収益であることを認識しながら，その財産の取得，所持または使用をする罪(b)(i)である。この罪は，1項(a)(i)および(ii)に規定する罪（上記AおよびBに掲げる罪）に対応する関係の行為に係るものである。主観的要素としては取得，行使または使用をする時に当該財産が犯罪収益であることを認識しておれば足りる。それ以上の目的は，要件とされていない（指針パラ241）。

その2は，資金洗浄の罪の未遂の類型と共犯の類型である。これについては，次に記載するDの形態を参照されたい。

D　共謀，未遂，共犯

未遂の類型と共犯の類型は，刑法学では構成要件の修正形式とか処罰拡張事由とかいわれているが，諸国の法制によって，その内容にはかなりの開きがある。大まかな言い方をすれば，その成立要件は，コモン・ローの国ではゆるやかであり，大陸法系の国ではより厳格である。それゆえ，条約24条1項(b)が「自国の法制の基本概念に従い」（subject to the basic concepts of its system）という安全ガード条項を設けたものと考えられる。

最も問題であるのは，**共謀**（conspiracy, entente）の導入である。コモン・ロー系の国では，伝統的に「共謀」罪を肯定している。汚職行為の概念の拡大につれて，その傾向が「共謀罪」の導入について見受けられる。たとえば，OECD条約1条2項，米国の外国汚職防止法（FCPA），汎米汚職防止条約4条1項(i)，英国のBribery Act 2010などが，その代表的なものである。国連条約は，資金洗浄について共謀罪の導入を規定しているが[30]，それ以外の罪については，共謀罪の導入について沈黙している[31]。

なお，「**相談**」（counselling, conseils）も，犯罪化の対象として挙げられている。なにが「相談」かは，締約国の法概念に委ねられるであろうが，場合によっては「共謀」にまで至らない段階の行為が「相談」に含まれる可能性がある。この点，注意する必要がある。

なお，**条約 27 条（共犯及び未遂）**は，締約国に対し，「自国の国内法に従い」共犯（participation）および未遂（attempt）を犯罪化することにつき規定を設けている。そこで注目されるのは，共犯については犯罪化が義務的とされ（1 項），未遂（2 項）と予備（3 項）については裁量的とされていることである[32]。

第 1 項では，異なる種類の共犯行為（共同正犯，教唆犯，幇助犯）を取り込む（capture）ことが意図されているが，共犯のあらゆる類型をも含めることまでは意図されていない（指針パラ 343）。

(30) 森下・注(5)前掲書 56 頁，83 頁，188 頁，209 頁。
(31) これは，すでに 1990 年のマネー・ロンダリング条約 6 条 1 項 d 号が「共謀」の犯罪化を掲げていることによるであろう。
(32) この条では，共謀の犯罪化は，考慮事項に含まれていない。しかし，立法例によっては，広く汚職犯罪につき共謀をも犯罪化しているものがあるので，注意を要する。

第 5 節　法人の責任

1　新しい法思想の確認

「法人は罪を犯すことができない」（Societas delinquere non potest.）という原則は，久しい間，世界的に受け容れられてきた。それは，恐らく法人に対しては道義的責任を問うことができず，また，刑罰の中核ともいうべき自由刑に処することができない，という考えが根底にあったからであろう。イタリア憲法 27 条 1 項が「刑事責任は，人的である。」（La responsabilità penale è personale.）と規定しているのは，上記の原則と同趣旨の考えにもとづくものと解される。ところが，今日では，この伝統的な考えは，世界的にしだいに克服されてきて，どのような要件の下で，どのような法的制裁を法人に科するのが適当かが，真剣に検討されている。

そこには，法主体（legal entities）としての会社（companies），団体（corporations）[33]，協会，法人格なき社団（association）または慈善団体（charitable organizations）が社会的実存体として大きな活動をしていること（例えば，交通運輸，通信，環境保全，電気・ガス，食料等），他面では，それらの法主体がひとたび不法行為によって甚大な被害を惹き起こしたときには，社会的道義の面でもきびしく法的責任を問われるべきだとする意識が世界的に高まったことなどによって，今や「法人も，自然人と同等に，場合によってはそれ以上に，きびしく法的責任を問われるべし」とする法思想が生まれた。

法人の責任を問うとしても，それによって自然人の法的責任が消滅ないし軽減される訳ではない。汚職犯罪については，さまざまな理由により，自然人の責任を問うことが不可能な場合がありうる（指針パラ320）。また，法人についても，その規模が巨大になり，組織が複雑になるにつれて，法人の意思決定の機関を特定し，当該犯罪につきその責任を問うことが困難になるという事情も存在する（パラ320）。

つとに，OECD条約2条（法人の責任）は，「締約国は，外国公務員への贈賄につき，自国の法原則に従って，法人の責任を問うために必要な措置をとる。」と規定した[34]。欧州評議会の汚職に関する刑事条約（CE刑事条約）18条（法人の責任）は，同条約による規制対象とされる犯罪および資金洗浄の罪につき，法人の責任を問う方向を明確に打ち出し，詳細な規定を設けている[35]。

本条約26条は，こうした国際的先例を尊重し，確認する立場を明確にした。

(33) 'corporation'という言葉には，実にさまざまな意味があるが（英米法辞典を参照されたい），本稿では，一応，「団体」と訳しておく。
(34) 森下・注(5)前掲書57頁。
(35) 森下・注(5)前掲書123頁以下。

2　法人の責任

　第26条の見出しは,「**法人の責任**」(Liability of legal persons；Responsabilité des personnes morales) となっている。言葉の詮索をする訳ではないが,まず,「法人」が責任の主体とされていることが,1つのポイントである。立法例の中には,必ずしも「法人」に限らず,法人格をもたない団体 (たとえば,組織体,組織犯罪団体,○○会など) についても法的責任を問うことができる,としているものがある。

　本条が責任の主体を「法人」に限定したのは,第1項において「自国の法的原則に従い」というガード条項付きながら,立法等の措置をとるべきことを義務づけたからであろう (指針パラ233以下参照)。法人による犯罪への関与 (participation in the offences) につき刑事責任を問うことは義務づけられていない (パラ334)。それは,締約国の中には法人の刑事責任を問わない法原則を維持している国が存在するからである。

　法人の責任は,犯罪を行った自然人の刑事責任に影響を及ぼすものではない (26条3項)。それゆえ,法的主体のために罪を犯した自然人の訴追を可能にしなければならない (パラ335)。

　ところで,「責任」の意味が問題になる。英語の 'liability' は,もともとは民事責任と刑事責任とを合わせたものを指すようであるが[36],本条では,フランス語の 'responsabilité' と同様にややゆるやかな意味で用いられていると解される。というのは,社会的責任 (social responsibility) という言葉があるように,法人の責任に対する制裁の1つとして判決の公示 (publication of the judgment) も含まれているからである (指針パラ338)。

---

(36)　田中英夫編・英米法辞典 (1991年,東大出版会) 515頁。

3　法人に対する制裁

　第26条第4項は,次のとおり規定する。

「締約国は，特に，この条の規定に従って責任を負う法人に対し，効果的で，均衡のとれた，かつ抑止力のある刑事制裁又は非刑事制裁（金銭的制裁を含む。）が科されることを確保する。」

これによると，制裁は，刑事制裁と非刑事制裁（non-criminal sanctions）に分かれる。刑事制裁は，刑罰と同じ意味であるが，その種類は，立法例によって差がある。1992年のフランス新刑法のごとく正面から法人の刑事責任を肯定し，各種の刑罰を規定しているものがある。(37)（本書181頁以下をみよ）。第4項にいわゆる'金銭的制裁'（monetary sanctions, sanctions pécuniaires）は，課徴金，制裁金，和解金のごときを含むであろう。

立法指針は，刑事制裁と非刑事制裁のほかに，両者のハイブリッドの性格（a hybrid character）をもつ制裁として'fine'を挙げている（パラ338）。(38)

指針は，**法人に科せられうる制裁**として，次のものを例示している。公共事業の競争入札からの排除，没収，損害賠償，法人営業所の閉鎖・事業停止，一定の権利の停止，一定の活動の禁止，判決の公示，管財人の任命，有効な内部コンプライアンスの制定，会社構造の直接の規制（the direct regulation of corporate structures）。(39)

法人に対する制裁は，「**効果的で，均衡のとれた，かつ抑止力のあるもの**」（effective, proportionate and dissuasive）であることが要請されている（26条4項）。第30条（訴追，裁判及び制裁）でも，制裁は犯罪の重大性を考慮すべき旨が規定されている（1項）。「指針」には，「効果的で，均衡のとれた，かつ抑止力のある」の基準についてなんら論及するところがない。実は，この要件は，すでにOECD条約3条（制裁）でも掲げられている。それは，恐らく，国によって法制度や制裁体系が異なること，および事案が多様であることの故に基準を示すことが困難であるからであろう。

ところで，米国のFCPA（外国汚職防止法）および英国のBribery Act 2010の規定する制裁およびその具体的適用は，「21世紀のドラゴン法」（lois draconiennes）といわれるほど苛酷なものである。(40)このほか，中国刑法においては汚職罪の法定刑に死刑が含まれているほど，刑罰はきびしい。わが

国の企業関係者らは，この点につき十分留意すべきである。

(37) フランス新刑法の影響を受けた立法例も出現している。例えば，1994年のSlovenia 刑法（1995年施行）5条が，代表的である。
(38) 指針は，ハイブリッドの性格をもつ 'fine' の例として，スイスの制裁を挙げている。Cf. UNODC, Legislative Guide, p. 113 note 73. これは，わが国の道路交通法で定める反則金にも似た性質のものではないかと思われる。Cf. Mark M. Livschitz, Switzerland, in：Gruetzner, Hommel & Moosmayer, Anti-Briberty Risk Assessment, 2011, Beck, Hart & Nomos, p. 375.
(39) 会社構造の直接の規制については，フランスとオランダの例が挙げられている。Cf. UNODC, Legislative Guide, p. 113, note 74.
(40) 森下・注(5)前掲書89～90頁，98頁，205頁。

第1部
アジア諸国

第 1 章　中国の汚職防止法制

第 1 節　中国における汚職事情
第 2 節　反不正当競争法
第 3 節　刑法上の収賄罪
第 4 節　刑法上の贈賄罪
第 5 節　刑の体系　刑法の場所的適用
第 6 節　企業犯罪とそれに対する制裁
第 7 節　汚職防止のプロフィール

第 1 節　中国における汚職事情

まえがき

　新聞，インターネットなどで報ぜられているところによれば，中国ではかねてから汚職がまん延しているようである。
　2011 年 7 月 1 日，北京で開かれた「慶祝中国共産党成立 90 周年大会」は，この巨大政党が「腐敗」という病魔に侵されていることを印象づけた[1]。2011 年に汚職などの職務違反で摘発された公務員は 4 万 4,506 人に達し，また，中央省庁での課長級以上に相当する中央・地方の公務員は 2,524 人に達した。幹部の規律の乱れは，依然として深刻だ[2]。また，2010 年 12 月に発表された「中国の反腐敗及びクリーン政治の構築白書」によれば，2005 年から 2009 年にかけて中国全土で摘発された商業賄賂の件数は 69,200 件であり，賄賂の合計金額は約 165.9 億円であった，とのことである[3]。
　中国では腐敗体質が庶民の日常に入り込み，「すべてはカネとコネ次第」

というムードが社会全体を覆う」ている。1978年から行われた改革開放政策によってまっ先に豊かになったのは，共産党員や国有企業の経営者であり，また，党・政府と結びついた民間企業も恩恵を受けた。

2012年の第11期全人代（全国人民代表大会）の議題のうち，最も注目を集めたのは，第1位の「汚職対策」であった。

英国メディアBBCの報ずるところによれば，北京市検察機関の情報として，90年代半ばから2008年11月までの間に，中国の汚職官僚約2万人が海外に逃亡を果たし，持ち出された金額は12兆円に達した，とのことである。

このように，中国では汚職がまん延していると報ぜられている。

この現実を直視するならば，中国で事業を行う日本企業は「汚職行為」に関与することがないように，十分注意しなければならない。この見地から，本稿では，中国における汚職防止法則を概観する。

わが国で公刊されている文献の中では，次に掲げるものが有益である。本稿は，それらの文献に負うところが大きい。

梁　根林（訳者　金　光旭）「中国刑法における収賄罪」佐伯仁志，金　光旭編『日中経済刑法の比較研究』（2011年，成文堂）所収

屠　錦寧・中川裕茂「中国の商業賄賂規制および外国公務員等に対する贈賄罪の新設」NBL No.957（2011.7.15）

なお，中国刑法典の現行規定の全訳としては，次の著書が有益である。

甲斐克則・劉　建利〔編訳〕『中華人民共和国刑法』（2011年，成文堂）

(1) 2011年7月18日の朝日新聞「中国共産党90周年　病魔に侵される巨大政党」の記事。
(2) 2012年3月12日の朝日新聞の「地球24時間」の記事。
(3) 屠　錦寧，中川裕茂「中国の商業賄賂規制および外国公務員等に対する贈賄罪の新設」NBL No.957（2011.7.15）84頁。
(4) 2011年10月30日の朝日新聞「ルポ　チャイナ」の記事。
(5) 2011年6月28日の日経新聞「中国共産党　90年目の岐路」の記事。
(6) http://www.peoplechina.com.ch/zhuanti/2012-02/28/content.428454.htm.

(7) Record China recordchina. —cf. blogs.yahoo.co.jp/naomoe3/57308207.html.

1　中国の公務員，組織体

〔Ⅰ〕　公　務　員

　2005年の全人代（全国人民代表大会）で，「中華人民共和国公務員法」（以下，**公務員法**という。）が制定され，2006年1月1日から施行された。公務員法は，中国で初めての「幹部の人事管理」に関する法律であって，その制定および施行は，中国の政治行政分野の「一大事件」とされている。

　公務員法2条は，公務員を，「法に則って公務を執行し，国の統治機構に所属し，国の財政によって賃金及び福利を受ける職員」と定義している。

　この定義によれば，中国の「公務員」とは，「中国共産党，人民代表大会，行政機関，人民政治協商会議，司法機関，検察機関，民主党派の7機関で働く中央および地方の職員を指す。」とされている。この定義に従って算出すると，2003年末現在，中国の公務員総数は，636.9万になるという。2012年3月，国家公務員局が発表したところによれば，中国の公務員数は，689万人であって，最近2年間における公務員の増加数は，年15万人程度にとどまっている。

　ところで，上記の定義によれば，中央レベルの公務員（いわゆる国家公務員）のみならず，地方レベルの公務員も含まれている。中国においては，国家公務員と地方公務員とは区別されていない。

　1997年に制定・施行された中国の新刑法（以下「**97年刑法**」という。）は，次のとおり公務員の定義を掲げている。

第93条〔公務員の範囲〕
① この法律において「公務員」とは，国家機関において公務に従事する者をいう。
② 国有の会社，企業，事業体又は人民団体において公務に従事する者，国家機関又は国有の会社，企業もしくは事業体から非国有の会社，事業，事業体又は社会団体に派遣されて公務に従事する者及びその他の法律に基づいて

公務に従事する者は，公務員として論ずる。

この定義によれば，わが国でいわゆる国家公務員と地方公務員とは，ともに「国家機関において公務に従事する者」（1項）として，「公務員」概念に包括される。それゆえ，公務員の収賄罪等（刑法385条等）の主体は，広義における「公務員」と捉えるのが，妥当であろう。中国の学者の中には，収賄罪等の主体を「国家公務員」と表現しているものがあるが，誤解を避けるためにも単に「公務員」と表現することが望ましい。

本条1項の公務員は「国家公務員」（国家工作人員）と呼ばれ，第2項の公務員は「国家機関公務員」（国家機関工作人員）と呼ばれており，両者を合わせたものが「公務員」にあたる。

(8)　鎌田文彦「短信：中国　公務員法の施行」外国の立法227（2006年2月）164頁。
(9)　1993年に制定された「国家公務員暫定条例」は，行政機関の職員を「公務員」としていた。それに比べれば，2005年の公務員法によれば，「公務員」の定義はより広義のものとなっている。鎌田・注(8)前掲論文165頁。
(10)　http://news.livedoor.com/article/detail/6364763/
(11)　佐伯仁志・金　光旭『日中経済刑法の比較研究』（2011年，成文堂）219頁以下。

〔Ⅱ〕　組　織　体

97年刑法（現行刑法）は，第1編「総則」第2章「犯罪」の第4節「組織体犯罪」において，次の2か条を設けている。

第30条〔組織体の刑事責任の範囲〕
　　会社，企業，事業体，機関又は団体が社会において危害を及ぼす行為を行った場合において，その行為が法律に組織体犯罪〔単位犯罪〕として規定されているときは，刑事責任を負わなければならない。

第31条〔組織体犯罪の処罰原則〕
　　組織体〔単位〕が罪を犯したときは，組織体に対して罰金を科するほか，その直接責任を負う主管者及びその他の直接責任者を処罰する。この法律の各則及びその他の法律に規定があるときは，それらの規定による。

ここでは，まず訳語について説明する。

「**組織体**」という訳語は，中国語の「単位」を意訳したものであって，甲斐・劉訳『中華人民共和国刑法』(2011年，成文堂)に掲載されている第二部「中国現行刑法の全訳」の表現に従ったものである。中国語で「**単位**」とは，一般の企業，国家機関等を幅広く含む概念である。わが国で公表されている論文では，中国語の「単位」をそのまま用いているものがある(12)。英語の論文では，「単位」は 'corporation' と表現されている(13)。日本人にとっては，中国語の「単位」は，「団体」とか 'corporation' とかいうほうが理解されやすいようにも思われる。ともあれ，本稿では，甲斐・劉訳に従って「組織体」の訳語を用いることにする。

組織体によって行われる犯罪は，「組織体犯罪」とか，'corporate crime' と表現されている。この表現は，「単位犯罪」という表現よりも，われわれには理解しやすいように思われる。

ここでは，組織体と並んで「その直接責任を負う主管者及びその他の直接責任者を処罰する」(14)両罰(double punishment)(15)主義が採用されている。

刑法30条は，「**組織体**」に該当するものとして，「会社，企業，事業体，機関又は団体」を掲げている。ここにいわゆる「機関」には，立法機関，行政機関，裁判機関および検察機関が含まれる(16)。これは，「**国家機関**」と呼ばれる。なお，現行憲法第3章によると，「国家機関」という中には，全国人民代表大会とその常務委員会(57条)，国家主席(79条)，国務院(85条)，中央軍事委員会(93条)，その他の機関(96条，95条，111条，112条，124条，130条)が含まれている(17)。

(12)　屠＝中川・注(3)前掲論文85頁。
(13)　Zhou, Corporate punishment in China : History, legislation and future reform, 早大研究所紀要創刊号(2009年3月)79頁以下。
(14)　「直接責任を負う主管者」とは，組織体の指導者をいい，「その他の直接責任者」とは，組織体犯罪の実行者をいう。甲斐　劉編訳『中華人民共和国刑法』(2011年，成文堂)80頁注9による。
(15)　これに対し，実行者のみを罰するのは，single punishment と呼ばれている。

Zhou, supra note 13, p. 88.
(16) 甲斐＝劉・注(14)前掲書 80 頁の注 8 による。
(17) 周　振傑「中国における『国家機関』の刑事責任」（2011 年？）

第 2 節　反不正当競争法

1　商業贈収賄

　中国の反不正当競争法は，わが国の不当競争防止法に相当する法律であって，英語では，Anti-Unfair Competition Law ＝ AUCL と表現されている。
　反不正当競争法（以下，「競争法」ということがある。）は，1993 年 12 月 1 日に施行され，2011 年 5 月 1 日に一部改正された。本法は，社会主義市場経済の健全な発展を保護し，公正な市場競争を奨励・保護し，かつ，事業者の法的権利および利益を保護することを目的とし（1 条），事業者による不正な利益の供与等の行為による商品の販売・購入を禁止し，これらの行為に関する行政罰を定めている（後述）。
　中国では，一般に，建設プロジェクト，国有土地の払下げ，医薬品の販売，政府による仕入れ等の取引活動に関する贈収賄は，それ以外の贈収賄と区別して，「**商業贈収賄**」（commercial bribery）と呼ばれている[18]。なお，商業贈収賄という言葉は，公務員以外の者（非公務員＝民間人）に係る贈収賄を指すものとして用いられることもあるが，正確に言えば，公務員に係る贈収賄においても商業贈収賄が問題となる場合もある[19]。
　英語の文献では，'commercial bribery' という言葉は，'official bribery'（公務員に係る贈収賄）に対比するものとして用いられている[20]。そこでは，'commercial bribery' は，反不正当競争法（AUCL）8 条と並んで刑法 164 条によって罰せられていると論ぜられているが，このような分類は必ずしも妥当なものではない。なぜなら，刑法 164 条で処罰の対象とされている行為は，いわゆる商業贈賄に関する場合のみならず，それ以外にも，例え

ば，雇用，職場での昇進，学校の入学・卒業等に関して行われる贈賄の場合も含まれるからである。

(18) 屠＝中川・注(3)前掲論文では，「商業賄賂」と表現されているが，本稿では，内容に則して「商業贈収賄」という表現を用いる。
(19) 屠＝中川・注(3)前掲論文84頁。
(20) Barry & Richard, From May 1st new China anti-corruption laws follow long arm jurisdiction trend. thebriberyact. com, 2012, p. 3 ; Winson & Elkins, China：Expandindg the boundaries of China's Anti-Corruption Regime, 2011, p. 1.

2 　競争法8条

第8条〔商業贈収賄〕
① 事業者は，商品を販売し又は購入する目的で，他人に贈賄するために財物その他の手段を用いてはならない。事業者は，正常な取引記録なしに他の組織（organisations）又は個人に秘密のコミッションを供与したときは，贈賄の罪に問われる。組織又は個人は，正常な取引記録なしに秘密の割引きを受けたときは，賄賂を収受する罪に問われる。
② 事業者は，他人に公然と割引きを行い，又は商品の販売又は購入に従事する仲介人（the middle man）にコミッションを与えることができる。ただし，他人に割引きを行う事業者又は割引きもしくはコミッションを受けるその他の者は，厳格に事実に従って記録を作成しなければならない。

〔Ⅰ〕　商業贈収賄
上記の第8条によれば，商業贈収賄には，(a)商業贈賄罪と(b)商業収賄罪との2つが含まれる。
　A　商業贈賄罪
これは，事業者（managers）が商品を販売・購入するために財物その他の手段によって相手の組織〔単位〕または個人に贈賄する行為である。[21]
贈賄者は，法人格を有するか否かを問わず，商品を販売・購入する商業上の主体である会社その他の組織または個人である。事業者が従業員を雇用している場合には，従業員が行った贈賄行為については，事業者の行為

とみなされる。(22)

　外国の組織〔単位〕または個人が本法に定める「事業者」に該当するかどうかについては，同法からは明らかでない。しかし，摘発事例が少なからず存在する事実に照らせば，これは肯定的に解釈される。(23)そのことは，法の趣旨からして当然であろう。

　供与の対象となる賄賂は，「金銭又は財物その他の手段」である。ここにいわゆる「その他の手段」には，国内外の旅行・視察等の便宜や利益も含まれる。最も典型的なものは，リベート（割戻金）の支払いであるが，その行為は，本法の下位法令である暫定規定により明確に違法とされている。(24)

　コミッションの支払いについては，事実どおりに帳簿〔記録〕に記入しない行為は，正当なコミッションの支払いとは認められず（法8条2項），贈賄行為に該当する。本法の下位法令では，「商業上の慣例に基づく小額の広告用贈答品は除く」とされている。(25)

B　商業収賄罪

　本罪の主体となりうるのは，取引の直接相手方（当事者）である組織〔単位〕または個人に限定されている。当事者以外の第三者は，主体には当たらない。

---

(21)　反不正競争法の下位法令である「商業賄賂行為の禁止に関する暫定規定」2条の2項。屠＝中川・注(3)前掲論文85-86頁。
(22)　屠＝中川・上掲論文85頁。
(23)　屠＝中川・上掲論文85頁。
(24)　屠＝中川・上掲論文85-86頁。
(25)　暫定規定8条。屠＝中川・上掲論文86頁による。

〔Ⅱ〕　行　政　罰

　商業贈収賄には，それが刑法の規定する贈収賄に該当しない場合と該当する場合とがある。

A　純粋の商業贈収賄

　刑法上の贈収賄に該当しない場合は，'non-criminal commercial bribery'と呼ばれる。これは、「純粋の商業贈収賄」とでも表現することのできる行為形態である。これに該当するのは、(1)商品を販売し、又は購入するために、(2)財物その他の利益（たとえば、旅行に招待するなど）を供与すること、という2つの要件が充足される場合である。

この形態の贈収賄に対しては、管轄行政機関（工商行政管理局その他）が情状に応じて1万元（RMB）以上20万元（RMB）以下の過料を科し、かつ、違法所得がある場合には、それを没収する（22条）。なお、公共企業等の事業者に係る場合には、5万元以上20万元以下の過料を科し、かつ、違法所得がある場合は、それを没収する（23条）。このほか、24条以下にも行政罰を科する規定がある。

B 刑法上の贈収賄と競合する場合

刑法上の贈収賄については、次節以下で説明する。

刑法の贈収賄規定には格別の明文が設けられている訳ではなくて、それらの規定の構成要件は広い（つまり、商品の販売・購入に関するものであることを要しない）。そのため、反不正当競争法の定める商業贈収賄には、(A)刑法上の贈収賄に該当しない場合、すなわち、いわゆる純粋の（もしくは狭義の）商業贈収賄（non-criminal commercial bribery）の場合と(B)刑法上の贈収賄にも該当する場合、すなわち、いわゆる 'criminal commercial bribery' の場合との、2つがあることになる。

そうは言っても、刑法上、加重類型としての '商業贈収賄' が設けられている訳ではない。上記(B)の場合は、いわば法条競合に似たような関係にある。この法条競合的な場合には、刑法の規定する刑罰が優先して科せられる。理論的には、そのほかに行政罰が科せられることになる。

(26) Cynthia Tang, China. in : Gruetzner, Hommel & Moosmayer, Anti-Bribery Risk Assessment, 2011, Beck, Hart & Nomos, p. 59.
(27) 屠＝中川・注(3)上掲論文86頁。
(28) Cynthia Tang, supra note 26, p. 61. これは、正確に言えば、'commercial bribery included in criminal law' となるであろう。
(29) もっとも、中国の実務において、刑罰のほか行政罰が科せられているかどうか

は，入手しえた文献では確認することができない。

第3節　刑法上の収賄罪

1　刑法における贈収賄罪の体系

「贈収賄」(bribery) という言葉について，まず思いつくのは，一般に公務員に係る贈収賄 (official bribery, public corruption) であろう。これには，公務員への贈賄 (active bribery of a public official) と公務員による収賄 (passive bribery of a public official) との2つの形態が存在する。もともと，言葉としては，'bribery' には「買収」という意味があり，'corruption' には「腐敗」という意味がある。

ここでは，言葉の詮索には立ち入らないで，贈収賄という罪は贈賄者と収賄者とが対向する形態で行われることを出発点として考察を進めることにする。

欧州評議会の汚職に関する刑事条約（略称　CE刑事条約）(1999年締結，2002年発効) では，公務員に係る贈収賄は，'bribery of puiblic officials' と表現され（5条），これに対し，非公務員に係る贈収賄は，「民間部門における贈収賄」'bribery in the private sector' と表現されている。

'公務員' に対する語を '非公務員' とすれば，公務員に係る贈収賄 (public corruption) に対するものは「非公務員に係る贈収賄」(private corruption) となる理屈である。屠＝中川論文は，これを「非公務員の贈収賄」(private corruption) と表現し，これには「非公務員に対する贈賄罪」と「非公務員による収賄罪」という2つの形態がある，としている。

ところで，贈収賄の主体となる非公務員について言えば，組織体職員と個人とに分類されるが，個人が処罰の対象となるのは贈賄罪の場合であって（46頁に掲げる**第2表**を見よ），個人は収賄罪の主体（行為者）とはなりえない（次頁の**第1表**を見よ）。

(30) この見地から，贈収賄を 'bribery and corruption' と表現する外国文献もあるが，それは少数である。
(31) しかし，public corruption および private corruption という分類は，必ずしも明確なものではない。'private corruption' という表現は，'private to private corruption' を指すものとして用いられているようである。cf. http://www.google.co.jp.search?hl＝ja&source.
(32) 屠＝中川・注(3)前掲論文87頁。

2 刑法上の収賄罪

中国刑法における収賄罪の規定を整理したものが，第1表である。

第1表 刑法上の収賄罪

罰条	罪名	行為者	行為の相手方
163条1項 　　2項 　　3項	組織体職員収賄	組織体職員 同　　上 国有企業等職員	個　人
385条	公務員収賄	公務員	個　人
387条	国家機関等収賄	国家機関等	個　人
388条	公務員 あっせん収賄	公務員	個　人 （請託者）
388-1条	近親者等のあっせん収賄	公務員の近親者等	個　人 （請託者）

〔Ⅰ〕 組織体職員収賄罪（163条）

刑法第2編「各則」第3章「社会主義市場経済の秩序を破壊する罪」の第3節「会社及び企業の管理秩序を妨害する罪」の1つとして，組織体職員収賄罪（163条）が規定されている。

第163条〔組織体職員収賄罪〕
① 会社，企業又はその他の組織体の職員が，職務上の有利な立場を利用して，他人に財物を要求し，又はこれを不法に収受して他人の利益を図り，その金

額が比較的大きいときは，5年以下の懲役又は拘役に処する。その金額が非常に大きいときは，5年以上の有期懲役に処する。財産の没収を併科することができる。
② 会社，企業又はその他の組織体の職員が，経済活動において，職務上の有利な立場を利用し，国家規定に違反して，各種の名目で割戻金又は手数料を収受して着服したときも，前項と同じである。
③ 国有の会社もしくは企業で公務に従事する職員，又は国有の会社もしくは企業から非国有の会社もしくは企業に派遣された公務に従事する職員が，前2項の行為をしたときは，この法律第385条及び第386条の規定によって罪を認定し，処罰する。
（注 本条は，2006年刑法修正法(六)により一部改正）

本条第1項の罪の主体は，非公務員である組織体職員である。2006年刑法修正法（六）第8条により，「会社又は企業の職員」から「会社，企業又はその他の組織体〔単位〕の職員」に拡大された。収受した財物の価額が「比較的大きい」(relatively large)，「非常に大きい」(very large) のときに罰せられる。この文言の定義は，条文ではなされていない。実務では，地方検察院または高等検察院による訴追基準が存在するようであるが，最高検察院の定める指針によれば，贈賄者が個人（an individual）については1万元以上，組織体については20万元以上の場合に起訴すべきものとされている。

第3項では，収賄の主体として，「国有の会社もしくは企業で公務に従事する者」または「国有の会社もしくは企業から非国有会社もしくは企業に派遣された者」が規定されている。これらの者は，中国では「公務員」とされているので，第385条の公務員収賄罪として罰せられることになる。

(33) この文言は，164条（組織体職員への贈賄）の罪についても規定されている。
(34) Cynthia Tang, supra note 26, p. 61. 屠＝中川・注(3)前掲論文92頁。
(35) 屠＝中川・注(3)前掲論文88頁，89頁注(23)。

刑法第2編「各則」第8章「横領賄賂の罪」は，第385条以下において

公務員収賄罪のほか，あっせん収賄罪に関する規定を設けている。

〔Ⅱ〕 公務員収賄罪
第 385 条（公務員収賄罪）
① 公務員が，職務上の立場を利用して，他人に財物を要求し，又はこれを収受し，他人の利益を図ったときは，収賄罪である。
② 公務員が，経済取引において，国家規定に違反して，各種の名目で割戻金又は手数料を収受して個人の所有に帰したときは，収賄罪として論ずる。
第 386 条（収賄罪の処罰規定）
　　収賄罪を犯した者は，その収賄により取得した価額及び情状に基づいて，この法律第 383 条と同様に罰する。賄賂を要求した者は，重く罰する。

　第 1 表で「行為者」とあるのは収賄者を意味し，「行為の相手方」とあるのは「贈賄者」を意味する。刑法は，収賄者が公務員である場合（385 条）と国家機関等である場合（387 条）とで区別している。それは，法定刑の重さに差異があることによると解される。

　公務員収賄罪は，383 条〔横領罪の処罰規定〕によって処断される。第 383 条は，横領額のいかんによって法定刑に差異を設けている。その第 1 項によれば，横領額が 10 万元以上のときは，10 年以上の有期懲役（最高は，15 年）または無期懲役に処し，情状が特に重いときは，死刑に処する。

　中国刑法では，死刑が多用されている。たとえば，強姦罪（236 条），偽薬生産販売罪（141 条），薬物の密輸，運搬，販売，製造等（347 条）が，それである。現に，中国で麻薬密輸罪に問われた日本人死刑囚 4 人につき，2010 年に死刑が執行されている。[36] 収賄罪で死刑に処せられた中国人もあると伝えられている。

　(36)　2010 年 4 月 10 日の朝日新聞「中国　日本人死刑 4 人に」の記事による。

〔Ⅲ〕 国家機関等収賄罪
第 387 条（国家機関等収賄罪）
① 国家機関又は国有の会社，企業，事業体もしくは人民団体が，他人に財物を要求し又はこれを不法に収受して，他人のために利益を図り，情状が重いときは，組織体に対して罰金を科するほか，その直接責任を負う主管者及びその他の直接責任者についても，5 年以下の懲役又は拘役に処する。
② 前項に掲げる組織体が，経済取引において，帳簿外において各種の名目の割戻金又は手数料を密かに収受したときも，組織体収賄罪として，前項と同様に論ずる。

本条は，国家機関等の組織体の収賄罪を規定する。国家機関等で公務に従事する者は，公務員である。

「国家機関」の意義については，広義説と狭義説とに分かれている。広義説によれば，国家機関とは，国家予算を独立した活動経費とし，国家管理および公共事務管理活動に従事する中央および地方各組織であり，主に国家行政機関，国家立法機関，国家審判機関，国家検察機関，国家軍事機関を指す。この説が有力である。

本条の罪の主体としては，これら国家機関のほかに，「会社もしくは人民団体」が，2006 年の修正法により追加されている。その結果，163 条の罪との違いは，主体に国家機関等が規定されているところに見いだされるであろう。

外国の文献は，「国有の会社，企業，事業体」を 'state-owned company, enterprise, institution' と訳し，「人民団体」を 'people's organization' と訳している。

(37)　周　振傑「中国における『国家機関』の刑事責任〔インターネットによる〕(2011年)，199 頁。
(38)　佐伯＝金・注(11)前掲書 221-222 頁。
(39)　Cynthia Tang, in：Gruetzner, Hommel & Mossmayer, supra note 26, p. 60.

〔Ⅳ〕あっせん収賄罪
第388条〔公務員あっせん収賄罪〕
　公務員が本人の職権又は地位により形成された有利な条件を利用し，他の公務員の職務行為を通じて請託者のために不正な利益を図り，請託者に財物を要求し，又は請託者から財物を収受したときは，収賄罪として論ずる。
第388条の1〔近親者等のあっせん収賄罪〕
① 公務員の近親又は公務員と親しい関係にある者が，当該公務員の職務上の行為を通じ，又はこの公務員の職権もしくは地位により形成された有利な条件を利用して他の公務員の職務上の行為を通じ，請託者の不正な利益を図り，請託者に財物を要求し又は請託者から財物を収受し，価額が比較的大きいとき，又はその他の比較的重い情状があるときは，3年以下の懲役又は拘役に処し，罰金を併科する。価額が非常に大きいとき，又はその他の重い情状があるときは，3年以上7年以下の懲役に処し，罰金を併科する。価額が極めて大きいとき，又はその他の特に重い情状があるときは，7年以上の有期懲役に処し，罰金又は財産の没収を併科する。
② 退職した公務員又はその公務員の近親者もしくはその公務員と親しい関係にある者が，当該退職した公務員の元の職権又は地位により形成された有利な条件を利用し，前項の行為を行ったときは，前項の規定によって罪を認定し，処罰する。
　　（注　本条は，2009年，2月28日の刑法修正案㈦によって追加）

　上記の2か条は，あっせん収賄罪の規定である。わが国では外国語を直訳して「影響力収賄罪」とか「影響力下の取引罪」とかの訳もなされているが，わが刑法197条の4（あっせん収賄）にならって「あっせん収賄罪」と訳すのが，妥当である。第388条の1は，特殊類型としてのあっせん収賄罪である。この規定は，国連汚職防止条約第18条あっせん収賄罪（Trading in influence；Trafic d'influence）の趣旨に従って犯罪化したものである。[40]

　　(40)　国連条約18条は，「必要な立法その他の措置をとることを考慮する」ことを締約国に求めているにとどまる。なお，国連条約18条は，あっせん贈賄（1項）とあっせん収賄（2項）とを規定しているが，中国刑法は，あっせん収賄のみを犯罪

化している。

第4節　刑法上の贈賄罪

第2表　刑法上の贈賄罪

罰条	罪名	行為者	行為の相手方
164条1項 　　　2項 　　　3項	組織体職員への贈賄 外国公務員への贈賄 （加重類型）	個　人 個　人 組織体	組織体職員 外国公務員 組織体職員 外国公務員
389条1項 　　　2項	公務員への贈賄 （加重類型）	個　人 同　上	公務員 同　上
391条1項 　　　2項	国家機関等への贈賄 同　上	個　人 組織体	国家機関等職員 同　上
392条	公務員へのあっせん贈賄	個　人	公務員
393条	組織体による公務員贈賄	組織体	公務員

1　非自国公務員への贈賄

〔Ⅰ〕　組織体職員への贈賄

第164条〔組織体職員贈賄，外国公務員贈賄〕

① 不当な利益を図るために，会社，企業又はその他の組織体の職員に財物を供与した者は，価額が比較的大きいときは，3年以下の懲役又は拘役に処する。価額が非常に大きいときは，3年以上10年以下の懲役に処し，罰金を併科する。

② 不当な利益を図るために，外国の公務員又は国際的公共団体の官員に財物を供与した者についても，前項と同様とする。

③ 組織体が前2項に規定する罪を犯したときは，組織体に対して罰金を科するほか，その直接責任を負う主管者及びその他の直接責任者も，第1項と同様に処罰する。

④ 贈賂を供与した者が訴追される前に，自発的に賄賂行為を自白したときは，その刑を減軽し，又は免除することができる。

第164条第1項は，個人が民間の組織体職員へ贈賄する行為を罰する規定である。中国では腐敗体質が庶民の日常に入り込み，「すべてはカネとコネ次第」というムードが社会全体を覆っている，と報ぜられている。その腐敗体質に少しでも歯止めをかけようとする狙いがあるのかどうかは不明であるが，賄賂の「価額が比較的大きい」という文言の解釈・適用が問題になる。ここで「比較的大きい」(relatively large) とは，5,000 人民元（邦貨約 6 万 5,000 円）を指すとされているのであるが，日本と中国との一般物価の差異を考慮に入れるならば，中国では相当な額になると考えられる。もっとも，この額は，義務的訴追基準であるので，それ以下でも訴追される可能性はある。

賄賂の客体は，法文では「財物」（英語では property) となっている。「**財物**」とは，厳格に解すれば，金銭のほか，経済的価値を有する管理可能な有体物および無体物を意味する。しかし，近時，社会の発展に伴って，債権の設定，債務の免除，無償の役務，昇進，飲食，性的サービスなどの財産的利益をも含むと解する見解が有力となっている。

(41) 2011 年 10 月 30 日の朝日新聞「ルポ　チャイナ」の記事による。
(42) 屠＝中川・注(3)前掲論文 88 頁。
(43) 梁　根林「中国刑法における収賄罪」佐伯＝金・注(11)前掲書 222 頁。

〔Ⅱ〕　**外国公務員への贈賄**

第164条第2項は，外国公務員または国際的公共団体の職員への贈賄を罰する規定である。これは，2003 年の国連汚職防止条約を中国が批准するに伴い，国内法を整備したものである。

国連条約 16 条 1 項（外国公務員及び公的国際機関の職員に係る贈賄）は，国際商取引に関連して外国公務員 (foreign public officials) または公的国際機関の職員 (officials of public international organizations) へ贈賄する行為の犯罪化を締約国に対して義務づけている。中国は，刑法 164 条 2 項の規定を設けることにより，条約上の立法義務を履行した。それゆえ，外国公務

員および公的国際機関職員の意義は，条約の解釈指針に従うことになると解される。

なお，国連条約 16 条 2 項は，外国公務員または公的国際機関の職員の収賄を犯罪化するため，必要な立法その他の措置をとることを「考慮す」る義務を締約国に課しているにとどまる。犯罪化の義務はないので，中国刑法は，外国公務員等の収賄を罰する規定を設けていない。

(44) 中国は，2003 年 12 月 10 日に署名し，2005 年 10 月，第 10 回全人代において加盟を決定した。
(45) 外国公務員および公的国際機関の意義については，OECD 条約 1 条の解釈が参考になるであろう。森下・国際汚職の防止（2012 年，成文堂）56 頁以下。

2 自国公務員への贈賄

〔Ⅰ〕 自国公務員への贈賄

第 389 条〔公務員贈賄〕
① 不正な利益を図るために，公務員に財物を供与する行為は，贈賄罪である。
② 経済取引において国家規定に違反して公務員に財物を供与した場合において，価額が比較的大きいとき，又は国家規定に違反して公務員に各種の名目で割戻金もしくは手数料を供与したときは，贈賄罪として論ずる。
③ 強要されたために公務員に財物を供与したとしても不正な利益を取得していないときは，収賄罪ではない。

第 390 条〔贈賄罪の処罰規定〕
① 贈賄罪を犯したときは，5 年以下の懲役又は拘役に処する。贈賄により不正な利益を取得した場合において情状が重いとき，又は国家の利益に重大な損失を与えたときは，5 年以上 10 年以下の懲役に処する。情状が特に重いときは，10 年以上の有期懲役又は無期懲役に処し，財産の没収を併科することができる。
② 贈賄が公訴を提起される前に自発的に贈賄行為について供述したときは，その刑を減軽し，又は免除することができる。

第 389 条第 1 項の罪については，「不正な利益を図るため」という目的を

もってなされたことが要件とされている。つまり，目的犯として規定されている。「不正な利益を図る」の解釈については，最高人民法院により，次の公的解釈が行われている。[46]

(1) 法令違反の利益のほか，国の政策，政府機関の政令，共産党の規律，業界規範等に違反する利益も含まれる。

(2) 贈賄者が相手方に対し，上記(1)の法令等に違反した援助を提供するよう求める場合も，同様に含まれる。

(3) 商業活動において，公平の原則に反して競争上の優位性を取得する目的も，同様に含まれる。[47]

要するに，「不正な」という文言は，「不法な」という文言よりもはるかに広く解されていることになる。この目的要件に当たらない商業習慣上の贈答品の授与行為は，贈賄罪を構成しないことになる。それは，社会的に受容され，法的に問題とならない利益（a socially acceptable and legally unproblematic advantage）とみなされる。[48]

第390条は，贈賄罪の処罰規定である。情状の程度に応じて法定刑に差が設けられている。「情状が特に重いとき」は，収賄罪では絶対的法定刑としての「死刑」であるが（383条1号参照），贈賄罪では，10年以上の有期懲役または無期懲役である。これは，贈賄者は収賄者に比べて一般に弱い立場にあることが考慮されたからであろう。

(46) 「商業賄賂刑事案件の法律適用の若干問題の処理に関する意見」9条。
(47) 屠＝中川・注(3)前掲論文91頁。
(48) Cynthia Tang, supra note 26, p. 59.

〔Ⅱ〕 国家機関等への贈賄
第391条〔国家機関等への贈賄〕
① 不正な利益を図るために，国家機関もしくは国有の会社，企業，事業体もしくは人民団体に財物を供与し，又は経済取引において国家規定に違反して各種の名目で割戻金もしくは手数料を供与した者は，3年以下の懲役又は拘役に処する。

②　組織体が前項の罪を犯したときは，組織体に対して罰金を科するほか，その直接責任を負う主管者及びその他の直接責任者も，前項と同様に罰する。

本条は，おおむね第387条〔国家機関収賄〕に対応する罪である。収賄者に対する法定刑が5年以下の懲役または拘役であるのに対して，贈賄者に対する法定刑が3年以下の懲役または拘役となっているのは，贈賄者が一般に収賄者側に比べて弱い立場にあることが考慮されているからと解される。

〔Ⅲ〕　あっせん贈賄
第392条〔公務員あっせん贈賄〕
①　公務員に賄賂行為をあっせんした者は，情状が重いときは，3年以下の懲役又は拘役に処する。
②　賄賂行為をあっせんした者が，公訴を提起される前に，贈賄のあっせん行為について自発的に供述したときは，その刑を減軽し，又は免除することができる。

本条は，第388条〔公務員あっせん収賄〕に対応する構造をもつ罪を規定したもののように見えるが，それ以外のあっせん行為も含まれる可能性がある。あっせん者は，公務員であることを要しないであろう。

〔Ⅳ〕　組織体による公務員贈賄
第393条〔組織体贈賄〕
　　　組織体が，不正な利益を図るために，贈賄し，又は国家規定に違反して公務員に割戻金もしくは手数料を供与した場合において情状が重いときは，組織体に対して罰金を科するほか，その直接責任を負う主管者及びその他の直接責任者を5年以下の懲役又は拘役に処する。贈賄により取得した不法所得を個人所有に帰したときは，この法律第389条及び第390条の規定によって罪を認定し，処罰する。

本条は，第389条第1項の罪〔公務員への贈賄〕の特別類型を規定したものである。贈賄の行為者が組織体である点で，特別類型となっている。情状が重いときは，組織体に対して罰金を科するほか，直接責任者が有期懲役または拘役に処せられる。

第5節　刑の体系　刑法の場所的適用

〔Ⅰ〕　刑の体系

刑法は，第1編「総則」第3章「刑罰」において，第1節「刑罰の種類」として次のとおり規定する。

第32条〔刑罰の種類〕　刑罰は，主刑及び付加刑に分かれる。
第33条〔主刑の種類〕　主刑の種類は，次のとおりである。
　(1)　管制[49]
　(2)　拘役[50]
　(3)　有期懲役[51]
　(4)　無期懲役[52]
第34条〔付加刑〕
① 　付加刑の種類は，次のとおりである。
　(1)　罰金
　(2)　政治的権利の剥奪
　(3)　財産の没収
② 　付加刑は，単独で適用することもできる。
第35条〔国外追放〕　罪を犯した外国人に対しては，国外追放を適用し，又は付加適用することができる。
第36条〔損害賠償及び民事優先〕
① 　犯罪行為によって被害者に経済的損失を被らせたときは，犯罪者に対して法による刑を科するほか，状況に応じて経済的損害賠償の判決を下さなければならない。
② 　民事賠償責任を負う犯罪者が，同時に罰金に処せられ，その財産により金額を支払うことができないとき，又は財産の没収に処せられたときは，まず

被害者に対する民事賠償責任を負わなければならない。

第37条〔刑罰以外の処分〕 犯罪の情状が軽微であり，刑を科する必要がないときは，刑事罰を免除することができる。ただし，それぞれの事件の状況に基づいて，訓戒を与え，改悛の誓約，謝罪の表明もしくは損害賠償を命じ，又は主管部門により行政罰もしくは行政処分に付することができる。

ところで，罰金については，問題がある。上記のとおり，収賄罪および贈賄罪について，罰金が法定刑として規定されている条項がある。そこには「○○元以下の罰金」とか，「○○元以上○○元以下の罰金」という記述が全くなされていない。これは，罪刑法定主義に反するのではないか。

刑法第52条〔罰金額の裁量的決定〕は，「罰金を科するときは，犯罪の情状に応じてその金額を決定しなければならない。」と規定するだけである。現行刑法は，次のとおり罪刑法定主義を採用しているといわれる。(53)

第3条〔罪刑法定主義〕 法律が明文で犯罪行為と規定するときは，法律により罪を認定し，処罰する。法律が明文で犯罪行為と規定していないときは，罪を認定し，処罰してはならない。

しかし，これでは，罰金刑に関する限り，"Nulla poena sine lege"（法律なければ，刑罰なし）という罪刑法定主義の原則は貫徹されていないことになる。罰金額に制限がないことは，中国において，「現行刑法における欠陥」(54)としてしばしば指摘されている。(55)

(49) 管制とは，受刑者の自由を制限せず，その政治的権利の行使などの自由に一定の制限を加える刑罰である。刑法38条から41条までを参照。

(50) 拘役は，短期自由刑である。刑の期間は，1月以上6月以下であって，住所地または裁判地に近接する拘禁場所で執行される。受刑者は，月に1日ないし2日帰宅することができ，労働に参加した場合は，一定の報酬を受けることができる。刑法42条から44条までを参照。

(51) 有期懲役の期間は，第50条〔死刑の執行猶予〕および第69条〔判決前の併合罪〕の場合を除き，6月以上15年以下である。宣告刑の2分の1を経過すれば，

仮釈放が許されることがある。
(52) 13年服役した後，仮釈放を許されることがある。ただし，特別な事情がある場合において，最高人民法院の許可を得たときは，13年服役以前でも仮釈放が許されることがある。
(53) 旧刑法79条は，「本法各則に明文の規定がない犯罪は，本法各則の最も類似する条文に照らして罪を確定し，刑を言い渡すことができる。」として，類推適用を許容していた。つまり，旧刑法にあっては，罪刑法定主義は，刑法の基本原則とはされていなかった。
(54) この点，英国のBribery Act 2010が無制限の罰金（unlimited fine）を科していることが想起される。森下・国際汚職の防止（2012年，成文堂）44頁，206頁，236頁を見よ。
(55) 周　振傑＝劉　科「中国における企業犯罪の抑止策：その現状と今後の課題」早稲田大学高等研究所紀要　第2号（2010年）67頁。

〔Ⅱ〕　刑法の場所的適用

　刑法の場所的適用範囲の問題は，内国刑法の効力がどの場所にまで内国の刑事裁判権が及ぶか，の問題である。これにつき，中国刑法は，属地主義（6条），能動的属人主義（7条），保護主義および受動的属人主義（8条）並びに世界主義（9条）を採用している。それらの規定は，国際的な新しい動向に従ったものである。

　属地主義（6条）は，国内（内国の領域内）において「罪を犯した」者に内国刑法を適用するという，最も基本の原則である。問題は，「罪を犯した」の解釈である。

　6条3項は，「犯罪の行為又は結果のいずれかが中華人民共和国の領域内において生じたときは，中華人民共和国の領域内における犯罪とみなす。」と規定する。これは，いわゆる**遍在説**(theory of ubiquity, théorie de l'ubiquité)[56]の立場を採ったものであって，最近における国際的通説に従ったものである。これにつき，例を挙げて考えてみる。

　〔**第1事例**〕　日本企業の従業員Aは，中国内で，アフリカ某国の在中国公務員に贈賄した。この場合には，従業員Aは，刑法164条2項〔外国公務員への贈賄〕および7条1項（属地主義）によって，罰せられる。

〔**第2事例**〕 日本企業の従業員 A は，アフリカ某国にいる当該某国の高官に，中国から電話，メール，Fax などを用いて，贈賄の申入れをした。この場合には，刑法 164 条 2 項および刑法 6 条 3 項の適用により，A は罪に問われる。A が某国高官と贈賄の約束をし，または約束にもとづいて送金した場合は，もちろん同様である。

刑法 7 条は，属人主義のうち，**制限的な能動的属人主義**を採用している。[57] これに該当する場合としては，次の 3 つが考えられる。

(1) 中国国民（個人）が，国外において，中国公務員に贈賄する場合（164 条 2 項）

(2) 中国の組織体が，国外において，中国組織体職員または外国公務員に贈賄する場合（164 条 3 項）

(3) 中国国民が，国外において，中国の公務員，組織体職員または国家機関等職員に贈賄行為をする場合

第 8 条（保護主義） この規定によれば，外国人が，中国国外において刑法所定の罪を犯した場合において，その罪が 3 年以上の有期懲役に処せられるときに，双罰性の要件が充たされる限りにおいて，犯人（行為者）に対して中国刑法が適用される。たとえば，中国人がアフリカの某国において拉致されたとか，殺害された場合である。このような場合は，いずれの国も，自国の国益または自国民を保護する見地から，刑事裁判権を行使する。それでは，たとえば，日本企業の従業員 A が，インドにおいて中国公務員に贈賄した場合は，どうか。刑法 8 条は，保護主義の対象となる犯罪につき制限を加えていないので，形式的解釈論としては，日本企業の従業員 A に対して中国刑法の適用があることになる。しかし，このような無制限な保護主義は，立法例でも少ないように思われる。[58]

第 9 条は，**世界主義**[59]（universality principle，principe d'universalité）の規定である。しかし，汚職防止に関する国際条約では世界主義にもとづき締約国に裁判権の行使を義務づけているものは存在しない。それゆえ，汚職犯罪に関する限り，世界主義にもとづく内国刑法の適用を考える余地はない。

(56) 森下・刑法適用法の理論（2005 年，成文堂）76 頁以下を見よ。
(57) 制限的な能動的属人主義につき，森下・注(56)前掲書 116 頁以下を見よ。刑法 7 条ただし書は，法定刑が 3 年以下の懲役であるときは，罪の「追及しないことができる」と規定されているので，この規定は，制限的能動的属人主義のカテゴリーに属すると解される。
(58) 保護主義は，自国の法秩序に対する侵害があった場合に，また，自国民の生命・身体・財産に対する重大な侵害があった場合に内国刑法の適用を認める立場である。
(59) 世界主義は，人類の敵（*hostis humane generis*）と目される行為を犯罪地，行為者の国籍いかんを問わず，国際社会が連帯して裁判権を行使するという理念にもとづいている。汚職犯罪は，いまだ国際法犯罪としては観念されていない。

第 6 節　企業犯罪とそれに対する制裁

はじめに

近時，日本企業の中国進出は，いちじるしいものがある。それらの日本企業にとって最も留意すべきことは，汚職が国中にまん延しているといわれる中国において，契約の成立，必要な許認可の取得，その他物資の調達，運送，雇用などの面において，円満かつ早期に事を運ぶために然るべき謝礼をすることが贈賄行為として検挙され，処罰されるおそれに直面することであろう。

そこで，やや視点を変えて，中国における企業犯罪とそれに対する抑止策について概観する。これについては，次の 2 論文が有益であるので，くわしくはそを読んでいただきたい。[60][61]

(60) Zhenjie ZHOU, Corporate punishment in China：History, Legislation and future Reform, 2009, 早稲田大学高等研究所紀要　創刊号 79 頁以下。
(61) 周　振傑・劉　科「中国における企業犯罪の抑止策：その現状と今後の課題」早大高等研究所紀要　第 2 号（2010 年）61 頁以下。

1 中国における企業犯罪の歴史

　1950年代から1970年代末まで，中国においては企業犯罪とそれに対する処罰は，立法と学説によって否定されていた。その理由として，次の2つが挙げられる。まず，中国が旧ソ連を範として計画経済体制を採用したことである。次に，旧ソ連の刑法理論がドイツ刑法の大きな影響下にあって，「法人は罪を犯すことができない」（Societas delinquere non potest.）という法格言に従っていたことである。

　1980年代初めから，中国は，企業犯罪の驚くべき増加に直面した。それは，中国が1980年初頭から実施した改革・開放政策の産物とも言うべき現象であった。これに対処するため，中国では，1979年の（旧）刑法に続いていくつもの立法が制定された。1987年，中国の立法機関である全人代（全国人民代表大会）常務委員会は，税関法の改正を通じて，企業の刑事責任を認めるに至った。その後，多くの特別刑法でも企業犯罪に関する規定が設けられた。

　こうした背景の下に，1997年制定の現行刑法は，総則と各則において系統的に企業犯罪およびそれに対する罰則を設けた。その後も，1999年から2009年に至るまで7回の刑法修正（一部改正）によって，企業処罰に関する条項が取り入れられている[62]。これにより，刑法による企業処罰の範囲は拡大された。その中で重要な意味をもつのは，いわゆる商業賄賂（commercial bribery）であって，贈賄としては，刑法164条の罪（組織体職員への贈賄）および391条の罪（国家機関等への贈賄）が典型的なものである。しかしながら，現実には軟弱な法執行のゆえに商業賄賂が増加した。そこで，2006年，共産党中央委員会および中央政府は，「厳しく商業賄賂を打撃する」という商業賄賂専項治理〔日本語では，商業賄賂特別措置〕を開始した。その結果，多くの高級官僚が厳罰に処せられている[63]。これに対し，2002年から2005年にかけて発覚した米国企業が中国の組織体職員らに100万ドルとか162万ドルを贈賄した事件については，贈賄した米国企業はまだ罰せられていない，と報ぜられている。司法統計によれば，2000年から

2006年6月までの間に行われた企業従業員による贈賄事件のうち，現実に処罰されたのは，5分の1に過ぎない。

(62) 周＝劉・注(61)前掲論文63頁によれば，刑法に計29か条が取り入れられている。
(63) 周＝劉・前掲論文64頁。
(64) 周＝劉・前掲論文66～67頁。

2 今後の法改正への提言

1997年制定の現行刑法は，140余りの企業犯罪の類型を規定している。そのうち，およそ半数は，各則第3章「社会主義主場経済の秩序を破壊する罪」に含まれるものである。その中には，偽薬生産販売罪（141条，死刑にあたる罪）などのほか，インサイダー取引罪（180条），マネー・ロンダリング罪（191条），手形詐欺罪（194条）など，金融管理秩序を破壊する罪，金融詐欺の罪など，多様なものが規定されている。

中国政府は，企業の社会的責任（corporate social responsibility）を推進することに相当な努力を払っている。中国に進出する日本企業は，汚職犯罪についてのみならず，これらの企業犯罪についても，その構成要件の解釈はもちろん，司法の実態を研究することが望まれる。

同時に，中国の企業犯罪の制圧に関する現行法制がかかえている問題点，言いかえると，今後，法改正をすることが要請されている点を知る必要がある。文献に現れた改正提案のうち，さし当たり次の3つを紹介しておきたい。

第1 罰金額の枠を法定すべきこと

現行刑法では，法定刑の罰金の額が無制限であることは，すでに述べた。現在では，罰金額の量定はもっぱら裁判所の裁量に委ねられている。それゆえか，2008年には，贈賄企業に対して19年の懲役と並んで2億3,000万元という中国では史上最高の罰金が科せられた事例がある。このような事態にかんがみ，中国の学者は，米国の2004年連邦量刑指針案内（Federal Sentencing Guideline Manual Sentencing of Organizations）のごときを制

定すべきだ，と提唱している⁽⁶⁷⁾。

　第2　行政制裁（administrative sanctions）の導入が望ましいことが，強調されている。刑法では，組織体が罪を犯したときは，組織体に対して罰金を科するほか，組織体の責任者を自由刑に処することとしている（31条，387条など）。学者は，これだけでは，企業犯罪を抑止するには足りないとして，1992年のフランス刑法（1994年施行）第131-39条にならって，一定期間の職業活動の停止，事業所の閉鎖，公契約からの排除，資金公募の停止などの制裁を採用すべきことを提唱している⁽⁶⁸⁾。

　第3　法令順守計画の実施および公益通報者の保護

　企業犯罪を防止するために法令順守計画（corporate compliance program）を実施することと併せて，公益通報者（whistleblower）の保護が必要である。ところで，中国では，公益通報者が報復を受けて傷害された事件，殺害された事件さえ発生している。その件数は，1990年代では毎年50件に達しなかったのに，2008年には1,200件余りにのぼっている⁽⁶⁹⁾。

　中国の刑法307条〔証言妨害罪〕および刑訴法49条〔証人等報復罪〕には証人等に対する脅迫・加害等の行為を罰しているが，公益通報者を保護する法規定が存在しない。そのため，企業犯罪を効果的に抑止するため，日本における「公益通報者保護法」のような法律の制定とその適切な執行が必要である，と主張されている⁽⁷⁰⁾。

(65)　ZHOU, supra note 60, p. 88.
(66)　いわゆる Shanghai Social Security Fund Case の代表者に対する判決。ZHOU, supra note 60, p. 90.
(67)　ZHOU, supra note 60, p. 93. 基礎罰金（base fine）を設定し，これに情状等によって増減をほどこすことも提唱されている。周＝劉・注(60)前掲論文71頁。
(68)　ZHOU, supra note 60, p. 92. これは，多くの学者によっても主張されている。周＝劉・注(61)前掲論文70頁，および同論文74頁の注(53)を見よ。
(69)　21世紀経済報道2008年6月28日。周＝劉・注(61)前掲論文72頁，74頁注(61)から引用。
(70)　周＝劉・前掲論文72頁。

第7節　汚職防止のプロフィール

汚職防止の背景

インターネットの TrustLaw Country Profiles. Anti-corruption profile-China という小論文に，中国における汚職防止にまつわるプロフィール（横顔）が紹介されている。ユニークな論文であるので，その一端を披露する。

1　国中にまん延する汚職

中国は，世界中で最も魅力的な投資環境が整っている国である，といわれている。人口13億人を擁し，広大な国土には多くの資源が埋蔵されている。しかも，GDP（国民総生産）は，今や米国に次いで世界第2位に達している。世界の先進国が中国を有望な投資先の国と見るのは，当然であろう。それにもかかわらず，中国は，国のあらゆる分野で汚職レヴェルの高い国でもある。その汚職額は，少なくとも GDP の3%に達する，と見込まれている。[71] このように，中国に進出する外国企業にとっては，汚職は大きな障害となっている。

中国が経済発展を遂げるにつれて，汚職の総額も上昇を続けている。中国における経済活動の分野が広がるにつれて，公務員が所管する仕事の範囲は拡大する。そのことは，必然的に汚職の新しい源が生み出されることになる。[72]

(71)　TrustLaw. Country Profiles. China. Http://www.trust.org/trustlaw/country-profiles/good-governance. dot?, 2012, p. 1.
(72)　TrustLaw, op. cit., p. 4.

2　贈収賄の実情

中国は，内外の批判に応えて汚職防止のために取締りや処罰を強化して

いる。すでに述べたように，収賄には死刑，無期懲役など重い法定刑が規定されている。ときどき，わが国の新聞にはきびしい刑に処せられた役人の事例が報道されている。そうした厳重処罰は，一罰百戒の効果があるかもしれないが，他面では，権力闘争のためにそのような厳重処罰が行われている，との見方もある。

　米国国務省の 2009 年報告書によれば，中国で汚職の最大のターゲットとされているのは，銀行，金融業界，公務員の任用および建設業界である(73)。その背景には，公務員による許認可を得たり，口利き（あっせん）依頼をするなどのため，贈賄は，必要悪，当然の必要経費と考えられているようである。ある調査によれば，商取引における賄賂の 54％ 以上は，'facilitation payments'（円滑化支払い，便宜支払い）であり，しかも，商取引における賄賂の 85％ は，公務員の方から要求されたものである，とのことである(74)。その 85％ の内訳は，政府役人が 38％，その他の公務員が 14％，司法職員（members of the judiciary）が 11％，警察官が 11％，および共産党関係者が 11％ となっている(75)。ここで注目すべきは，司法の職にある者と警察官がそれぞれ 11％ を占めていることである。'裁判官まで買収されるのか' という感を禁ずることができない。

　ところで，特筆すべきは，中国では，汚職は（処罰される）危険性は低いが，高い儲けを得ることのできる行為（low-risk activities that can yield high returns），すなわち，低い危険で高い儲け（low-risk high-return）の行為とみなされていることである(76)。2007 年の調査報告によれば，中国では，汚職をした公務員のうち，jail（拘置所，軽刑務所）行きになった者は，わずか 3％ にとどまる(77)。

　このようにして，中国では特権階級，権限のある公務員は財を蓄えて裕福となり，これに対して多くの一般庶民は低所得に甘んじざるをえないという，社会における両極現象が現出している，と伝えられる。

　「汚職は，中国では風土病的になっている」（Corruption in China is endemic.）といわれる。それは，公的部門（public sector）と民間部門（private sector）とに共通している。そのような事態に立ち至った原因はさまざまで

あろうが，中国に特有な事情として1つを挙げておきたい。

それは，中国が共産主義の国であるため，土地私有は認められず，土地は集団的に (collectively) または国によって所有されており，**土地使用権** (land use rights) を国が定めた価格で購入することができるにすぎないことである。そこで，企業としては，事務所，店舗，営業所，工場，さらに社員用宿舎などを設けるために，必要な土地使用権を購入する必要に迫られる。

問題は，その土地使用権を購入する経路である。その経路は，公務員に接近してそのあっせんをお願いすることである。この「お願い」をするについては，お土産（賄賂）が必要であることは，容易に理解されるところである。土地使用権の有効期間は，使用目的によって差があるので，当該土地の場所，広さ，利用効果等によって売買価格は異なるであろうが，それにつれて賄賂の額にも開きがあることが想像される。

(73) US Department of State 2009. —cited by TrustLaw, op. cit., p. 4.
(74) TrustLaw, op. cit., p. 4.
(75) National Audit Report 2007 by National Audit Office. —cited by by TrustLaw, op. cit., p. 3.
(76) Carnegie Endowment 2007. —cited by TrustLaw, op. cit., p. 3.
(77) TrustLaw, op. cit., p. 3.
(78) US Department of State 2009. —cited by TrustLaw, op. cit., p. 5.
(79) たとえば，商業目的では40年，工業目的では50年，住居用では70年が，それぞれ最長期間とされている。TrustLaw, loc. cit.

第2章　香港の汚職防止法制

第1節　第2次大戦後の香港
第2節　汚職対策独立委員会
第3節　制定法上の汚職犯罪
第4節　法人の刑事責任
あとがき

第1節　第2次大戦後の香港

1　阿片戦争から香港の中国返還まで

　1841年，中国の清朝とイギリスとの間に阿片戦争が勃発した。清朝は，戦いに敗れた。1842年8月に締結された南京条約で，香港島は，イギリスに割譲され，植民地となった。その後，英・仏連合軍と清朝との間でアロー戦争[1]が起こり，この戦いでも，清朝は敗北した。1860年に締結された北京条約で九龍半島の南端などが，イギリスに割譲され，香港の植民地化は進んだ。
　その後も，イギリスによる植民地化は止まらず，その周辺地域は，1898年に99年間の租借地となった。その一帯は，租界（新界）と名づけられた。
　1941年末に大平洋戦争が勃発。日本軍は，九龍半島を制圧し，香港島に上陸。18日間にわたるイギリス軍との激戦の末，同年12月25日，イギリス軍は降伏した。が，1945年8月に日本が無条件降伏。この間の3年8か月を，香港では「暗黒の3年8か月」と呼んでいる。
　1950年，イギリスは，中華人民共和国を承認。1960年代にかけて，中国

本土国内では，大躍進による大飢饉や，文化大革命などの内乱に因り，多くの難民が生まれた。それらの難民は，香港に流入した。1970年末から香港では労働力が過剰になり，また，不況により人口増加に対する圧力が強まった。

1970年代の香港は，中国と諸外国との間の中継貿易港として発展し，香港政庁は，自由放任政策を堅持した。その結果，1970年代から輸出型の軽工業が発達し，香港は，1980年代から1990年代にかけて，シンガポール，中華民国，韓国とともに経済発展をとげた「アジア四小龍」またはアジアNICsないしNIEs〔ニーズ〕と呼ばれるようになった。

1997年，香港は，中国に返還された。99年間にわたる租借期間が終わったのである。中国は，「一国二制度」(one country, two systems) を採用した。香港は，資本主義と現在の法体制を維持し，その体制は，「50年間不変」と約束された。香港は，「香港特別行政区」と名づけられ，中国の特別行政区 (Special Administrative Region) の1つとなった。現在，香港は，「世界の工場」といわれる中国市場の金融センター，物流センターとして，中国経済と一体化が進み，金融，商業，観光都市となっている。

なお，香港の人口は，2011年8月現在，約710万人である。

(1) 中国の広西でフランス人宣教師が清朝官憲によって殺害されたことをきっかけにして起こった戦争。
(2) 'newly insdustrialized countries'（新興工業国）
(3) 'newly industrializing economics'（新興工業経済地域）

2　1970年代までの汚職蔓延

第2次大戦の終わりから1970年代まで，香港は，世界中で最も汚職がはびこる地域の1つとみなされた。政治，経済，社会のすべての分野で，贈収賄と強要（extortion）は，日常生活の標準的な状態（norms）となっていた。その原因は，第2次大戦後，香港の人口は増加し始め，製造業の発達が経済成長をもたらした一方で，市民サービスに従事する公務員の給与が

非常に低く押えられていたところに見いだされる。すべての分野における公務員は，その地位を利用して，'tea money' とか 'lucky money' とか称して，事務処理等の依頼者から金銭等をもらい，それでもって給与を補充することを行った。例えば，消防夫は，"Mo chin mo sui"（no mney no water）（カネをくれなければ，消火しないぞ）と言い，看護婦は，余分の毛布とか食事を患者に提供するについてもカネを要求した。公共事業を担当する公務員は，許認可に係る事務につき 'advice' や署名をするのと引替えに巨額の賄賂を要求した。香港警察（Royal Hong Kong Police）でさえ，行商人，免許を受ける者などからカネを受け取った。公務員は，昇進のためとか，良い部署へ配置されるために，しばしば袖の下を贈った。給与の良くない公務員は，このようにして給与を補充することが，一般的となった。では，民間はどうか。タクシー運転手からレストランの従業員までを含めて，香港の全部（the whole of Hong Kong）が，同じような状況にあった。[5]

香港警察[6]には，かつて汚職取締部（Anti-Corruption Branch）が設けられていたが，この部署は，汚職をごく僅か減少させるだけであった。というのは，警察の高官が不正蓄財し，約60万USドル相当のカネを海外銀行に預金するというような有様であったからである。この高官は，事件が発覚するやロンドンに逃亡した。後日，彼は，英国から引き渡され，香港で訴追されて，有罪判決を受けた。[7] このような警察官による汚職は，警察汚職（police corruption）と呼ばれている。[8]

(4) Cohen & Marriott, International Corruption, Sweet & Maxwell, 2010, p. 163.
(5) Independent Commission Against Corruption（Hong Kong），＝Wikipedia, the free encyclopedia, 2012, pp. 1-2.
(6) 香港警察には，3万人弱の警察官がおり，そのうち約8割が香港人で占められているという。辻本衣佐「香港返還と刑事政策の問題」明治大学法学研究論集第7号（1997年7月）80頁。
(7) see Widipedia, supra note 5, p. 2.
(8) see Widipedia, supra note 5, p. 2.

第 2 節　汚職対策独立委員会

1　独立委員会の設置

　香港の汚職対策は，100 年前に遡ることができる。19 世紀に，香港初の汚職対策法である軽罪処罰条例（Misdemeanous Punishment Ordinance）が制定された。これは，1948 年に制定された汚職防止条例（Prevention of Corruption Ordinance）によって廃止された。しかし，この条例は，効果的でなかったため，香港政府は，1971 年 5 月に**贈収賄防止条例**（Prevention of Bribery Ordinance＝**PBO**）を制定した。

　しかし，それにもかかわらず，1973 年，警察による汚職捜査の杜撰さが発覚し，香港市民は，香港警察による汚職捜査の問題性を政府に対して激しく抗議した。これを機にして，香港政府は，1974 年 2 月，警察から独立した汚職捜査を専門とする部署を設置した。それが，総督直属の独立機関としての，**汚職対策独立委員会**（Independent Commission Against Corruption＝**ICAC**）（廉政公署）である。

　ここで，この独立委員会（以下，「ICAC」という。）が基本法（Basic Law）との関係においてどのような地位をもつか，について一言する。返還後の憲法ともいうべき「香港行政特別区基本法」（略称，香港基本法 Hong Kong Basic Law）が，1990 年 4 月 4 日，第 7 期全人代（全国人民代表大会）において採択された。この基本法 57 条には，汚職対策委員会（Commission Against Corruption）を設置する旨が規定されている。これによって，ICAC が，憲法上の地位を有することが明確にされている。

---

(9)　Sunny Cheung Man Kwan,「香港における汚職犯罪対策の取り組みについて」岡山大学大学院文化科学研究紀要第 16 号（2003 年）98 頁。なお，「條例」は，法律に相当する。

(10)　see Widipedia, supra note 5, p. 3. なお, Independent Commission Against Corruption（Hong Kong）, supra note 5 には，ICAC について最新の情報が載っ

2 独立委員会の権限と構成

〔Ⅰ〕 汚職対策の3つの柱

ICAC の汚職対策は，3つの柱からなる戦略（Three-Pronged Strategy）（**TPS** と略称される）で構成される。⁽¹¹⁾

(a) 法の執行　これは，執行局（Operation Department）が担当する。

(b) 予防　これは，汚職予防局（Corruption Prevention Department）が担当する。

(c) 教育　これは，地域関係局（Community Relations Department）が担当する。

(11) Man Kwan, 注(9)前掲論文 96 頁。

〔Ⅱ〕 法の執行

執行局は，汚職犯罪に対する捜査，逮捕，取調べなどの法執行を担当する。執行局は，ICAC 内の最大部署である。

汚職の摘発のほとんどは，市民からの通報または内部告発によるものである。その通報の内訳は，2002 年について見れば，公務員に係るものが，約 37％，公共機関職員に係るものが約 8％，民間企業職員に係るものが約 55％となっている。

執行局は，捜査について強力な権限を有する。市民からの通報または内部告発を受けた場合において，捜査の必要があると判断したとき，執行局は，書面による説明を求めたり，情報の提供を要請することができる。当該者が合理的な理由なしにそれを拒否した場合には，執行部は，当該者を起訴することができる（條例 14 条）。

建物に対する捜索も，令状による捜索（條例 10 条 B）のほか，捜査官は，ICAC 委員長の許可を得て，無令状で捜索を行うことができる（條例 16 条）。

捜査を経て，捜査官は「合理的な嫌疑」があれば，無令状で当該者を逮

捕することができる（條例10条）。

2001年，ICACによって逮捕された被疑者の数は，1,468人であって，そのうち130人は，共謀（conspiracy）に因るものである。逮捕後，勾留された場合，48時間以内に被疑者を起訴しなければならない（條例10条A）。ただし，この起訴をするについては，法務長官（Secretary for Justice）の許可を得なければならない。法務長官は，たとえ十分な証拠がある場合でも「公共の利益」（public interest）に反する可能性がある場合，その被疑者を不起訴処分にすることができる。

上述したように，ICAC執行局の捜査官は，非常に広い範囲で捜査・逮捕の権限を与えられている。その中で注目すべきは，**秘密捜査手法**（the use of undercover operations）を用いることが許容されていることである[14]。ここにいわゆる秘密捜査の手法が具体的にどのようなものであるかは，文献上，明らかでないが，普通，盗聴，盗撮，通信の傍受を指すといわれている。なぜ，そのような捜査手法まで用いるのか。ICACの副委員長Tony Kwok Man氏が「アジアの組織犯罪の性質及び衝撃。香港の問題」と題して発表した論文（2012年）[15]によれば，組織犯罪と結び付いた汚職（corruption associated with organized crime）の捜査を進める必要があることが指摘されている[16]。この分野における捜査については，国際的に捜査協力および司法共助を強化する必要があるので，香港ではかねてから米国およびオーストラリアの捜査当局との国際協力が推進されている[17]。

(12) 2001年度における汚職に関する通報は，4,476件であって，そのうち，513件は，警察官の汚職に関するものであった。
(13) Man Kwan, 注(9)前掲論文95頁。
(14) Andrew HY Wong, Anti-Corruption Strategy of the Hong Kong Special Administrative Region of the People's Republic of China.-presentatiton held at the 4th Regional Anti-corruption Conference in Kuala Lumpur, 2003, p. 1. なお，2006年8月，「通信傍受及び監視条例」（Interception and Surveillance Ordinance＝ICSO）が制定された。
(15) Tony Kwok Man, The nature and impact of Asian organized crime；The Hong Kong problem. in：http://www.kwok-manwai.co.com./speeches. p.1.

(16) 具体的には，麻薬犯罪集団に手を貸す官憲の摘発，密輸を幇助する外交官や税関職員への贈賄の摘発，不法な出入国を幇助する領事や出入局管理局の役人への贈賄の摘発，不法な資金の洗浄に手を貸す銀行員への贈賄の摘発が，この捜査手法の対象とされているようである。see Tony Kwok Man, supra note 15, p. 1.

(17) Tony Kwok Man, supra note 15, p. 2.

〔Ⅲ〕 予　　防

汚職犯罪の事前予防を担当するのは，**汚職予防局**である。予防局は，政府機関や公共機関の慣習および手続を監察し，汚職犯罪を予防するための助言を行うことができる（條例12条d, 12条e, 12条f）。

ここで注目すべきは，汚職予防局による調査が次の2つの部署に分かれて行われていることである。

① 審査1課および審査2課（Division 1 & Division 2）……政府機関および公共機関に対する調査を行う。

② 民間部門課（Private Sector）……民間企業に係る汚職犯罪を予防するための調査を行う。

後述するように，香港では公務員等に係る汚職犯罪のみならず，民間部門における汚職犯罪をも処罰している。それは，例えば，汚れたカネの洗浄をするために銀行員に贈賄する行為を取り締まり，処罰する必要のあることからも理解されるであろう。香港では多数の，内国企業および外国企業が活発な国際商取引をしている事実に徴すれば，脱税，不法な資金の隠匿，仮装売買等，さまざまな形態による汚職行為が行われており，その取締りについて強力な対策を講ずる必要のあることが推察される。

(18) Andrew HY Wong, supra note 14, p. 2.

〔Ⅳ〕 教　　育

市民に対して汚職防止の教育と並んで汚職制圧の広報活動を行う任務を負うのは，地域関係局である（條例12条(g)および(h)）。具体的には，マスメディアを通して，汚職犯罪制圧の宣伝を行う。その宣伝内容は，主として

(a)汚職制圧における市民の協力の必要性，および(b)汚職犯罪に対する徹底的な刑罰の厳しさの周知である。これは，地域教育（community education）と呼ばれている。

この目的を達成するため，1995年，香港倫理推進センター（Hong Kong Ethics Development Center）が，6つの主要な商工会議所と連携して設立された。

(19) Man Kwan, 注(9)前掲論文90頁。

3 汚職防止対策の成果

〔Ⅰ〕 風土病的汚職の克服

1971年の贈収賄防止条例（**PBO**）は，その後，数次にわたって一部改正された。その主要な改正は，1994年に行われた。この条例は，1966年の国際自由権規約に従って制定された権利章典条例（Bill of Rights Ordinance）と香港基本法（Basdic Law）に含まれる憲法的規定（1997年1月1日施行）とによって強化された。そのような法制面における整備と並んでICACの活動が成果を収めたゆえか，香港における汚職犯罪は，減少したと伝えられる。

かつては，香港では'風土病的汚職'（endemic corruption）がまん延していたと報ぜられたのであるが，香港は，'汚職のはびこる市'（a graft-ridden city）から，世界で最もクリーンな地域の1つと言われるまでに変容を遂げた。その成果を挙げるに至ったのは，ICACによる汚職摘発，予防および教育である，といわれている。

それを実証するデータとして，文献は，次のものを挙げている。

(1) 1970年代には，汚職の告発・通報事件のうち80％が公務員に係るものであったが，このような状態は，年ごとに改善されて行った。たとえば，警察官による汚職の告発・通報は，1997年には全件数の70％を占める1,443件に及んでいたのであるが，2007年には446件にまで減少した。今日では，公務員に係る汚職の告発・通報は，全件数中30％を占めるにとど

まっている。上記の文献では，警察官（police officers）と公務員（public servants）とが区別して記載されている。これに照らせば，1990年代における警察官による汚職は，驚くほど高い比率を示していたことが理解される。

ところで，21世紀に入って，全汚職摘発件数のうち，公務員に係る件数の割合が低下するのに対比して民間部門（private sector）の占める割合が増大していることが，注目される。たとえば，2008年には民間部門に係る汚職の摘発件数は，全事件中，65％を占めるに至った。

香港が世界中で最も低い汚職率を続ける国になったことを示す例証として，TI（Transparency International）が公表しているCPI（Corruption Perception Index）〔透明性認識指数〕が，2009年には8.2であって，調査対象とされた180か国中，12位であることが挙げられている。

(20) Cohen & Marriott, supra note 4, p. 164.
(21) Wikipedia, supra note 5, p. 1.
(22) Wikipedia, supra note 5, p. 1.
(23) Widipedia, supra note 5, p. 2.
(24) Widipedia, supra note 5, p. 2.
(25) 1993年に創設された国際NGOであって（本部は，ベルリンにある）国際的発展における企業と政治の腐敗を監視し，かつ公表することを目的としている。
(26) TIが1995年以降，毎年公表している。CPIを直訳すれば「腐敗認識指数」となるが，10を'完全にクリーン'として表しているところからすれば，内容的には透明性の程度を指数で表したものである。森下・国際汚職の防止（2012年，成文堂）33頁以下を見よ。
(27) Cohen & Marriott, supra note 4, p. 190. 2010年では，香港のCPIは8.4であって，180か国中13位となっている。ちなみに，日本は，2010年にCPIが7.8であって，180か国中，17位である。

〔II〕 汚職減少の理由

上述したTIのCPIがどれだけ信頼性のあるものかについては問題があるが，一応の参考資料になるであろう。香港のCPIは，2002年の7.9から2010年の8.4というように透明度を高めていることは，一応，評価されて

第2節　汚職対策独立委員会　71

よい。[28]

　文献によれば、このように香港における透明度が高まったことは、ICACによる法の執行、予防および教育という3本柱の政策が功を奏した、といわれている。汚職摘発件数としては、最近では年間3,000件ないし3,500件にとどまる、とのことである[29]。それらの汚職件数のうち65％は民間部門に係るものである。しかし、その大部分は、起訴されていない。起訴率がどれくらいかは記述されていないが、起訴された件数のうち、85％につき有罪判決が言い渡されている[30]。

　文献によれば、香港における汚職犯罪の減少は、一般市民による支援のレベルが重要な要素になっている、とのことである。かつて公務員に係る汚職がはびこった原因は公務員給与の低さに見いだされるとされたが、公務員の給与が改善されたかについては、文献には記述されていない。推察するところでは、香港が国際的商取引において繁栄を遂げるに至って、公務員給与、そして民間企業における給与は改善されたであろう。

　最も問題になるのは、**摘発された汚職事件の大部分**（the great majority of investigations）**が訴追されていない**、という点である。その理由として一つ考えられるのは、いわゆる円滑化支払い（facilitation payments）[31]が社会的に受容され、法的に問題とされない利益になったことである。文献によれば、香港では、'円滑化支払い'は社会的に受容されたものとはなっていないので、香港で商取引を行う外国企業は用心すべきである、とのことである[32]。

　では、ICACが受理した汚職通報事件の大部分（the great majority of investigations）が起訴されない理由は、なにか。それは、文献によれば、通報された汚職容疑が根拠なきもの（unfounded）もしくは証拠不十分であるもの、または訴追当局が注意（legal advice）をすれば訴追しなくてもすむようなものであるからである[33]。こうした事件処理の結果をICAC側から（通報した）市民に報告すれば、通常の市民（ordinary citizens）は、その事件処理で満足している、とのことである[34]。こうしたことの背景には、一般市民がICACに対して高い水準の公的信頼（high level of public confidence）を寄せていることがある、と報ぜられている[35]。

- (28) ちなみに、日本のCPIは、2002年の7.1から2010年には7.8に上昇している。
- (29) Cohen & Marriott, supra note 4, p. 190.
- (30) Cohen & Marriott, loc. cit. これによれば、有罪とされなかった件数は、15％に上ることになる。
- (31) 森下・国際汚職の防止（注26前掲書）12頁以下。
- (32) Cohen & Marriott, supra note 4, p. 187.
- (33) Cohen & Marriott, supra note 4, p. 188.
- (34) Cohen & Marriott, supra note 4, p. 188.
- (35) Cohen & Marriott, loc. cit.

第3節　制定法上の汚職犯罪

〔I〕　公務員に係る贈収賄

香港では、汚職犯罪は、公的部門汚職（public sector corruption）と民間部門汚職（private sector corruption）とに分けてこれを考察することが理解に役立つ。

公的部門汚職というのは、公務員に係る汚職のことである。公務員（public servant）は、特別公務員（prescribed officer）とそれ以外の公務員（a public servant other than prescribed officer）（以下、便宜上「一般公務員」という。）とに分かれる。

特別公務員とは、次の者をいう。(a)政府に属する臨時または常設の事務所を有する者、(b)基本法に従って任命された政府の主要な公務員、(c) Monetary Authority（会計検査官？）のほか、為替基金條例（Exchange Fund Ordinance）により任命された者、(d)Public Service Commissionの委員長、(e)汚職対策独立委員会のすべての職員、(f)特別の司法官庁に属する司法官（judicial officer）。

一般公務員とは、官庁（public body）[36]に属する構成員、従業員をいう。

民間部門（private sector）は、非公共的部門（non-public sector）とも呼ばれているが、要するに、私人対私人の関係にあるものを含めた呼称である。

香港では，民間部門における汚職犯罪（汚職関連犯罪を含む）が，取締りの重要な対象とされている。これは，企業間における贈収賄のほか，マネー・ロンダリングなども汚職関連犯罪として処罰の対象とすることが意図されているからであろう。

(36) 官庁とは，香港政庁を初めとして，立法，司法および行政の分野に属する機関，委員会等をいう（PBO 2条1項）。

〔II〕 **公務員に係る贈収賄罪**
第4条〔公務員贈収賄〕は，贈収賄罪の基本類型を規定したものである。規定の要旨を掲げる。

第4条〔公務員贈収賄〕
① 香港又はその他の地域において，正当な権限又は合理的免責事由（excuse）なしに，次に掲げる行為につき請託により又は報酬としてなんらかの利益（any advantage）を公務員に供与する者は，罪に問われる。
　(a) 公務員としての資格に基づく行為を行いもしくは行わないこと，又は行ったこともしくは行わなかったこと。
　(b) その公務員又は他の公務員により，公務員の資格に基づく行為を促進し，遅らせ，妨害しもしくは阻止すること，又は促進，遅延，妨害もしくは阻止の行為をしたこと。
　(c) 官庁との取引に際し，ある者を援助し，妨げ，もしくは遅延させること，又は援助し，妨げ，もしくは遅延させたこと。
② 公務員が，香港又はその他の地域において，正当な権限又は合理的な免責事由なしに，自己のために，次に掲げる行為につき報酬としてなんらかの利益を要求し，又は収受するときは，罪に問われる。
　(a)，(b)および(c)の各号は，第1項の(a)，(b)および(c)の条号に規定するのと同様の行為を掲げている。
③および④　省略

この規定については，「**香港又はその他の地域において**」(in Hong Kong or

elsewhere）という文言に注意すべきである。これによれば，公務員への贈賄行為が香港以外の地域（たとえば，日本）において行われた場合でも，香港の法律が適用されることになる。これは，内国刑法の場所的適用範囲を著しく拡大したものとして，日本企業にとっても留意すべきである。1997年のOECD条約は，「国際商取引において商取引その他不当な利益を得るため又は維持するために」行われたことを条件として，外国公務員への贈賄を犯罪化すべきことを締約国に義務づけている（1条）のであるが，本条（PBO 4条）は，それよりもゆるやかな要件の下で，外国人が自国の公務員に贈賄した行為をも広く処罰しようとするのである。

しばしば問題になるのは，契約交渉の段階において公務員に「利益」を供与することは適法か違法か，である。これにつき，PBO 5条は，これを禁止している。では，**接待**（entertainment）については，どのように解されるか，「接待」としての飲食は，PBO 2条1項(d)により是認される。しかし，裁判所は，事実問題としての飲食の程度を問題としている。すなわち，その飲食の程度がビジネス関係の範囲内における社会的接触のレヴェル（level of social contact）内のものとして受け容れられるものかどうかを判断しているようである。

(37) 香港の公務員への贈賄禁止は，内国の企業に対しても外国の企業に対しても同様に適用される。see Cynthia Tang, in : Gruetzner, Hommel & Moosmayer, Anti-Bribery Risk Assessment, 2011, Beck, Hart & Nomos, p. 119.
(38) 国連汚職防止条約16条1項は，「国際商取引に関連し」た場合に外国公務員等に贈賄する行為を犯罪化することを締約国に義務づけているにとどまる。
(39) Cynthia Tang, supra note 37, p. 116.

〔Ⅲ〕 民間部門における贈収賄
第9条〔民間人に係る贈収賄〕
① 正当な権限又は合理的免責事由なしに，自己のために次に掲げる行為に対するinducement（誘引）又は報酬としてなんらかの利益を要求し，又は収受した者は，罪に問われる。

(a) その雇主（principal）の仕事又は取引の関係における行為をし，もしくは行為をすることを差し控えること，又は行為をしたこともしくは行為をすることを差し控えたこと。
(b) その雇主の仕事又は取引に関係するだれかに利益又は不利益を示しもしくは示すことを差し控えること，又は示したこともしくは示すことを差し控えたこと。
② 正当な権限又は合理的な免責事由なしに，ある agent（後述参照）に，その者の次に掲げる行為に関し，inducement 又は報酬としてなんらかの利益を供与する者は，罪に問われる。
(a) 自己の雇主の仕事又は取引と関係のある行為をしもしくは行為することを差し控えること，又は行為したこともしくは行為することを差し控えたこと。
(b) 自己の雇主の仕事又は取引と関係を有する者に利益又は不利益を示し，もしくは示すことを差し控えること，又は示したこともしくは行すことを差し控えたこと。
③ 省　略
④ 省　略

　ここでは，'principal' および 'agent' の意義が，問われる。[40]
　'agent' とは，公務員（public servant）および他人に雇用され又は他人のために行為するすべての者（any person）をいう（PBO 2 条 1 項）。
　次に，'principal' とは，次の者をいう。(a)雇用主，(b)信託受益者，(c)信託財産または死者の財産につき利害関係を有する信託者，(d)官庁の被雇用者の場合には，その官庁（PBO 2 条 1 項）。

[40] 'principal' と 'agent' の意義は，日本語では表現しがたいが，PBO 4 条では，大雑邑に言って，'principal' は雇主側ないし監督者の立場にある者を指し，'agent' は 'principal' の支配，指揮に従うべき立場にある者を指すであろう。なお，'agent' には，仲介人，代理人という別の意味もあるが，その場合でも，依頼者の指示，依頼に従うべき地位にあることでは共通するものがある。なお，これにつき，森下・(注26) 国際汚職の防止 16 頁，38 頁，216 頁を見よ。

〔Ⅳ〕 不 正 蓄 財
第 10 条〔不正蓄財〕
① 行政長官（Chief Executive）又は特別公務員である者又はその退職者が，
　(a) 現在又は過去の俸給と均り合いがとれる以上の生活水準を維持し，又は
　(b) 現在又は過去の俸給とは均り合いのとれない資産又は財産を監理している場合には，いかにしてそのような生活水準を維持し，又はそのような資産又は財産が自己の監理下に入ったかにつき満足のゆく説明を裁判所にするときを除いて，罪に問われる。
② 以下，省略

　本条に規定する**説明のできない財産を所有する罪**（offence of possessing unexplained property）は，過去 40 年間にわたり，香港の汚職犯罪制圧の有力手段の 1 部を構成するものであった。この罪を規定する罰条はまれにしか用いられなかったが，賄賂の要求・収受を隠蔽することの巧みな者に対しては，効果的であることが証明されたところであった。[41]
　この不正蓄財（illicit enrichment）の罪は，つとに 1996 年の汎米汚職防止条約の 9 条[42]，2003 年の国連汚職防止条約 20 条で規定されたものである。ただし，両条約の規定は，ともに公務員一般について自己の合法的な収入との関係において合理的な説明をすることができない場合にまで適用対象となる者の範囲を拡大している。これに対し，PBO 9 条の罪の主体となる者は，行政長官および特別公務員というトップ・レヴェルの者に限定されている。

(41) Cohen & Marriott, supra note 4, p. 167.
(42) 森下・国際汚職の防止 27 頁，179 頁を見よ。

〔Ⅴ〕 法 的 制 裁
A 刑 罰
PBO に規定する犯罪は，事件の軽重によって管轄裁判所が異なる。香港

第3節　制定法上の汚職犯罪　77

の裁判所で刑事事件を担当するのは，最高裁判所，地方裁判所および治安判事裁判所（magistrates's court）である。⁽⁴³⁾

(1)　治安判事裁判所

　刑事事件のみを審理する。香港における刑事事件の約90％を処理する。比較的軽微な犯罪を1人の裁判官で，原則として公開で審理する。1つの罪名につき，最高2年の拘禁刑または1万HKD（香港ドル）の罰金を科することができる。数罪につき刑を言い渡す場合には，3年以下の拘禁刑を科することができる。

(2)　地方裁判所

　比較的重大な事件（ただし謀殺，強姦などを除く）を審理する。7年を超える拘禁刑を言い渡すことはできない。使用言語は，英語。

(3)　最高裁判所

　高等法院および控訴法院からなる。高等法院における刑事事件は，裁判官1名と陪審員7名とからなる陪審団によってなされる。陪審員は，必要に応じて9名まで増員することができる。使用言語は，英語。

　控訴院は，最高裁判所長官および9名の裁判官で構成される。使用言語は，英語。

　ところで，PBO 12条は，次のとおり規定する。

第12条〔各罪の法定刑〕
① 　第3条の罪〔特別公務員の収賄〕以外でこの部（Part）に規定する罪に因り有罪とされた者は，次の刑に処する。
　(a)　正式起訴による有罪判決（conviction on indictment）につき
　　(i)　第10条の罪につき，100万（香港）ドル以下の罰金及び10年以下の拘禁刑
　　(ii)　第5条又は第6条の罪につき，50万ドル以下の罰金及び10年以下の拘禁刑
　　(iii)　この部（Part）の他の罪につき，50万ドル以下の罰金及び7年以下の拘禁刑
　(b)　簡易裁判による有罪判決（summary conviction）

(i)　第10条の罪につき，50万ドル以下の罰金及び3年以下の拘禁刑
　(ii)　この部のその他の罪につき，10万ドル以下の罰金及び3年以下の拘禁刑
　以上のほか，その者又は官庁に対し，かつ裁判所の定める方式に従い，被告人が収受した利益の価額又は価値の支払いを命ずる。
　　(注)　現在，1HKD（香港ドル）は，約10.8円である。
③　第1項により科せられた刑のほかに，裁判所は，第10条第1項(b)の罪につき有罪とされた者に対し，次の金額を政府に支払うことを命ずることができる。
　(a)　資産（pecuniary resources）の総額を超えない金額
　(b)　その取得につき裁判所に満足のゆく説明をしなかった財産価値を超えない額
④　第3項の支払命令は，高等法院の民事事件判決と同じ方法で徴収することができる。
⑤　犯罪の原因となった事実が1974年2月15日以前に生じたときは，第10条第1項(b)の罪に関しては，第3項に従って支払命令を出すことができる。

　ここに訳出した第12条のほかに，第4条および第9条の罪に対する法定刑は，7年以下の拘禁刑および50万ドル以下の罰金と定められている（PBO 33条，33条A）。これによれば，公務員に係る贈収賄（4条）と民間人に係る贈収賄（9条）とは，同じ重さの法定刑で罰せられていることになる。
　第12条第3項に規定する支払命令は，実質的には没収の性格をもつものと解される。

　B　没　収
　PBOに定める犯罪からの収益の色括的没収制度については，PBO第12条AA，第12条AB，および第12条AC，刑事訴訟法第102条並びに組織犯罪及び凶悪犯罪処罰條例（Organized and Serious Crimes Ordinance＝OSCO）によって規定されている[44]。

　C　資格制限
　PBO第33条は，条例第2部（Part Ⅱ）の罪による有罪判決の効果として

5年間，次の資格が停止される旨を規定している。[45]
(a) 立法院議員の被選挙資格
(b) 行政府（Executive Council）の選員の被選挙資格，第1表に規定する特定官庁以外の官庁の職員となることの資格

(43) 辻本衣佐・注(6)前掲論文82頁以下。
(44) 没収の方がしばしば拘禁刑や罰金よりも犯罪抑止の面でより大きな衝撃を与えることが指摘されている。cf. ADB/OECD Anti-Corruption Initiative for Asia and the Pacipic, 35.
(45) PBO 第33条の全文については，see Cohen & Marriott, supra note 4, pp. 184-189.

第4節　法人の刑事責任

1　法人の刑事責任

　法人も刑事責任を問われる。上述したとおり，香港では，民間人も公務員も，なんらかの利益を要求し，供与し，または収受すると罪に問われる。ここにいう民間人（persons）という中に法人ないし企業（corporate entities）も含まれる（刑事訴訟法101条Eおよび Interpretation and General Clauses Ordinance 第3条参照）からである。[46]
　企業に対する主たる刑罰は，罰金である（PBO 12条）。このほか，裁判所は，賄賂として収受した金銭または財産の没収を命ずることができる（PBO 12条 AA 1項(2)）。[47]

(46) Cynthia Tang, supra note 37, p. 120.
(47) Cynthia Tang, loc. cit.

2　行政処分

　以上のほか，事務所の一時閉鎖，公契約への参加の一時停止，手形・小

切手の発行・取扱いの禁止などの行政処分が行われるかどうかは，著者が入手しえた文献からは明らかにすることができない。

あ と が き

香港は，その長い歴史上の関係から，法律，司法制度等については，コモン・ローをはじめとする英国の制度を基本的に採用している。その意味で，拙稿「英国の贈収賄法」同・国際汚職の防止（2012 年，成文堂）第 10 章を参照していただければ，幸いである。たとえば，本書で記述されている"conviction on indictment"および"summary conviction"（本書 77 頁）を理解するに役立つであろう[48]。

刑罰以外の各種の行政的命令[49]についても，香港ですでに採用されているかもしれないし，また現に採用されていないとしても，将来，採用される可能性がありうるので，注意する必要がある。

(48) 森下・国際汚職の防止（2012 年，成文堂）207 頁，235 頁を見よ。
(49) 森下・注(48)前掲書 238 頁以下を見よ。

第3章　インドの汚職防止法制

第1節　インドの過去と現在
第2節　現行の汚職関連立法
第3節　法人の刑事責任
第4節　捜査および訴追

第1節　インドの過去と現在

1　植民地から独立国へ

　インドは，永年にわたり英国の植民地として統治され，搾取されてきた。第2次大戦下の1943年，自由インド仮政府が樹立され，ついで1947年8月15日，独立を宣言。1950年，新憲法を施行し，インド共和国として発足した。
　このような歴史を経て，インドは，現在，BRICs（ブラジル，ロシア，インドおよび中国の4つの新興国）の1つとして，めざましい発展をとげている。人口は，現在，約11億であるが，人口推計予測によれば，2030年には14億人を超え，ついに中国を抜いて世界一の超大国（super big country）になる見込みである。
　ところで，インドにおける経済発展にもかかわらず，貧富の格差は依然として縮まらず，人口増加に伴って貧困層が増えているようである。そこで，インドは，「貧しい人々で満ちた豊かな国」（a rich country filled with poor people）と評されている。大多数の国民が貧困から脱出できないでいる主要な原因の1つは，汚職である，と言われている。

(1) India：Billionaires among a sea of poor people-Rediff. co. Business rediff. co./colum/2010/oct/o4. Retrieved 2011-10-07.

2　インドにおける汚職の歴史

〔Ⅰ〕　英国の統治時代

　インドにおける汚職の問題は，英国による植民地統治（British Raj）に根ざしている。英国は，1600年，東インド貿易会社（British East India Trading Company）を設立した。この会社は，1757年のプラッシーの戦いの後，従来の貿易を目的とする企業体から統治機関となった。

　1858年には，インド統治法の公布により，東インド貿易会社による統治は，イギリス政府の直轄統治へと変わり，ついに1877年，英領インド帝国が成立した。植民地としてのインドは，英国の官僚機構の下で搾取された。そのあくなき搾取を行う英国の官僚機構は，世界中で最悪のものといわれている。そこでは，汚職がはびこった。その汚職体質は，インドの独立後も存続した。要するに，英国の官僚主義による統治が，政治の腐敗，政治家に関係する汚職（political corruption）(2)を生み，それがインドにおける汚職の最も主要な原因となったのである。

(2) 'political corruption' という言葉は，「政治の腐敗」という意味をもっているが，最近では「政治家・官吏に係る汚職」という意味で用いられることが多い。

〔Ⅱ〕　独立後の官僚統治時代

　1947年に独立したものの，インドでは，それ以後，1991年までの間，極端な政府統制の時代が続いた。この時代には，過度の経済統制，保護貿易主義，政府主導の経済制度が行われた。この官僚統制の制度は，ライセンス統治（License Raj）(3)と呼ばれている。というのは，官僚主義に鼓舞された経済政策は，経済活動を行おうとする者（企業）は，中央政府の許認可を得る必要があったからである。この時代のインドでは，風土病的な汚職（endemic corruption）がまん延した。役人は事あるごとに賄賂を要求し，そ

の結果，民衆は賄賂の捻出に苦しめられた。当然のことながら，インドの経済は停滞した。

この間の事情を伝えるものとして，1993年に連邦政府のHome SecretaryであるN.N. Vohra氏が作成した報告書（いわゆるVohra Report）には，汚職の実情として次のことが記載されている。すなわち，街の無頼の徒（criminal gangs）は，政治家や役人の庇護を受け，また政治家のリーダーは無頼の徒のリーダーとなった。gangsたちは，地方や国の政治の分野に進出し，選挙を通じて議員となった。このような情勢のゆえに，「インドの官僚主義政治は，アジアの最悪にランクづけされる」と評された。

(3) Christina E. Humphreys, The current state of India's Anti-corruption Reform : The RTI and PCA, 2010, in : http://blogs.law.uiowa.edu/ebook/content. p. 3.
(4) WS Wikipedia, 2011 Indian anti-corruption mouvement. http//en.wikipedia.org/wiki/2011. p. 3.
(5) The Times of India, 3 June 2009. cited by Survey (http://timesofindia/indiatimes.com//India/India-bureacracy, p. 2.

〔Ⅲ〕 1991年以降における汚職撲滅国民運動

1991年に入るに及んで，インドにおける過度の官僚統制の政治は，ひとまず終りをとげた。生産の許認可制は廃止された。各種の事業の民営化が進められた。以来，インドの経済は発展の時期を迎えたようである。しかし，永年にわたって風土病的となった汚職体質は，容易に改善されなかったようである。しだいに国民は，教育の普及，民主主義思想の滲透，IT器械の普及，生活の向上につれて，依然たる汚職ムードに対する撲滅運動を起こすに至った。

2010年10月，国民はNGOであるIAC（Indian Against Corruption）に同調して，汚職撲滅キャンペーン（anti-corruption campaigns）に呼応して，運動を起こした。このIAC運動の先頭に立ったのは，Anna Hazare氏であった。ハザレ（Hazare）氏は，たびたびNew Delhiなどでハンガー・ストライキを行った。マスコミと民衆は，汚職制圧立法の国会通過と並んで，スイ

ス等の外国の銀行に隠匿されている黒いカネ (black money) のインドへの帰国（インドへの呼び戻し）を要求した。ここで「黒いカネ」といわれるのは，賄賂，脱税などの不正の手段によって得た資金を指す。ある報道によれば，この「黒い金」の額は，インドの GDP（国民総生産）のうち，大きな割合を占めているといわれる。

　2011 年，汚職撲滅をめざす法案の国会通過を求める国民運動が，インド全土にわたって展開された。その運動中の様子は，わが国のマスコミでも大きく報道された。2011 年におけるインドの汚職撲滅運動は，「2011 年の世界 10 大ニュースの 1 つ」に数えられるほどであった。

　この運動の高まりを無視しえず，インド政府は，2011 年 12 月，汚職防止 3 法案，すなわち，裁判官による汚職を取り締まる司法アカウンタビリティ法案[6]，市民憲章法案[7]，公益通報者保護法案[8]を国会に提出することを決定した。政府は，これら 3 法案と並んで，間もなく国会に提出する汚職防止法案 (Lokpal Bill) の国会通過をめざしている。

　ちなみに，TI（トランスペアランシー・インターナショナル）が発表している CPI（透明性認識指標）によれば，インドは，2010 年には 178 か国中，87 位 (CPI は，3.3)，2011 年には 178 か国中，95 位にランクづけされている[9]。

(6)　これは，裁判官による汚職の取締りをめざす法案である。インドでは，裁判官の不足による事件処理の遅れ，複雑な手続および新しい法律の出現によって，訴訟が遅延している。cf. Corruption in India, Wikipedia, the free encyclopedia, 2012, p. 4.
(7)　これは，政府機関が一定期間内にサービスを実施することを宣言することを内容とする法案である。
(8)　これは，現行の公益通報権法 (Right to Information Act = RTI Act) に公益通報者の保護規定が盛り込まれていないため，その保護規定の取入れをめざす法案であろう。
(9)　CPI の指数がどこまで信用できるか疑問であるが，一応の参考資料としての意義はあるであろう。

第2節　現行の汚職防止関連立法

1　一連の諸法律

インドにおける汚職防止に関する立法を年代順に挙げると，次のとおりである。

1．1860年の刑法（Indian Penal Code 1860）= IPC

これは，汚職防止に関する法規を最初に採り入れた法律である（161-165A条）。その内容は不十分なものであったので，その後の立法によって修正されている[10]。

2．1947年の汚職防止法（Prevention of Corruption Act 1947 = PCA 1947）

これは，公務員による汚職の取締りをめざした法律であるが，1952年の刑法一部改正法および1964年の汚職防止改正法（Anti-Corruption Laws（Amendment）Act）によって改正された。

3．1976年の財産没収法（Forfeiture of Property Act 1976）

4．1988年の汚職防止法（PCA 1988）（後述）

5．1988年のBenami Transaction（Prohibition）Act 1988[11]

6．2002年の資金洗浄防止法（Prevention of Money Laundering Act 2002）= PMLA

7．2005年の公益通報権法（Right to Information Act 2005）= RTI Act

なお，インドは，2003年の国連汚職防止条約（UNCAC）を2005年12月1日に署名し，2011年5月1日に批准した。批准に伴い，どのような国内法の整備が行われたかは，資料を入手しえないので，不明である。

---

(10)　刑法典中，汚職に関する大部分の規定は，汚職防止法（1947年と1988年）に取り入れられた。ただ，選挙に関する汚職罪のみは，刑法典の中に残されている（171B条，171E条）。この罪の法定刑は，1年以下の拘禁刑または（および）罰金である。

(11)　これは，benami（他人名義の取引）を禁止する法律である。

2　1988年の汚職防止法（PCA 1988）

この法律は，汚職防止に関する既存の法律を統合するとともに，よりきびしい処罰をめざしている。1947年の汚職防止法（PCA 1947）は，完全にこのPCA 1988に統合されている。

〔I〕　公務員の定義

公務員（public servant）の意義は，非常に広く定められている（2条3項）[12]。'public official' という文言が用いられていないのは，そのゆえかもしれない。

公務員（公務従事者と訳すのがベターかもしれない）には，12のカテゴリーの者が含まれる[13]。そのうち代表的なものを挙げる。

(a)　政府の業務または政府から報酬を受けて業務に従事する者，公的義務（public duty）の履行として業務に従事する者

(b)　地方公共団体の業務に従事する者

(c)　国もしくは州の法令にもとづいて設立された団体（corporation）の業務，または国もしくは政府の援助を受けている団体であって，政府の管理下にあるものの業務に従事する者

(d)　裁判官その他司法にたずさわる者

(e)　仲裁人，調停委員，清算人

(f)　公的義務を履行すべき任務を負っている者

(g)　国または州の政府の補助を得て農業，商工業の業務を行う団体の長その他の職員，会社法（Company Act 1956）第617条に定義する政府会社（Government company）[14]が管理する団体の長その他の職員

このように広い範囲の者が，「公務員」（ないし公務従事者）に含まれる。要するに，わが国における「公務員」「みなし公務員」よりも広い範囲の者が 'public servant' の概念に含まれる。

なお，上記2条6号にいわゆる「公的義務」（public duty）とは，国または広く公共団体（the public or the community）が利害関係をもつ行為をなす

べき義務を指す,と解されている。⁽¹⁵⁾

(12) Cohen & Marriott, International Corruption, 2010, Sweet & Maxwell, pp. 198-199; Gruetzner, Hommel & Moosmayer, Anti-Bribery Risk Assement, 2011, Beck, Hart & Nomos, pp. 140-141.
(13) Cohen & Marriott, op. cit, p. 198.
(14) 'Government company' とは,政府が株式の 51% 以上を保有する会社をいう(PCA による定義)。cf. Cohen & Marriott, op. cit. p. 199.
(15) Cohen & Marriott, loc. cit.

〔Ⅱ〕 収 賄 罪

'public servant' または public servant になろうとする者が,その職務を行うに当たり,職務を行い,または行わないことに関し,自己または他人のために,法的報酬 (legal renumeration) 以外のなんらかの 'gratification' (お礼) を要求し,約束しまたは収受する行為は,6月以上5年以下の拘禁刑および罰金で罰する (PCA 7条)。教唆犯も,同一の刑に処せられる (12条)。罰金の額は,法定されていない。ただし,裁判所は,罰金を科するに当たっては,行為者が当該犯罪から得た財産の額または価値を考慮しなければならない。

ここにいわゆる「法的報酬」とは,公務員が合法的に請求することのできる報酬に限定されることなく,政府その他の機関から受け取ることが許されているすべての報酬をも含む (7条の説明 no. 3)。⁽¹⁶⁾

「お礼」「賄賂」(gratification) とは,金銭的謝礼またはそれに類似するものに限定されない。それを受け取る者の喜びまたは満足に役立つものであれば,金銭に限らず,これに含まれる。⁽¹⁷⁾

価値物の受領 (acceptance of a valuable thing) も,収賄罪と同一の刑で罰せられる (11条)。

(16) Gruetzner et al., supra note 12, p. 139.
(17) Cohen & Marriott, supra note 12, p. 200. なお, 'gratificatiobn' と 'valuable thing' との区別は,文献でも明らかでない。

〔Ⅲ〕 あっせん収賄罪（8条，9条）

あっせん収賄も，収賄罪と同様に6月以上5年以下の拘禁刑および罰金で罰せられる。8条の罪は，第3者である公務員に対して一定の職務行為をし，またはしないことに関し，賄賂または不正な方法であっせんする行為を罰するものであるのに対し，第9条の罪は，収賄者が第三者である公務員に対して個人的影響（personal influence）力を用いる行為を罰するものである。収賄者は，公務員であると否とを問わない。あっせん贈賄者を罰する規定は存在しない。

〔Ⅳ〕 常 習 犯

あっせん収賄（8条，9条）およびその教唆（12条）の常習犯は，2年以上7年以下の拘禁刑および罰金に処せられる（14条）。

ここで常習犯（habitual commission of offence）とは，8条，9条または12条の罪を常習的に（habitually）犯す者をいう（14条）。なにを基準として「常習的」と判断するのかについては，文献に記述されていない。

〔Ⅴ〕 収賄の推定

第20条（公務員が法的報酬以外の賄賂を収受したことの推定）は，収賄者の側に挙証責任を転換した規定である。第1項から第3項までに詳細な規定が設けられている。それによれば，収賄行為が行われたならば，無罪を証明すべき負担（burden）は，被告人の側にある。無実の立証に成功しなければ，被告人は有罪とされる。[18]

法文によれば，被告人は，無罪の立証に成功しなければ，賄賂を収受し，または収受の約束をしたことが「推定される」（shall be prsumed）。ここに用いられている 'shall' は，義務的であること（mandatory reference）を意味する。それゆえ，'shall presume' というのは，義務的推定（legal or compulsory presumption）を意味することになる。[19] 裁判にあっては，検察側は，被告人がお礼（gratification）を受け取ったこと，または受け取る約束をしたことを証明すれば足りる。こうして，被告人は，無罪となるためには，

いかなるお礼も得なかったということを証明すべきことになる。このことは，最高裁判所の判決でも示されている。[20]

(18) Cohen & Marriott, supra note 12, p. 201.
(19) Cohen & Marriott, loc. cit.
(20) CI Emden v State of Ultar Pradesh, AIR 1960 SC 548. ―cited by Cohen & Marriott, supra note 12, p. 201 footnote 48.

〔Ⅵ〕 共 謀 罪
PCA 1988 は，共謀（criminal conspiracy）を罰する規定を設けている。

第 120 条 B（共謀の処罰）
死刑，〔無期刑〕又は 2 年以上の拘禁刑にあたる罪を犯す共謀に加わった者は，本法中に共謀を罰する明文規定がない場合でも，その罪を教唆した者と同様の刑に処する。

この法律では収賄罪は 6 月以上 5 年以下の拘禁刑（および罰金）に処せられているので，この罪の共謀は処罰されることになる。共謀を広く罰するのは，英法の伝統に従ったものと解される。大陸法系の国の法制とは異なることに留意すべきである。

〔Ⅶ〕 外国公務員への贈賄
インドの現行法は，外国公務員への贈賄を処罰していない。しかし，国連汚職防止条約 16 条は，国際商取引に関連して外国公務員または公的国際機関の職員への贈賄，その申込み，約束を犯罪化すべきことを締約国に義務づけている（1 項）。この犯罪化は義務的とされているので，インドが上記条約を批准したことに伴い，処罰規定を設けたものと推測される。

3 公益通報権法

2005 年，公益通報権法（Right to Information Act 2005 = **RTI Act**）が，「すべ

ての公務所」(public authority)の仕事ぶりの透明性(transparency)および説明負任(accountability)を促進する目的で制定された(同法前文による)。その趣旨は,「すべての国民は政府がなにをしているか,どのようにして決定にまで到達しているかについての情報にアクセスしなければならない」ということである。それは,同時に,汚職を制圧する目的をもっている。同法2条によれば,国民はだれでも公務所からの情報を請求することができる。それによって,すべての国民には公益通報者(whistle-blowers)または汚職監視者(watchdogs against corruption)となる権利が賦与されることになる。

この法律にもとづく情報公開の請求は,近年,増加の一途をたどっており,その結果,RTI法は汚職闘争を成功に導くために重要な民主的特権(an important privilege)を与えるものとなっている。

ところで,この法律では,公益通報者が報復または不利益処分を受けたときその者を保護する規定が不備であることが,最近まできびしく批判されてきた。このことは,2011年にインド全土で展開された汚職撲滅運動で指摘された。そこで,政府は,公益通報者を保護する規定を盛り込んだ法改正を行うことを決定した。

(21) 憲法,法律,政令等にもとづいて設立されたすべての当局をいう(RTI 2条h号)。
(22) Cohen & Marriott, supra note 12, p. 210.
(23) Cohen & Marriott, supra note 12, p. 210.
(24) Humphreys, The Current State of Indian's Anti-Corruption Reform：The RTI and PCA, 2010, p. 6.

第3節　法人の刑事責任

1　インドにおける伝統的な考え方

　インドでは，過去20～30年の間に，企業活動は大きな発展をとげた。1991年に始まった経済の自由化は，その後，グローバリゼーションの進展につれて大きな成果を挙げた。教育の普及，技術革新の波の高まりによって，インドはBRICsの中でも，最も注目すべき存在となっている。

　インドは，これまで英国の統治下に置かれていたせいで，コモン・ローの国である。今日，インドでは，法人（corporation）は固有の法的人格（legal personality）をもつという見解が，一般に認められている。法人は法の創造物（creation of law）であるとして，ビジネス主体（business entity）が認められている。このような英法における近代的法人（modern corporation）の考えは，14世紀に見いだされるといわれている。[25]

　法人の法的責任を問うことは，民事責任に関しては比較的容易である。（企業を含む）ある団体の従業員がその故意または過失により他人に損害を生じさせた場合，その団体に損害賠償責任を負わせることは，いわゆる代位責任（vicarious liability）の理論で説明することができる。そこには，被害者救済の思想が根底にある。

　しかしながら，刑事責任については，理論的および実際的な困難がある。理論的には，ラテン語の法格言 *"actus non facit reum, nisi mens sit reat."*（罪を犯す意思がなければ，行為（だけで）は罪人を作らない）が妥当するからである。「法人は罪を犯すことができない」（*Societas delinquere non potest.*）という法格言も，同様な考えを基礎としている。大陸法では，このような考えにもとづいて，伝統的に法人の刑事責任を認めない立場が，主流とされた。

　実際面では，自由刑が刑罰体系の主流をなすという見地からは，法人に対して自由刑を科することはできないではないか，という主張に遭遇して，

「法人に刑事責任を認めることはできない」という結論に導かれる。代位責任（vicarious liability）といっても，罪を犯した従業員に代わって法人が自由刑に服することはできない。これが，伝統的な考えであった。

(25) Preedi Sharma, Corporate criminal liability and corporation, in：http://jurisonline.in/2010/10, p. 1.

2　認める方向への歩み

現今，法人は巨大化し，その活動範囲の拡大につれて法人の社会的責任（corporate social responsiblity）もまた大きくなっている。ここに，法人の刑事責任を問題とする意義の重要性が見いだされる。

ここで「**法人犯罪**」（corporate crime）とは，"その法人の活動に際して個人または個人のグループによって犯され，刑事制裁を科せられる不法な作為または不作為をいう"と定義されている。これを言いかえると，法人のためになされた法人の行為（conduct of corporation）または従業員の行為であって，法により罰せられるものということになる。

ここで法人の刑事責任（corporate criminal liability）の根拠は，親方はその従業員の行為について責を負うという**代位責任の理論**（theory of vicarious liability）として一般に知られている使用者責任の理論（doctrine of respondent superior）である。この理論は，その従業員が人の身体または財産に損害を生じさせたときは使用者が刑事責任を負うというコモン・ローの理論から生まれたものだ，といわれる。この理論は，裁判所におけるコモン・ローの解釈を通じて発展をとげて，現存の実定法にも採り入れられるに至った。しかしながら，理論上・実際上の困難は，いぜんとして残されている。その困難というのは，上述したとおり，①法人に責任能力が認められるか，②法人には自由刑を科することはできないではないか，という2点に要約される。

これに対する解決策は，おそらく①法人擬制説の立場に立って，法人にも責任能力が認められるとの擬制をすることができる，さらに②罰金以外

にも，（従来，行政制裁として認められてきた）権利制限（たとえば，事業所の閉鎖，資格制限など）を「刑」の種類に加えることにより，刑罰に匹敵する制裁効果を生じさせることができる，という点に見いだすことができるであろう。ここで留意すべきは，法人の処罰がなされるとしても，法人の責任者，幹部，従業員などにつき個人責任を問うことは可能であることである。新しい世界の刑事思潮および刑事立法は，ゆっくりとしてではあるにせよ，この方向に動いているように見える。この点，コモン・ロー系の国にあっては，大陸法系の国におけるよりも弾力的な立法と司法の動向が認められている，と感じられる。

(26) Sharma, Corporate Criminal Liability and Corruption,. cf. http://jurisonline.in/ 2010/10, p. 3.
(27) Sharma, loc. cit.
(28) Sharma, loc. cit.
(29) 罰金も刑罰の1種であるので，法人に対する罰金を認めることは，その限りで法人の刑事責任能力，したがって刑事責任を認めている理屈になる。
(30) たとえば，法人の解散，事業所の永久閉鎖を命ずるとすれば，その制裁は自然人に対する死刑に匹敵するものと言うことができる。

3　裁判例の推移

1956年のCompany Act 2条(h)によれば，'corporation' という定義の中に 'company' も含まれる，とされている。以下，「法人」というときは，'corporation' の意味で用いる。

インドにおいても，**法人の法的責任**（corporate legal liability）の問題は，現今の論議の中心課題とされている。そこでは，法定刑に拘禁刑および罰金が含まれている罪については，法人を訴追することができるかが，焦点とされている。

比較的最近まで，インドの裁判所は，法人に対して訴追すること，それゆえ刑を言い渡すことはできない，という立場を堅持していた。その理由は，法人には *mens rea*（罪を犯す意思。故意・過失）が欠けるというもので

あった。

1992年，カルカッタの高裁は，A.K. Khosla v. T.S. Venkatesan 事件（刑法上の詐欺罪につき2法人を訴追した事件）につき，法人（corporate bodies）には *mens rea* が欠けること，および拘禁刑を科することができないとの理由で，法人に対する刑事訴追は認められない，との判決を下した。[32]

1997年，最高裁は，テロ行為者及び破壊的活動防止法（Terrorists and Disruptive Activities Prevention ＝ TADA）3条4項違反の罪で起訴された事件につき，法人に刑事責任を問うことはできないとの判決を下した。[33]

2004年，最高裁は，所得税法（Income Tax Act ＝ ITA）276-C および277条違反で法人が起訴された事件（Velliappa Textiles）につき，前記1997年判決と同様に，法人に対する訴追はできない旨の判決をした。その理由は，法定刑として拘禁刑と罰金が義務的に併科されているので，法人に対して拘禁刑を科することができない以上，訴追は認められない，というものであった。[34]

ところで，**2005年に至り，最高裁は，従前の判例を変更した**。それは外国為替規制法（Foreign Exchange Regulation Act 1973（FERA））の違反に係る Standard Chartered Bank and Ors v. Directorate of Enforcement 事件（A.I.R. 2005 S.C. 2622）の判決であった。

最高裁は，法定刑が拘禁刑に罰金を義務的に併科する場合にあっても訴追は可能であり，**罰金を科することはできる，と判示した**。[35] この判決は，1965年に Law Commission がした勧告，すなわち，法人に対して拘禁刑に罰金が併科され，または選択的に科されている場合には，罰金を言い渡すことができる，という内容のものであった。[36] 最高裁は法人を訴追することができないとすることは立法者の意思に適合しないとし，また，外国為替規制法（FERA）は行為者が法人であると自然人であるとで処罰意思を異にするものではない，と判示した。

この判決によって，法人の刑事責任についての議論は決着した。少なくとも罰金刑を科することができる限りにおいて，法人についても刑事責任の要件は充足されるとし，処罰は可能であるとされたのである。[37]

(31) 1965 年の Law Commission の第 41 報告書では，'corporation' という中には 'incorporated company' その他，body corporate, firm のほか，association of individuals をも含むことが勧告されている。Lawyersclub India, Sanctions in corporate criminal liability and its environmental issues-Criminal Law Articles, 2012, p. 6.
(32) (1992) Ch. L.J. 1448—cited by Lorandos Joshi, Corporate Criminal Liability in India, http://www.lorandoslaw.com., 2012, p. 1.
(33) (1997) 8 S.C.C. 732, 739-40. —cf. Loransos Joshi, p. 1.
(34) (2004) 1 Comp. L.J. 21. cited by Lawyersclub India, supra note 31, p. 2. —cited by Lorandos Joshi, op. cit., p. 2.
(35) Lorandos Joshi, supra note 32, p. 2.
(36) Lawyersclub India, supra note 31, p. 2.
(37) Lawyersclub India, op. cit., p. 4.

4　罰金以外の制裁

　上記 2005 年の最高裁判決の根底には，法人に裁判権からの免除を認めることは法秩序維持の見地から妥当でない，という考えが横たわっている。その考えは，最高裁判決にも明文をもって示されている。その点は，理解することができる。しかし，罰金判決を下しうる限りで法人に *mens rea* を認めるというのは，いささか言い訳めいている。ただ，それは，法の擬制（fiction of law）として是認されるのである(38)。

　インドの学者の論文によれば，裁判所は，法人に対して monetary fines（課徴金？）または法人財産の没収（forfeiture）をも課すことができる(39)。裁判所が没収を言い渡すことができるのは理解できるとして，monetary fines をも言い渡すことができるというのは，この制裁が少なくとも実質的に刑事的色彩を帯びたものであるからであろう。

　なお，ここで国連汚職防止条約 26 条（法人の責任）について一言しておきたい。同条は，締約国に対し，その諸原則に合致する限りで法人の責任（liability of legal persons）を問うために必要な措置をとることを義務づけ（1項），かつ，法人の責任は，その国の法原則に従って刑事的，民事的または

行政的なものとすることができるとしている（2項）。

インドは，2011年5月，国連条約を批准した。それは，汚職制圧を要求して全国的に展開された運動の早期鎮静を図るためのものであったかも知れない。条約を批准した以上，インドは，「効果的で，均衡のとれた，かつ犯罪抑止効果のある刑事制裁又は非刑事制裁」を科しうる措置をとらなければならない（条約26条4項）。

インドが法人の責任を問うためにどのような刑事制裁または非刑事制裁を科しうる立法措置を講じたかは，今後の調査に委ねられる。

(38) Sharma & Warrier, India, in：Gruetzner et al, Anti-Bribery Risk Assessement, 2011, Beck, Hart & Nomos, p. 138.
(39) Sharma & Warrier, op. cit., p. 138. ただし，その法的根拠については，説明がない。

第4節　捜査および訴追

インドにおける汚職犯罪の捜査および訴追を担当する主要な機関として，次のものを挙げることができる。

1　中央監視委員会

中央監視委員会（Central Vigilance Commission＝**CVC**）は，1964年に設置されたものであって，インドにおける行政の計画，遂行，検討および改革を監視する最高の権限を有する委員会である。その法的根拠を与えるのは，2003年の中央監視委員会法（Central Vigilance Commission Act 2003＝CVC Act）（同年9月施行）である。この委員会は，議会に対してのみ責任を負う**独立の機関**であるので，どの省庁の監督下にも置かれない。CVCの任務は，公務員がPCA（汚職防止法）違反の行為をしたかどうかを調査・捜査することである。

CVCは，最高の監視・監督権限を有するので，中央政府における違法な

法秩序，建設業務に関する監査，国有銀行，その他中央官庁により認可された業務に関する監査，汚職の摘発等についての告発を受理する権限を有する。

(40) Cohen & Marriott, supra note 12, pp. 213, 222.

2　中央捜査局（Central Bureau of Investigation＝CBI）

CBI は，政府の最高の捜査機関であって，Ministry of Personnel, Pensions & Grievances の管轄に属する。CBI は，汚職捜査部門（Investigation and Anti-Corruption Division），特別犯罪部門（Special Crimes Division）および経済犯罪部門（Economic Offences Division）の3つから成る。

この汚職捜査部門は，すべての中央官庁の公務員が犯した汚職および詐欺の事件の捜査を担当する。最高裁および高裁は，CBI の捜査活動を指揮することができる。[41][42]

なお，2008年の CBI 報告者によれば，CBI が捜査した991件のうち，汚職部門に属するものが752件（約76％）を占めた。[43]

(41) Cohen & Marriott, supra note 12, p. 216.
(42) 特別犯罪部門は，テロ行為，重大な殺人，身代金目的の誘拐，マフィア犯罪を担当する。経済犯罪部門は，銀行詐欺，財政詐欺，外国為替法違反，麻薬犯罪，文化財犯罪，偽造犯罪などを担当する。
(43) CGI Annual Report 2008 at para. 2.2.1.—cf. Cohen & Mariott, supra note 12, p. 217.

3　会計検査院（Office of the Comptroller and Auditor General＝Office of C & AG）

会計検査院は，1977年の Comptroller and Auditor-General's Act にもとづき，国および州の会計検査を行うことを任務とする。

4　中央情報委員会（Chief Information Commission＝CIC）

これは，公益通報者権法（RTI Act）にもとづいて 2005 年に設置され，2006 年から活動を開始した委員会である。その所管事項としては，特定情報へのアクセスの拒否，所定の期間における情報の不開示，不完全または虚偽の情報の開示などに関する苦情を受理し，処理することなどが含まれる。

5　重大詐欺事件捜査局（Serious Fraud Investigation Office＝SFIO）

これは，経済産業省（Ministry of Corporate Affaires＝MCA）によって設けられた部局であって，2003 年 10 月に発足した。その所管事項としては，株式取引詐欺，幽霊会社の現象，インチキ農林業・養殖会社の現象等に係る捜査，摘発などが属する。

第5節　汚職防止プロフィール

インターネットの Trustlaw Country Profiles. Anti-corrupytion profile—India, 2012/08. に，インドにおける汚職防止に関する光と影が，実証的にくわしく載っている。以下，その要点を紹介する。

〔Ⅰ〕　インドの社会と政治

インドは，現在，世界中で最も魅力的な投資先の国となっている。その主たる理由は，安い労働力と安定した政治に見いだされる。インドは，過去 20 年間に経済を自由化するとともに，経済開発に好意的な政策を続けてきた。

しかしながら，政治組織は深く根ざした縁故システム（patronage system）によって特徴づけられており，政治家はその地位を得るためにカネをかけている。企業の清廉性は非常に低く，それゆえ，スキャンダルは，

常時，インドの汚職の事件の重要課題となっている。

こうした事情の根底には，公務員が非常に広い裁量権をもっていることがある。インドにおける契約締結，事業遂行のためには公務員に贈賄することにより，契約締結にこぎつけることができたり，許認可その他の便宜を供与してもらう必要がある。高官ほど，多額の賄賂を受け取っており，そこに悪名高き汚職（notorious corruption）が生まれる源がある。

このように汚職が全国的にはびこっているにもかかわらず，汚職が捜査の対象とされることは稀であり，有罪判決が下されることは，ごく僅かである。

インドでは，外国企業が投資することはアジアで最もリベラルである，と言われている。外国企業がインドで活動する経済分野は，ほとんどすべての分野において許されている。しかしながら，企業活動を開始するについては，官僚の側に広い裁量権が与えられており，普通，13 に及ぶ段階の手続を経る必要があり，そのためには 30 日を費やす必要がある，と報告されている。

(44) Trustlaw Country Profiles. Anti-corruption profile—India., http://www.trust.org/trustlaw/country=-profiles/good-goverance.dot?, p. 1.
(45) インドのカースト制（cast system）と関係があるが，そのほか，宗教宗派の違い，出身地域によるつながりなどの要因が働いているようである。Trustlaw, op. cit., p. 2.
(46) 高いレヴェルの官僚など高額の賄賂を取っていることが，記述されている。Trustlaw, op. cit., p. 2.
(47) Trustlaw, op. cit., p. 3.
(48) World Bank & IFC Doing Business 2010.—cf. Trustlaw, op. cit., p. 5.

〔Ⅱ〕 汚職防止への努力

インドは，1988 年の汚職防止法（2008 年に一部改正）の改正を図ろうとしている。報道によれば，2011 年 11 月 29 日，インド連邦下院で「汚職防止法の一部改正法案」が可決されたとのことであるが，2012 年 8 月現在，一

部改正法案が上院でも可決され，成立したなどというニュースは報道されていない。

インドは潜在成長力のある魅力の国だと言われているが，最大の課題は，中国をも上回る"汚職大国"からの脱皮であることが指摘されている。しかし，インド人にいわせると，インドの汚職の良い点は，「余りに汚職が一般的なので」金額がだれにでも想定でき，合理的な相場である。つまり，要求される額に相場があり，法外でないということだそうである。

年率8％近い経済成長率を続けるインドが，堅実な経済発展を持続的に維持するためには，政治と司法の改革を着実に進める必要がある，と思われる。

(49)　Diamond on line. ダイヤモンド社のビジネス情報サイト。http://diamond.jp/articles/-/15678?. p. 4.
(50)　op. cit. diamond. jp/articles/-/156787 page = 4.

〔Ⅲ〕　共謀処罰に注意

インドは，コモン・ロー系の国であるゆえか，共謀（conspiracy）を罰している。インドにおける経済活動にたずさわる日本企業の関係者らは，この点に十分留意する必要がある。

参考のため，インド刑法（IPC）における共謀罪の規定を掲げる。

第120条B（共謀の処罰）
① 死刑〔無期懲役〕又は2年以上の懲役にあたる罪を犯す共謀（criminal conspiracy）に関与した者は，この法律にその共謀による処罰につき明文がない場合には，その罪を幇助したのと同様に罰する。
② 前項に記載する罪を犯すことの共謀以外の共謀に関与した者は，6月以下の懲役もしくは罰金又は両者の併科に処する。

ここにいわゆる共謀は，特定の行為を犯すことにつき関与者の合意（an agreement between the parties to do a particular act）を意味する。しかしなが

ら，直接証拠（direct evidence）によって共謀を認定することは困難である[52]。

(51) 死刑は，1955年法律26号117条により，「無期流刑」（transportation for life）に代替された。
(52) Indian Penal Code (IPC),―http://www./vakilno1.com/bareacts/indianpenalcode/s 120b. htm, p. 2.

第4章　韓国の汚職防止法制

　　　　第1節　新生をめざす国
　　　　第2節　公務員に係る贈収賄
　　　　第3節　商取引における民間の贈収賄
　　　　第4節　特別犯罪の加重処罰
　　　　第5節　刑法の場所的適用
　　　　第6節　法人に対する制裁
　　　　第7節　汚職防止法
　　　　第8節　新しい汚職防止法

第1節　新生をめざす国

1　「汚職の国」のイメージ

　韓国は，つとに「腐敗した国」「汚職の国」（corrupt country）という烙印を押されてきた。"まん延した汚職"（widespread corruption）の国とも言われていた。

　その原因がどこにあるかは，参照することのできた文献では，明らかでない。このような表現は，いささか誇張されているふしがある。

　文献には現れていないが，韓国が半島という地理的理由により古くから多くの国の支配下に置かれてきたことと関係があるように思われる。20世紀には，韓国は，日本の統治下にあった（1910年～1945年）。日本による統治は，韓国に腐敗の体質を植え付けたようである。このことは，香港が日本の軍政下にあった当時，国中に腐敗の種が播かれたこと（62頁参照）からも容易に推察されるであろう。

第1節　新生をめざす国　*103*

　韓国は，1945年，日本の敗戦によって主権を回復したものの，1950年6月にかの朝鮮戦争（Korean War）が勃発し，1953年7月の休戦まで惨禍に見舞われた。その後，韓国は，立ち直り，新しい出発をして，今日では，世界で第11位の経済大国となっている(1)。それにもかかわらず，2007年7月，世界銀行は，韓国の統治能力が全般的に悪化していることを示す指標を発表している(2)。それによれば，韓国では，世界ガバナンス（統治能力）指標（World Governance Indicators＝**WGI**）において，「汚職防止」の部門で評価が前年より大幅に下がったことが指摘されている(3)。

　こうした汚職状況の原因には，韓国にまん延している"lobbying corruption"（政治家・公務員と結託した汚職(4)）が挙げられる。それは，どの国にも見られる現象であるし，世界には韓国よりもひどい「汚職の国」は，数多く存在する。問題は，人口5,000万人を超えたとはいえ，比較的大きくはない国でありながら，世界第11位の経済大国にまで目ざましい発展をとげた韓国が，なぜWGIの「汚職防止」の項目において低い指標を示すのか，である。その原因は多々あるであろうが，以下，その一端を考えてみることにする。

(1)　Introduction to Anti-corruption Policy of Korea. http://www.slideshare.net/DandangSolihin/, p. 3.
(2)　この指標（WGI）は，汚職防止，政治的安定性，規制，言論の自由・透明性，法の支配，政府の効率性の6部門について指標を示すものである。Cf. http://www.Aasyura.com/07/asia8/msg/667.html, p. 2.
(3)　前記(2) http://www.同頁をみよ。
(4)　lobbying（ロビー活動，院外活動）には，広狭3通りの意義がある。狭義では，立法者（国会議員）に直接働きかけて影響を与えようと試みることをいう。中間の説によれば，政府機関または公務員にまで影響を及ぼすべく試みることをいう。広義では，政府の決定に影響を及ぼすことを望んで世論をあおろうとすることをいう。Cf. The GovNet Journal, The New Paradigm of Anti-corruption Polices in Korea : A Focus on the Lobbying Disclosure Act. ―http://www1o4.griffith.ed.au/index.php/govnet/about/index.

2 汚職防止法の制定

ドイツに本部がある TI（Transparency International）〔国際透明性を求める会〕が2011年に発表した国別透明性認識指標（CPI）によれば，韓国は，180か国中，39位であって（CPIは5.4），2002年のCPIが4.5であったのに比べて，透明性は向上している（CPIがどこまで信頼性があるかは，ここでは論じない）。

韓国が「汚職の国」などと，芳しくない烙印を押されてきた背景には，構造的・慣習的に不正な資金供与が行われてきた政治的・社会的風土がある。1988-89年には，全斗換大統領の政権下で，大統領の実弟ら一族13人を含む47人が逮捕された。93年には，盧泰愚元大統領が，他人名義の資金を保有していた罪の容疑で逮捕され，大法院（日本の最高裁にあたる）で懲役17年の刑が確定した。が，特赦で釈放された。その後，財閥グループの総会長らが詐欺容疑で，また，金泳三大統領の次男も，収賄容疑で逮捕された。

1997-98年の財政危機を通じて，韓国は，包括的・系統的な汚職対策を採らなければ立ち直りえないことを学んだ。98年2月に就任した金大中大統領（死刑判決を受けたが，後，大統領になり，ノーベル平和賞を受賞）は，99年，政治家と財界との癒着を断ち切る姿勢を打ち出し，汚職防止法の制定に乗り出した。しかし，与野党の対立のため，法律制定は難航した。

ようやく，2001年7月，── 約6年間にわたる努力が実を結んで ── 汚職防止法（Anti-Corruption Act）（同年法律6494号）が制定された（2002年1月施行）。ついで，同年9月，資金洗浄防止法（Money Laundering Prevention Act）が制定された。この法律は，汚職防止を図るため独立汚職防止委員会（Korea Independent Commission against Corruption＝KICAC）の設置を規定した（後述）。

その後，汚職防止法は，改正された。まず，2007年8月3日法律第8633号は，独立委員会の権限強化を目ざす改正をした。そこでは，公務員行動規範（Public Officials' Code of Conduct）の違反の報告者に公務員をも含める

ことなどが盛り込まれている。

　ついで，2008年2月29日法律第8878号による改正が行われた。この改正法により，「汚職防止及び国民権益委員会」(Anti-Corruption and Civil Rights Commission＝**ACRC**) が設けられた (後述)。

　その後，2009年1月7日法律第9342号により，第7章「補充規定」が設けられ，ついで，同年2月3日法律第9402号により，第8章「罰則」が設けられた。この罰則では，公的秘密漏示罪，個人情報漏示罪，一定の違反行為に対する過料などが新たに規定されている (後述)。

(5)　この委員会 (ACRC) は，インターネット文献では，「国民権益委員会」と呼ばれている。Cf. Anti-Corruption and Civil Rights Commission, ――Wikipedia, the free encyclopedia, 2012, p. 1. 韓国でも，この名称が用いられている。

3　財閥の光と闇

　韓国の汚職を扱った文献では，"lobbying corruption" という言葉が，韓国における汚職の構造の全容を包括的に示すものとして用いられている。そこでは，政治家に働きかける汚職活動のみならず，行政部門における買収工作，公的関係の活動に係る買収工作，さらに "草の根買収工作"（grass-roots lobbying) をも含む広い意味で，'lobby'，'lobbying' という言葉が用いられている。

　「韓国における汚職防止政策の新しいパラダイム」と題する論文 (2007年10月) では，「韓国における最近のスキャンダル。全面的 Lobbying Corruption の国？」という項目において，韓国を代表するサムスン・グループ (Samsung Group) と現代自動車グループ (Hyundai Automotive Group) に係る疑獄事件が紹介されている。そこでは，現代自動車に係る70億ウォン (約710万米ドル) とサムスンに係る8,000億ウォンの額に及ぶ疑獄事件が挙げられている。しかし，それは，氷山の一角と言うべきものであろう。

　2012年5月，『サムスン帝国の光と闇』という本が出版された。ここにいわゆる「サムスン帝国」は，'国家内国家' にたとえられる韓国を代表する

世界的巨大企業グループである'サムスン'(Samsung)のことである。この書には，われわれの想像もつかないような記述が，至る所で見られる。いわく，「サムスンは国家にも匹敵する巨大な組織だ。」(37頁)，「大統領はサムスンと一蓮托生」(38頁)，「2009年の連結決算で……世界最大のIT機器メーカーになったサムスン電子」(97頁) など。

ところで，この書の中で最も注目すべきは，「罪を犯しても罰は受けない」という項目 (43頁以下) である。たとえば，サムスン社長に係るある社債に関する背任容疑は，ソウル中央地裁で無罪と宣告され，また，もう1つの社債に関する背任容疑は，免訴になった (43-44頁)。「巷ではこうささやかれている。法曹界の人脈さえ管理できれば，罪を犯しても罰は受けない。」(45頁) これは，2008年〜09年当時の司法実務について論ぜられていることである。

このように司法関係者を買収して，免訴，無罪等をかち取ることは，外国では司法部における汚職 (corruption in judiciary) とも司法汚職 (judicial corruption) とも呼ばれている[10]。

韓国における司法汚職は，開発途上国におけるのとは事情を異にして，"国家の中の国家"にたとえられる巨大財閥がカネと力にものを言わせて，司法官 (裁判官，検察官) を買収しているようであり，また，大統領に働きかけて刑の言渡しを受けた者につき特別赦免を受けている[11]点に特色が見いだされる。ここに韓国における汚職対策強化の必要性が存在する。

(6) なにが「草の根買収工作」かは，明らかでないが，内容からして，一般国民からの批判，反対運動をも巧みにあやつって黙らせるか，批判の矛先を別の方に向けさせるために「えさ」をばらまくなどの工作をすることのようである。
(7) 注(4)前出の The GovNet Journal, p. 12.
(8) 注(4)前出論文12-13頁。
(9) 著者ベ ヨンホンは，東京生まれで，新聞記者からジャーナリストになった韓国人。この本は，旬報社発行。
(10) 今日なお，開発の遅れた国では，裁判官が収賄して不正な判決をしていると伝えられる。こうした司法汚職の最大の原因は，裁判官の給与が低いためである，と報ぜられている。Cf. Aleksander Shopov, The Corruption in the Judiciary and

its Defining, Delimitation and Elimination. ―http：//www.10iacc.org/content.phtml?documents, p. 1 et seq.
(11)　ベ　ヨンホン著『サムスン帝国の光と闇』(2012 年，旬報社) 46 頁以下。

4　司法汚職がはびこる国

　2012 年 1 月,『サムスンの真実　告発された巨大企業』という書物が[12]，出版された。著者は，特捜部検事を務めた後，サムスンに入社し，7 年間，財務チームと法務チームに所属して，内部からサムスンの社長独裁経営の実態およびサムスンによる裁判官・検察官への贈賄工作の実態をながめ，ついに「良心の告白」をしてサムスンを辞めた弁護士である[13]。
　この書には，「韓国は，民主共和国ではなく，サムスン共和国である。韓国の主権は，1％の富裕層が握っている」などという衝撃的な記述がなされている (87 頁以下) ほか，サムスン・グループが財力と人脈をフルに活用して検察官と裁判官に対して贈賄工作を行い，それによって，経済犯罪，脱税等の罪の捜査の不開始あるいは不起訴，免訴判決，無罪判決を受けた事実が，数多く暴露されている。
　これは，いわゆる司法汚職 (judicial corruption) が，国中にまん延していることの告白である。それのみならず，有罪判決を受けた者には大統領の特別恩赦が行われた事実も記述されている (80 頁以下)。こうした「良心の告白」が公にされることにより，国民の憤激は高まった。やがて，汚職防止をめざす一連の立法措置や対策がとられることとなった (後述)。

(12)　金　勇澈 (キム・ヨンチョル著・サムスンの事実) (2012 年，バジリコ㈱発行)。
(13)　「**良心の告白**」というのは，著者が 2004 年 8 月にサムスンの腐敗体質と訣別した後，弁護士をしていた 2007 年秋から準備して，サムスンが政界，官界，司法界に違法なロビー工作をしていた実状をマスコミ等に対し，2008 年，公表したことを指す。

第2節　公務員に係る贈収賄

1　用語の意義

〔Ⅰ〕　公　務　員

　刑法第2編各則の第7章「公務員の職務に関する罪」において，公務員に係る贈収賄の罪（129条〜134条）が規定されている。

　ここにいわゆる「公務員」には，公務員および仲裁人が含まれている。刑法では，「公務員」（public official）の定義はなされていない。

　大法院（最高裁判所）の判例によれば，贈収賄の行為を決定するについて，**「公務員」**とは，国もしくは地方公共団体の公的業務（public service）または同等の仕事をする公務所（public office）の業務に従事するすべての者をいう。[14] ここで「同等の仕事をする公務所の業務に従事する者」とは，国会議員，地方議会の議員，その他国または地方公共団体の各種の委員会の委員などをいう。

　このほか，**特別犯罪の加重処罰法**（Aggravated Punishment of Special Crimes Act）第4条によれば，"政府が管理又は投資する団体の職員"（officers of government managed or invested corporations）も，公務員とみなされる。ここにいわゆる政府が管理又は投資する団体とは，次のものをいう。

　a．国または地方公共団体が資本の50％以上を所有する団体
　b．国または地方公共団体の統制に服する団体であって，国内商工業に
　　実質的影響力を与えるもの

　これには，Bank of Korea, Financial Supervisory Service, Korea Electric Power Corporation などが含まれる。[15] なお，上記の「職員」（officers）とは，支配人（manager）またはそれ以上の高い地位にあるすべての employee（幹部）をいう。[16]

　　(14)　Eui Jong Chung, South Korea, in：Gruetzner, Hommel & Mossmayer, Anti-

Bribery Assessment, 2011, Beck, Hart & Nomos, p. 342.
(15)　Eui Jong Chung, loc. cit.
(16)　Eui Jong Chung, loc. cit.

〔Ⅱ〕　賄　　略

　贈収賄罪の客体である「賄略」について，法律上の定義は存在しない。刑法129条から133条までに規定されている「賄略」(bribery) は，"ある者の義務との関連において生じた不正な利益 (unfair profit) をいう"と一般には解されている。それゆえ，契約交渉に関連して公務員に供与されるなんらかの利益 (advantages) が，その代表的なものである。[17]

　賄略と認定されるためには，公務員に供与される金銭その他の価値あるもの (valuable goods) が公務員の仕事または義務に関連するものでなければならない。裁判所は，公務員の義務に関連する行為の見返りとして不正な利益の供与がなされた（またはなされる）と認めるときは，その供与された利益の額または範囲が重要でないときでも，賄略罪の成立を認定する。たとえば，大法院の判例によれば，駐車場職員の雇用に関して20万ウォン（約200USドル）を収受した公務員の事案につき，諸種の事情を考慮して「賄略」と認定している。[18]

　韓国の公務員行動原則 (Korean Principles of Conduct of Public Officials) 4条1項によれば，公務員は，次に掲げる場合を除いて，その仕事に関連して金銭，財物，贈物その他の利益 (benefits) を受け取ることは許されない。[19]

　(a)　支払義務を履行するような正当な理由により提供される金銭その他の利益
　(b)　一般の社会的慣行の範囲内において提供される飲食またはその他の便益 (other advantages)
　(c)　ある者の義務に関係した公的行事のスポンサーによりすべての参加者に提供される運輸，宿泊または飲食
　(d)　不特定の人に配付される土産物または広告商品
　(e)　病気または災難に遭遇した公務員につき公的に提供される金銭その

他の利益

(f) 仕事を円滑に行うことに関連してその行事の主催者から許される範囲で提供される金銭その他の利益

上記の行動原則は，公務員の行動基準を示したにとどまるものであって，法的効力をもつものではない。したがって，上記の諸例外のいずれにも該当しない場合には自動的に賄賂罪が成立する，という訳ではない。刑法上の賄賂罪が成立するためには，すでに述べた各種の要素が総合的に考慮されることになる。[20]

(17) Eui Jong Chung, supra note 14, p. 341.
(18) Eui Jong Chung, loc. cit.
(19) Eui Jong Chung, op. cit., p. 342.
(20) Eui Jong Chung, op. cit., p. 342.

2 公務員等の収賄

〔Ⅰ〕 収賄，受託収賄（刑法129条）

第129条（収賄，受託収賄）
① 公務員又は仲裁人が，その職務に関し，賄賂を収受し，又はその要求もしくは約束をしたときは，5年以下の懲役又は10年以下の資格停止に処する。
② 公務員又は仲裁人になろうとする者が，その担当すべき職務に関し，請託を受けて，賄賂を収受し，又はその要求もしくは約束をした後に，公務員又は仲裁人となったときは，3年以下の懲役又は7年以下の資格停止に処する。

これは，日本刑法197条に相応する規定である。収賄者が不正な行為をしたことを要しない。資格停止は，(1)公務員となる資格，(2)公法上の選挙権および被選挙権，(3)法律で要件を定める公法上の業務に関する資格，(4)法人の理事，監事，支配人その他の法人の業務に関する検査役または財産管理人となる資格の停止を指す（刑43条）。

〔Ⅱ〕 第三者供賄
　　第130条（第三者供賄）　公務員又は仲裁人が，その職務に関し，請託を受けて，第三者に賄賂を供与させ，又はその供与の要求もしくは約束をしたときは，5年以下の懲役又は10年以下の資格停止に処する。

これは，日本刑法197条の2に相応する規定である。

〔Ⅲ〕 加重収賄，事後収賄
　　第131条（加重収賄，事後収賄）
　　① 公務員又は仲裁人が前2条の罪を犯し，よって不正な行為をしたときは，1年以上の有期懲役に処する。[21]
　　② 公務員又は仲裁人が，その職務上不正な行為をした後に，賄賂を収受し，もしくはその要求もしくは約束をし，又は第三者にこれを供与させ，もしくはその供与の要求もしくは約束をしたときも，前項と同様とする。
　　③ 公務員又は仲裁人であった者が，その在職中に請託を受けて職務上不正な行為をした後に，賄賂を収受し，又はその要求もしくは約束をしたときは，5年以下の懲役又は10年以下の資格停止に処する。
　　④ 前3項の場合には，10年以下の資格停止を併科することができる。

この規定は，日本刑法197条の3にほぼ相応するものである。「不正な行為をし」(takes an improper action) という中には，恐らく「相当の行為をしなかった」（日本刑法197条の3参照）ことも含まれるであろう。

(21)　有期懲役の長期は，15年である（刑42条）。

〔Ⅳ〕 あっせん収賄
　　第132条（あっせん収賄）
　　　公務員が，その地位を利用して，他の公務員の職務に属する事項に関して賄賂を収受し，又はその要求もしくは約束をしたときは，3年以下の懲役又は7年以下の資格停止に処する。

これは，日本刑法 197 条の 4 に相応する規定である。本条の見出しの英訳は，'Acceptance of Bribe through Good Offices' となっている。

3　公務員等への贈賄

第 133 条（贈賄）
① 第 129 条から第 132 条までに掲げる賄賂を約束し，もしくは供与し，又は供与の意思を表明した者は，5 年以下の懲役又は 2 千万ウォン以下の罰金に処する。
（本項は，1995 年 12 月 29 日法 5057 号により改正）
② 前項の行為に供する目的で，第三者に金銭又は財物を交付し，又はその情を知りながら交付を受けた者も，前項と同様とする。

これは，日本刑法 198 条に相応する規定である。公務員が実際に不正な行為をしたかどうかは，本罪の成立に関係がない。[22]

(22) Eui Jong Chung, supra note 14, p. 343.

4　没収，追徴，刑の加重

〔Ⅰ〕　没収，追徴
第 134 条（没収，追徴）
犯人又は情を知った第三者が収受した賄賂又は賄賂として収受しようとした金銭又は財物は，没収する。これを没収することができないときは，その価額を追徴する。

〔Ⅱ〕　刑の加重
第 135 条（公務員の職務上の犯罪に対する刑の加重）
公務員が，職権を利用して，本章以外の罪を犯したときは，その罪について定める刑の 2 分の 1 まで加重する。ただし，公務員の身分により特別に刑が定められているときは，この限りでない。

第3節　商取引における民間の贈収賄

韓国には，民間の商取引における贈収賄を罰する明確な規定は存在しない。刑法各則第40章「横領及び背任の罪」には，このすき間を埋めるものとして次の規定が設けられている。

〔Ⅰ〕　民間部門における贈収賄
第357条（背任贈収賄）
① 他人の事務を処理する者が，その任務に関して不正の請託を受けて財物又は財産上の利益を得たときは，5年以下の懲役又は1千万ウォン以下の罰金に処する。
　　（本項は，1995年12月29日法5057号により改正）
② 前項に記載する財産又は金銭的利益を供与した者は，2年以下の懲役又は5百万ウォン以下の罰金に処する。
　　（本項は，1995年12月29日法5057号により改正）
③ 犯人が取得した第1項に記載する財物は，没収する。没収が不可能であるとき，又は金銭的利益が取得されたときは，それに等しい額を追徴する。

本条第1項は，商取引における民間の収賄を罰し，第2項は，民間の贈賄を罰している。これらの罪を「背任」のカテゴリーに属するものとして捉えようとしたのは，いささか苦肉の策であるかのように見える。というのは，民間部門の商取引にあっては，企業の利益のために，先方（競争商業団体とか契約先など）に賄賂を贈って契約にこぎつけようとすることが，少なくないからである。ただ，立法政策としては，民間部門における収賄を犯罪化するのであれば，それとの対応関係にある贈賄をも犯罪化すべきことになる。韓国刑法は，そのような見地から第357条の規定を設けたものと推察される。

韓国は，1997年のOECD「外国公務員贈賄防止条約」を1999年1月に批准し，2003年の国連汚職防止条約を2008年2月に批准している。国連

条約20条（民間部門における贈収賄）は，「経済上，金融上又は商業上の活動」における贈賄および収賄を犯罪化することを「考慮する」と規定する。[23] 韓国刑法357条の規定は，この「考慮」義務に沿ったものではないにせよ，方向としては，国連条約の趣旨にかなうものと言えるであろう。[24]

ところで，問題は，民間部門の商取引に際して許容されうる贈物ないし財産的利益の範囲・程度はどれくらいか，言いかえると，公務員の行動原則（Principles of Conduct of Public Officials）と同様なものであるかどうか，である。韓国の文献によれば，民間部門における商取引の場合には，相手方ないし競争者に提供される慣習的贈物（customary gift）は，公務員の行動原則に示される基準よりも広い範囲で許容される。[25]

(23) ここでは，考慮すべきことが義務づけられているにとどまり，犯罪化が義務づけられている訳ではない。
(24) 1999年の欧州評議会「汚職に関する刑事条約」7条（民間部門における贈賄）および8条（民間部門における収賄）は，広く商業活動における贈収賄を犯罪化することを締約国に義務づけている。森下・国際汚職の防止（2012年，成文堂）115頁以下。
(25) Eui Jong Chung, supra note 14, p. 344.

〔Ⅱ〕 資格停止と未遂
　第358条（資格停止の併科）
　　前3条の罪に関しては，10年以下の資格停止を併科することができる。
　第359条（未遂）
　　第355条から第357条までの罪の未遂は，罰する。

第4節　特別犯罪の加重処罰

賄賂罪の適用範囲については，**特別犯罪の加重処罰等に関する法律**（Act on the aggravated Punishment, etc. of Specific Crimes）第4条により，公務員の

概念の拡大が図られている。

第4条〔みなし公務員〕
① 刑法第129条から第132条までの規定の適用に関しては，次の各号に掲げるいずれかに該当する機関又は組織（以下，「企業」enterprises という。）の職員の中で，大統領令に定める企業（以下「政府管理企業」(government-managed enterprises) という。）の執行役員（executive officers）は，公務員とみなす。
　(a) その資本の大部分が中央政府又は地方政府により直接又は間接に出資されている企業，又はその基本資産の大部分が中央政府又は地方政府によってなされた出資金及び助成金などの財政的支援によって構成されている企業
　(b) 国内商工業に重大な影響力を有する企業であって，その運営につき，中央政府又は地方政府が重要な決定のごとき監督又は実質的統制，並びに法令に従い，その公的性質に基づいて株主権の行使を通じて職員の任命及び解雇を行うもの
② 第1項に記載する執行役員の範囲は，その企業の目的，資産，従業員の数及び義務を考慮に入れて，大統領令で定める。

なお，上記の法律4条1項にいわゆる政府管理企業としては，同法施行令2条により，韓国銀行，韓国開発銀行など44の銀行，会社，団体が指定されている。

第5節　刑法適用法

〔Ⅰ〕　**韓国刑法における諸原則**
韓国刑法の場所的適用に関する規定は，日本刑法のそれと比べて，いささか異なっている。
　A　**属地主義（刑法2条）**
　韓国刑法は，その領域内において罪を犯した韓国国民（Korean nationals）

および外国人（aliens）に適用される。「罪を犯した」というのは，結果犯については，行為説と結果説とを統合した遍在説（théorie d'ubiquité；theory of ubiquity）を採るものと推察される。

ここでは，「韓国国民」および「外国人」は韓国国民および外国国民のみを指すか，それとも「韓国国民」という中には韓国企業の幹部および従業員（officers and employees）も含まれるか，また，「外国人」という中には外国企業の幹部および従業員も含まれるか，である。韓国の文献は，これを肯定している。この立場からすれば，国籍いかんは，必ずしも重要でないことになる。

韓国刑法は，法人（legal entity）の刑事責任を認めるので（後述），「韓国国民」という中には韓国法人も含まれ，また，「外国人」という中には外国法人も含まれる。

なお，韓国の領域外にある韓国の船舶または航空機内において罪を犯した外国人についても，韓国刑法が適用される（4条）。これは，拡大属地主義として，広く世界的に認められている原則である。

　B　属人主義（刑法3条）

第3条は，「この法律は，大韓民国の領域外において罪を犯した韓国国民に適用する。」と規定する。これは，無制限の能動的属人主義を採用したものであって，少数の立法例に見られるものである。

　C　保護主義（刑法5条）

刑法5条は，内乱の罪など国家的法益に対する7つのカテゴリーの犯罪について適用する旨を規定する。これは，日本刑法2条（すべての者の国外犯）にほぼ相応する規定である。

　D　受動的属人主義（刑法6条）

刑法6条は，領域外において韓国または韓国国民に対して（保護主義の対象となる罪以外の）罪を犯した外国人に対し，双方可罰性（double criminality）の要件の充足を条件として，刑法を適用する旨，規定する。これは，無制限の受動的属人主義の適用を規定したものとして，注目される（日本刑法3条の2と対比せよ）。

(26) Eui Jong Chung, supra note 14, p. 345.
(27) 拡大属地主義によれば，行為者の国籍いかんを問わないはずである（日本刑法1条2項参照）。しかるに，韓国刑法2条が拡大属地主義を「外国人」に限って適用しているのは，刑法3条が無制限の能動的属人主義を採用していることの帰結であろう。
(28) 森下・刑法適用法の理論（2005年，成文堂）114頁以下。

〔Ⅱ〕 若干の考察

　上述したところから見れば，韓国は，刑法の場所的適用範囲を著しく拡大している点で，特色をもっている。能動的属人主義（principle of active personality）および受動的属人主義（principle of passive personality）につき，無制限方式を採用していることが，それである。言いかえると，韓国刑法は，刑法の場所的適用範囲につき，立法例において類例の少ないほど拡大主義の立場を採っていることになる。

　ところで，韓国刑法中，汚職犯罪に関連する諸規定の中には，外国公務員への贈賄を罰する規定は，見受けられない。これは，1998年制定の，「**国際商取引における外国公務員への贈賄防止法**」（1999年2月15日発効）において，別個に規定されている。韓国は，1999年1月にOECD条約を批准しているので，この法律は，OECD条1条（外国公務員への贈賄）の趣旨に沿うものとして制定されたことになる。[29]

　これに関連して注意すべきは，刑法357条1項（背任による贈賄）の規定である。この条項についての文献の記述によれば，上記の条項は，'商取引における民間の贈賄' に係るものであって，そこでは '商取引における民間の贈賄'，言いかえると，民間の商業団体（private sector business associates）への贈賄を処罰対象とするものである。[30] ただ，それは文献の記述であって，契約交渉に際して（in the context of contractual negotiations）の贈賄をも罰するのが，法の趣旨である。その趣旨に照らせば，収賄者には公務員も含まれる道理である。収賄者が外国公務員である場合には，上記特別法の規定と法条競合の関係に立つことが考えられる。

なお，注意すべきは，刑法357条2項が**商取引における贈賄をも犯罪化**していることである。韓国企業等との間で契約交渉にのぞむ日本側の関係者は，この点を念頭に入れておく必要がある。

(29) 森下・国際汚職の防止（2012年，成文堂）53頁以下。
(30) Eui Jong Chung, supra note 14, p. 343.

第6節　法人に対する制裁

韓国は，法人（legal entity）の法的責任を問う立場を採る。法人も訴追されうるのであるが，有罪の場合に言い渡される刑罰としては，まず，罰金が挙げられる。

次に，国との契約法（Act on Contracts to Which the State is a Party）によれば，法人の役員・従業員が契約交渉に際して公務員に贈賄した場合には，その法人に対し，契約をする資格の喪失を命ずることができる[31]。

なお，刑法48条（没収の対象及び追徴）は，犯罪供用物，犯罪取得物件および対価取得物件につき，没収・追徴することができる旨，規定する。しかし，裁判例では，法人の幹部または従業員が贈賄行為をした法人に対して没収を言い渡した事例は，いまだ存在しない[32]。

(31) Eui Jong Chung, supra note 14, p. 345.
(32) Eui Jong Chung, loc. cit.

第7節　汚職防止法

〔I〕　この法律のあらまし

2001年7月24日法律第6494号として，汚職防止法（Prevention of Corruption Act）が制定された（2002年1月施行）。この法律については，判例時報1814号（2003.5.21）所載の拙稿「韓国の腐敗防止法」において，紹介を

試みた。この法律は，汚職行為（act of corruption）を有効に予防し，かつ制圧することにより公務員の職務および社会の清潔な風土を創ることを目的とする（1条）見地から，**汚職防止委員会**（Korea Independent Commission against Corruption＝**KICAC**）を創設し（第2章），汚職行為の内部告発者（whistleblower）の保護等の規定を織り込み（第3章），そのほか必要な罰則を設けた。

　しかし，必ずしも所期の成果は挙がらなかったようである。その原因は，いろいろあるであろうが，深く国中にまん延した汚職の体質を改めることは，容易でなかったことによるであろう。先に紹介した『サムスン帝国の光と闇』（2012年）および『サムスンの真実　告発された巨大企業』（2012年）は，それを物語る。一つの見方をすれば，戦争の惨禍を乗り越えて，世界第11位の経済大国にまで発展をとげた裏には，政治と財界との根深い癒着があった，ということもできるであろう。

〔Ⅱ〕　相次ぐ国際的批判

　2007年，世界銀行は，韓国につき，「汚職・言論の自由が悪化」していることを示す指標（WGI）を発表し，そのほかでも，韓国は，世界の各方面から汚職防止策の強化を要請された。

　2008年2月29日，韓国は，国連汚職防止条約（UNCAC）を批准した。**同条約6条（汚職行為の防止のための機関）**は，締約国に対し，「自国の法制の基本原則に従い，次の方法により汚職行為を防止する機関を適宜1又は2以上設ける」ことを規定している。

(a)　前条（汚職行為の防止に関する政策及び慣行）に規定する政策を実施し，並びに適当な場合にはこれらの政策の実施について監督し，かつ調整すること。
(b)　汚職行為の防止に関する知識を増進させ，かつ普及させること。

　そして，この条約6条2項は，汚職防止機関に対し，「その任務を効果的

に，かつ，いかなる不当な影響も受けることなく，遂行することができるよう，必要な独立性を付与する」ことを規定している。

韓国は，国連条約を批准するための国内法の整備の一環として，2008年2月29日法律第8878号により，新しい汚職防止法を制定し，それに伴って2001年の汚職防止法を廃止した。

第8節　新しい汚職防止法

〔Ⅰ〕　新法のあらまし

新法の正式名称は，「**汚職防止及び国民権益委員会の設置に関する法律**」(Act on Anti-Corruption and the Establishment and Operation of the Anti-Corruption & Civil Rights Commission ＝ **ACRC**) である（以下「新法」という）。

新法は，8章92か条から成る。旧法（2001年法）が6章53か条から成っていたのに比べると，内容の充実ぶりがうかがえる。新法の目玉ともいうべきは，第2章「汚職防止及び国民権益委員会」の創設に関する条項（11条から31条まで）である。ここで「**国民権益委員会**」というのは，新法の名称にも含まれている"**Civil Rights Commission**"の訳である[33]。以下，単に「委員会」という。

委員会は，国民の告発・苦情を処理し，不合理な行政制度を改善し，並びに汚職を予防し，かつ効果的に制圧するために首相府に設置される（11条）。その職務権限としては，21の項目が掲げられている（12条）。

そこでは，委員会の職務権限として，冒頭に，国民の権利を擁護し，国民の権利と利益の救済を図り，かつ汚職を防止するための諸政策を構築し，実行すること（1項），国民からの通報（complaints）と苦情（grievances）を捜査し，取り扱い，それに関連する改善策を勧告すること（2項）が掲げられている。これを見れば，新法が汚職防止によって「国民権益」の擁護を図ることを前面に押し出したことがうかがえるであろう。そこには，「国中にまん延する汚職の被害者は，国民だ」という考えが根底にあるように思われる。

しかし，汚職は「密室の犯罪」と言われているとおり，その発見・捜査が，いちじるしく困難である。この困難性を克服するために，新法は全国各地に「**地方オンブズマン**」(Local Ombusman) の制度を創設し，その活動に協力し，援助し，かつ教育すること（12条17項）が，職務権限として打ち出されている。そのほか，汚職と戦い，かつ国民の権利と利益を保護するための教育プランの作成・推進を図ること（7項），汚職防止活動をめざすNPOを援助することを含めて，委員会の活動に関する個人や団体との協力・支援を図ること（8項）については，旧法の立場が受け継がれている。

(33) "Civil Rights" は，直訳すれば，「市民的権利」であるが，市民権，人権とも訳されることもある。本稿では，internet で用いられている「**国民権益**」という訳語を用いることにする。Cf. http://en.wikipedia.org/wiki/Anti-Corruption-and-Civil Rights-Commission, 2012, p. 1. 韓国でも，「国民権益」に相当する文言が用いられている。

〔Ⅱ〕 **委員会**

新法は，委員会の組織権限を強化している。

委員会は，委員長，3人の副委員長，3人の常任委員（standing commissioners）および6人の委員を含めて，計15人で構成される（13条1項）。委員長および副委員長は，首相の推薦にもとづき，大統領によって任命される（3項）。委員会の独立性および委員会構成員の地位は，保障される（16条）。構成員の任期は，3年で，更新は1回限りである（16条2項）。

(34) 旧法にあっては，委員会は，委員長と2人の常任委員を含む9人で構成された。

〔Ⅲ〕 **地方オンブズマン**

新法は，地方政府（local government）ごとに，その地方政府およびその下部機関に寄せられた苦情を取り扱い，かつ行政制度の改善を図る**地方オンブズマン**の制度を新設した（第3章）。

地方オンブズマンは，2011年5月現在，全国に12設けられている。

地方オンブズマンは，地方政府およびその下部機関に寄せられた苦情を，取り調べ[35]，かつ処理することなどをその任務としている（32条2項）。ここにいわゆる苦情（complaint）の中には行政制度の改善などを求めるものもあるであろう。地方オンブズマンがそれらの苦情についての調査をし，改善を勧告するなどにより，汚職の防止および国民の権益の保護を図ることが目ざされているようである。

　上記の苦情は，韓国に居住する外国人を含めて，だれでも申し立てることができる（39条）。苦情を受理したオンブズマンは，特定の場合（たとえば，悪意による申立て，理由不備などの場合）を除いて，苦情を取り調べた後，必要があると認めるときは，関係行政機関に対し，事情の説明，その他，措置の改善，和解，調停の勧告などの手続をとる（41条以下）。

(35)　この取調べは，英語の 'investigation' の訳である。オンブズマンは犯罪捜査権をもたないので，investigation は，オンブズマンの権限事柄に係る取調べを指すであろう。

〔Ⅳ〕　汚職行為の通報，公益通報者の保護

　新法第5章「汚職行為の通報及び公益通報者の保護」（55条〜71条）は，汚職行為の通報（いわゆる内部告発 whistleblowing）に関して旧法にまして詳細な規定を設けると同時に，公益通報者（内部告発者　whistlebower）の保護を強化する規定を設けている[36]。この点は，注目すべきである。

　汚職行為を知った者は，何人でも委員会に通報（告発）することができる（55条）。公務員については，汚職を捜査機関，会計検査院または委員会に通報（告発）することが義務づけられている（56条）。

　通報を受理した委員会は，通報者，苦情申立人または内部告発者から事実を確認したうえ，捜査の必要があると認めるときは，捜査機関，会計検査院または当該公的機関の監督官庁にその事件を送致する（59条1項）。被告発者が副大臣，市長，裁判官，検察官，国会議員等であるときは，委員会が刑事告発を行う（同項2号）。これは，委員会が強い権限をもつことを

物語る。

　内部告発者等につき，新法は，次のとおり，強力な保護規定を設けた。

　第62条（公的地位の保障）は，内部告発者等が不利益処分または差別を受けることがあってはならない旨を規定する（1項）。不利益処分等を受けた者は，委員会に地位を保障する措置その他必要な措置をとることを請求すること（2項）および元の地位回復の請求をすることができる（3項）。この請求があったときは，委員会は，調査を開始し，不利益処分等をなされた者につき原状回復その他の救済措置をとるよう，関係部署に要求することができる（4項〜9項）。

　第63条（不利益処分の推定）は，公的機関の職員が本法62条2項または3項に従って汚職行為を通報した場合において原状回復の請求をしたときは，その者は通報行為に因り不利益処分を受けたものと推定される旨，規定する。

　第64条（個人の保護　Personal Protection）は，委員会の職員または捜査機関が通報者等の身元を外部に漏らすなどの行為を禁止している（1項）ほか，通報者，その家族，同居者等が報復などを受けることのないよう，委員会に対して保護措置をとるべきことを請求する権利を与えている（2項）。この請求があったときは，国家警察または地方警察は，保護措置をとらなければならない（3項）。

　通報者等に協力して捜査当局に協力した者についても，通報者等に対するのと同様の保護措置がとられる（65条）。

　通報等をした結果，その者の犯した罪が発覚したときは，その者は，刑の減軽または免除を受けることができる（66条1項）。懲戒処分についても，条件を変えて（*mutatis mutandis*）この規定が準用される（2項）。

　第68条（報奨金及び賠償金）は，旧法の規定を受け継いで，報奨金（financial reward）および賠償金（compensation）について注目すべき規定を設けている。それによれば，本法に従ってなされた通報等が公的機関の財産的損害を防ぎ，または公的利益の増進に実質的に役立つために行われたときは，委員会は賞金及び勲賞法（Awards and Decorations Act）に従って報

奨金の支給を勧告することができ（1 項），また，通報者等は，委員会に対して賠償金の払いを求めることができる（2 項）。これは，米国の制度にならったものであろう。

(36) 内部告発を意味する'whistleblowing'は，もともとどこかの部署の腐敗堕落の実態または証拠を公衆にばらすことをいう。この種の内部告発者を保護する立法は，1970 年代の米国にその起源をもっている。その後，ほとんどすべての文明国では，内部告発者保護法ないし公益通報者保護法が規定されている。森下「口笛を吹く人の保護」判例時報 1499 号 26 頁以下，同「口笛を吹く権利」判例時報 1533 号 21 頁以下，同「米国の内部告発者保護法」判例時報 1536 号 25 頁以下などを見よ。

〔Ⅴ〕 第 7 章 補充規定

　第 7 章補充規定（77 条〜85 条）の中では，第 81 条（教育，推進等）が，注目される。

　それによれば，委員会および地方オンブズマンは，公衆の権利を公的に自覚させ，およびその権利侵害を救済するために必要な教育を行い，並びに公衆の意識を向上させることができる（1 項）。委員会および地方オンブズマンは，文部科学省と協議して，国民の権利侵害を告発し，救済し，汚職と戦うための教育を行うために学校を援助する（2 項）。そのために，委員会および地方オンブズマンは，関係する行政機関等と協議することができる（3 項）。

　これは，新法によって初めて導入された規定である。これによれば，韓国は，汚職犯罪を制圧するためには取締りを強化するだけではなく，国民の教育を通じて，汚職の弊害を認識させ，国民の権利擁護を図ることを企図しているように見受けられる。

〔Ⅵ〕 罰　　則

　第 7 章（罰則）は，いくつもの犯罪類型を新設している。

第 86 条（公的秘密を悪用して利益を得る罪）　　第 7 条第 2 項に違反して，公的業務により知り得た秘密を悪用して財物または利益を得た者は，7 年以下の懲役又は（及び）5,000 万ウォン以下の罰金。

第 87 条（公的秘密漏示）　　5 年以下の懲役または 3,000 万ウォン以下の罰金

第 88 条（個人情報漏示）　　第 64 条第 5 項に違反した者は，3 年以下の懲役または 1,000 万ウォン以下の罰金

第 89 条　　第 82 条違反により解雇された公務員が公務所に雇用された場合，2 年以下の懲役または 2,000 万ウォン以下の罰金

第 90 条（不服従の罪）　　公益通報者等が地位保全の請求をした場合において，委員会が公的機関に対し事情を報告を求めたのにこれに応じなかったとき，1 年以下の懲役または 1,000 万ウォン以下の罰金

第 91 条（過料 Fine for Negligence）

　　公益通報者等に対して不利益な扱いをした者，委員会の調査に係る資料を提出しない者等は，1,000 万ウォン以下の過料に処する。本条では過料を科せられるべき場合が，8 か項目にわたって規定されている。

第5章　シンガポールの汚職防止法制

第1節　シンガポールの歴史と地理
第2節　法　制　度
第3節　裁判所の構成と刑事管轄
第4節　刑　　　罰
第5節　シンガポールにおける汚職の歴史
第6節　シンガポールにおける汚職規制
第7節　法人の刑事責任

第1節　シンガポールの歴史と地理

1　歴　　史

〔Ⅰ〕　イギリスによる植民地支配

14世紀末，サンスクリット語で「ライオンの町」を意味するシンガプラという名称が定着し，これが，現在のシンガポールの由来になっている，と伝えられる。

シンガプラは，1513年，ポルトガルの徹底的な侵略を受け，その後，300年以上にわたって，歴史の表舞台から姿を消し，漁民と海賊の住む漁村となった。

1819年，イギリス東インド会社の書記官ラッフルスが上陸し，当時，島を支配していたジョホール王国より商館建設の許可を受け，この島の名を英国風のシンガポール（Singapore）と改めた。1824年，ジョホール王国から植民地として割譲が行われた。1826年，シンガポールは，マラッカと共に

海峡植民地に組み入れられ，その首都となった。

　イギリスの植民地となった後，シンガポールは，阿片や茶などの東西交易，天然ゴム，錫の積み出し港として発展を遂げた。その発展に伴い，インド，中国，インドネシアなどから多くの移民が渡来し，現在の多民族国家の起源となった。

　しかし，イギリスの植民地支配の下で，20世紀に入って，打ち続く隷属状況に反対する一部の知識層による独立の気運が高まるや，イギリスは，投獄，拷問，さらに処刑を行うなどして，徹底的にこれを取り締まった。その結果，住民は，久しく悲惨な隷属状態の下に置かれた。[1]

(1) http:/ja.Wikipedia.org/wiki/2012, p.1 et al.「シンガポールの歴史」より。

〔Ⅱ〕　日本による占領と軍政

　1942年2月7日，シンガポールは，日本軍の攻撃を受け，同月15日，イギリス極東軍司令官は，無条件降伏した（シンガポールの戦い）。

　日本軍は，シンガポールを「昭南島」と改名し，行政組織として「昭南特別市」を設置した。

　その後，イギリスや中華民国などの連合国軍の支援を受けた中国系ゲリラによる反日ゲリラ活動が発生。これを弾圧した日本軍は，大量虐殺を行った（シンガポール華僑虐殺事件）。[2]

(2)　この事件は，1961年12月，イースト・コーストの工事現場から白骨が続々と発掘されたことにより，少なくとも数千人から2万人にのぼる中国系ゲリラとその支援者とされた中国系住民の虐殺被害が明らかになった。

〔Ⅲ〕　マレーシア連邦

　1945年8月，日本の敗戦により第2次世界大戦は終結した。が，再びイギリスの植民地支配は継続することになった。これに対する地方住民の反発は強く，その後も独立運動が続けられた。

　その結果，1957年，マラヤ連邦（Persekutuan Tanah Melayu）が独立し

た。その後，シンガポールは，イギリスの自治領（State of Singapore）となり，1963年，マラヤ連邦，ボルネオ島のサバ・サラワク両州とともに，マレーシア連邦（Malaysia）を結成した。しかし，マレー人優遇政策を採ろうとするマレーシア中央政府と，マレー人と華人との平等政策を進めようとするシンガポール人民行動党（PAP）との間で，あつれきが激化。その後，両者の関係悪化が生じ，結局，1965年8月9日，シンガポールは，マレーシア連邦から分離独立した都市国家となった。現在，イギリス連邦のメンバーとなっている。

(3) 1963年の選挙において，政府与党の統一国民組織（UMNO）とシンガポール人民行動党（PAP）との関係が悪化した。結局，両者の融和を図るという判断の下に，シンガポールは，マレーシア連邦から追い出される形で，1965年8月9日，分離独立するに至った。

2　地理，通貨，対日関係

シンガポールは，Singapore（英語），新加坡（中国語。旧称：新嘉坡），Singapura（マレー語）と表現される。63の島からなる共和国。最も大きな島は，シンガポール島。国土面積は世界175位であって，人口は，約520万人（2012年）。そのため，人口密度は世界第2位である。

通貨は，シンガポール・ドルで，S$またはSGDと表記される。1（S$）ドルは，邦貨約68円～67円である。

日本との外交関係は，おおむね良好である。シンガポールは，日本にとって，初めての自由貿易協定を締結した相手国でもある（JSEPA）。2008年は，外交関係が樹立して40周年であった。

(4) 女性の高学歴。晩婚化の傾向が強く，特殊合計出生率は，2008年で1.28人。

第 2 節　法　制　度

1　コモン・ロー制度の承継

　シンガポールの法制度は，英国のコモン・ロー制度を承継している。法律の主要領域，特に行政法，民法（契約法，不法行為法等）は，その一部が立法により修正されたものの，主に判例法の体系によっている。刑法，会社法，家族法を含む他の法領域は，もともと制定法となっている。

　シンガポールにおける判例がない場合には，英国における判例法を参照するか，シンガポールの法律のモデルとなった英国法の解釈を援用することがある。最近においては，英本土のアプローチが不適当であるときには，同じコモンウェルス（Commonwealth　英連合）の有力国であるオーストラリアやカナダの判例を参照する傾向が強い。[5]

(5)　フリー百科事典『ウィキペディア』(Wikipedia ( ), http://ja.widipedia org/wiki/. p. 1 による。

2　刑　　法

　犯罪と刑罰に関する法律は，広い意味の刑法（criminal law）と呼ばれる。そのうち，基本となるのは，狭い意味の刑法，すなわち，刑法典（Penal Code）である。

　シンガポールの刑法典の原点は，1871 年に海峡植民地立法協議会で承認され，1872 年 9 月に施行された海峡植民地刑法典（Straits Settlements Penal Code）にある。この刑法典がシンガポールの刑法典となったのは，シンガポールが 1946 年に英国直轄植民地になった時のことである。この刑法典は，その後，何度も修正がほどこされたものの，主要規定は，そのまま残っている。

　1871 年の海峡植民地刑法典は，1860 年のインド刑法典を元にしたもの

である。しかし，1871年刑法典では，単に英国におけるその当時の慣習法や規則をまとめるだけではなく，あらゆる犯罪および違法性阻却事由を網羅する包括的な法典とすることが目ざされた。

つまり，シンガポール刑法典の原典は，英国刑法を採用して法典として編纂したものではないものの，英国の刑法にその源があり，英国の刑法の法原則や概念は，関連性がある限り，今日でもシンガポールの刑法典その他の刑罰法規を解釈する上で説得力のある権威とされている。[6]

1871年刑法典は，制定以来，何度か修正されたのであるが，特に重要なのは，1973年の改正と1984年の改正である。1973年の改正では，いくつかの犯罪につき法定刑が引き上げられた。1984年の刑法改正法（Penal Code（Amendment）Act 1984）（同年8月31日施行）では，若干の犯罪につき法定刑の下限が規定された。その後，2006年に刑法典の重要な改正が行われた。[7]

(6) 在シンガポール日本国大使館「シンガポールの司法制度の概要 ——特に刑事訴訟法を中心として—— 2006年」5～6頁から引用。
(7) Criminal Law of Singapore, http://en.wikipedia.org/wiki/Criminal law of Singapore, p.2.

3　刑事訴訟法

1871年に刑法典が制定されるに伴い，刑事訴訟法（Criminal Procedure Ordinance, No.5 of 1870）が制定された。そこでは，原則として英国の刑事訴訟制度が採用された。しかし，刑法典が重罪（felonies）と軽罪（misdemeanours）との区別を廃止しているため，英法にならった刑事手続では不都合があったので，1873年の刑事訴訟法（Criminal Procedure Ordinance）が制定された。この訴訟法は，すべての犯罪を正式起訴（indictment）する制度を廃止し，さらに大陪審（grand jury）のみならず，小陪審（special and common juries）をも廃止した。

その後，1902年に新しい刑事訴訟法（Code of Criminal Procedure）が制定

されたが，現行法は，**1985年の刑事訴訟法**（Criminal Procedure Code, Cap. 68, 1985）である。刑法典およびその他の特別刑法に定めるすべての犯罪は，この新しい刑事訴訟法に従って，捜査，訴追，裁判されている。[8]

なお，刑事訴訟法の条文がコモン・ローの原則を成文化している場合には，コモン・ローの解釈を取り入れた英国の裁判所，およびその他の英連邦諸国の裁判所の判例が，シンガポール刑事訴訟法の解釈および適用に関して，今日も参考にされている。[9]

(8) Criminal Law of Singapore, —Wikipedia, the free encyclopedia, p. 2.
(9) 注(6)前掲論文6頁。

第3節　裁判所の構成と刑事管轄

1　裁判所の構成

憲法により，司法権は，最高裁判所（Supreme Court）と下級裁判所（Subordinate Courts）とに分かれる。裁判は，第1審と上訴審との2審制である。[10]

最高裁判所は，上訴法院（Court of Appeal）と高等法院（High Court）とから成る。

上訴法院は，シンガポールの刑事事件と民事事件の最終的な上訴の法院である。高等法院も，刑事事件と民事事件の両方を扱う。

下級裁判所は，民事・刑事の事件を扱う地方裁判所（District Courts）と治安判事裁判所（Magistrates' Courts）のほか，刑事関連の特別管轄裁判所として，検死官法廷（Coroner's Court），少年法廷（Juvenile Court），交通法廷（Traffic Court），刑事陳述法廷（Criminal Mentions Court），判決宣告法廷（Sentencing Court）および待機・選別法廷（Filter Court）がある。[12]

(10) 在シンガポール日本国大使館の（注6）前掲論文7頁から引用。

(11) 「治安裁判官裁判所」と訳すべきであろうが，田中英夫編・英米法辞典（1991年，東大出版会）にならって，「治安判事裁判所」という訳語を用いる。
(12) これらの訳語は，注(6)前掲の論文で用いられている訳語に従ったものである。

2　最高裁判所と下級裁判所の管轄

〔Ⅰ〕　最高裁判所の刑事管轄
A　高等法院（High Court）
　高等法院は，国内で行われたすべての犯罪のほか，国外での犯罪についても一定の状況下で行われたものにつき管轄権をもつ。しかし，実際は，高等法院が第一審として受理する刑事事件は，死刑または10年を超える拘禁刑にあたる犯罪のみである。
　また，高等法院は，地方裁判所，治安判事裁判所または少年裁判所が第一審として審理した事件に対する上訴につき審理する権限のほか，これらの裁判所が決定を留保し，移送してきた特殊な事案について，法律上の重要な問題を解決する権限をもっている。
B　上訴法院（Court of Appeal）
　上訴法院は，高等法院が第一審として裁判した事件の判決に対する事件を審理する。さらに，高等法院が決定を留保し，移送してきた特殊な事案について，法律上の重要な問題について決定することもある。このほか，下級裁判所から高等法院に上訴された事案につき，高等法院が決定を留保して上訴法院に移送した場合に，上訴法院において，社会の利益保護に重要な意義を有する法律の解釈について決定することもある。

〔Ⅱ〕　下級裁判所の刑事管轄
　下級裁判所は，第一審の管轄権のみを有する。下級裁判所のうち，地方裁判所と治安判事裁判所の管轄権について説明する。
A　地方裁判所（District Courts）
　地方裁判所が審理するのは，10年以下の拘禁刑（imprisonment）または

罰金のみが科せられる刑事事件である。被告人に前科がない場合に地方裁判所が言い渡すことのできる判決は，次のうちいずれかである。
 (a) 7年以下の拘禁刑
 (b) 10,000ドル以下の罰金
 (c) 12回以下のむち打ちの刑（caning）
 (d) 以上のうち，いくつかの併科

　以上のうち，特定の基準が満たされた場合には，警察監視（supervision of the police），保護観察（probation）[13]，予防拘禁（preventive detention）[14]，矯正教育処分（corrective training）[15] を命ずることができる。

B　治安判事裁判所（Magistrates' Courts）

　治安判事裁判所が審理するのは，3年以下の拘禁刑または罰金のみが科せられる刑事事件である。被告人に前科がない場合，治安判事裁判所が言い渡すことのできる判決は，次のうちいずれかである。
 (a) 2年以下の拘禁刑
 (b) 2,000ドル以下の罰金
 (c) 6回以下のむち打ち刑
 (d) 以上のうち，いくつかの併科

　以上の代わりに，特定の基準が満たされた場合には，1年以下の警察監視を命ずることができる。

(13)　6か月から3年までの期間，保護観察官の監督とカウンセリングを受ける。
(14)　前科がある30歳を超える犯罪者を保護の目的で矯正教育処分の期間よりも長く拘禁する。その期間は，7年以上20年以下である。
(15)　犯罪者の矯正と再犯防止を目的として，5年以上14年以下の間，収監する。この刑は，重罪の前科のある18歳以上の犯罪者についてのみ，科せられる。外国人については，刑期終了の後，通常，国外退去が命ぜられる。

第 4 節 刑　　罰

シンガポールにおける刑罰は，実に特徴的なものである。以下，その要点を説明する。

1　死　　刑

世界的に見て，実にきびしい死刑制度が採用されている。例えば，殺人を犯すと，原則として死刑が科せられる。殺人は，シンガポールでは超凶悪犯罪とされている。拳銃を使用した殺人，誘拐事件には，死刑が科せられる。一定量の麻薬所持も，死刑犯罪とされている[16]。死刑が言い渡されないとしても，無期拘禁刑および 10 回以上のむち打ちが言い渡される。

死刑は，絞首によって執行される。統計によれば，1991 年から 2004 年までの間に 400 件の死刑が執行されたが，その大部分は，麻薬取引犯罪によるものであった。このようにして，人口比率との関係では，シンガポールは，世界一の死刑執行国となっている[17]。死刑執行人がいる。

(16) 例えば，大麻を 500 g 以上所持した者には，死刑が言い渡される。500 g 未満の場合には，無期拘禁刑および 16 回のむち打ちが科せられる。人から頼まれて荷物を預かり，その中に麻薬が入っていることを知らなかったとしても，その抗弁は認められない。神野尚文「刑事犯罪と刑罰」NPO 法人札幌シニア・ネット ssn ジャーナル（2012 年 5 月）参照。http://www.north.ad.jp/ssn/ssnjrnlessay/jinno-singcaning.html, p. 2.
(17) Wikipedia,. http://en.wikipedia.org/wiki/Criminal Law of Singapore, p. 3.

2　拘　禁　刑

シンガポールでは，日本法における執行猶予のような制度はなく，判決が確定すれば，必ず執行される[18]。

その結果，シンガポールの刑事施設における被収容者についてみるに，人口 10 万人あたりの収容率は，きわめて高い。2007 年の統計では，シンガ

ポールは世界14位（収容率は350人）といわれ，2010年の統計では，世界第2位ともいわれている(20)。ちなみに，日本は，調査された155か国中，収容率は62人で，第132位である。

(18) 神野・注(16)前掲論文 p.1。
(19) hyyp://www. all countries. org/ranks/prison-incarceration-rates of countries-2007.html.
(20) http://theonlinecitizen, co,/2010/03 singapore-highest-income-gap-2nd-highest-prison-population…なお，本文中における順位の違いは，調査対象と調査方法の違いに因るようである。

3 むち打ち（caning）

シンガポールにおける刑罰のうちで最も恐ろしいのは，むち打ちの刑であるといわれる。むち打ちは，藤の茎で作ったむちをむち打ち役人が医師の立会いの下で，受刑者の背中を力をこめて打つという刑である。むち打ちによって背中にできたむちの跡は，一生消えることはない。

このようなむち打ち刑は，世界人権宣言5条および国際自由権規約7条で禁止されている「残虐で非人道的な刑罰」（cruel, inhuman…punishment）に該当することは，明らかである。しかし，シンガポールは，国際自由権規約の当事国（State Party）となっていないので(21)，国際世論に背を向けているのであろう。

(21) cf. Joseph, Scultz & Castan, The International Covenant on Civil and Political Rights. 2nd. edition, 2005, Appendix D, p. 863 et seq.

4 罰金（fine）

"Singapore is a fine country." この文章には，2通りの訳語がある。

第1．「シンガポールは，美しい国だ。」 これは，シンガポールは，田園都市（garden city）と呼ばれているように，'清潔で美しい国' であることを表現するものであろう。'美しい' 国であるために，シンガポールでは，

道路に紙くずを捨てたり，たばこの吸い殻をポイ捨てすれば，たちまち罰金を科せられる。

第2．「シンガポールは，罰金王国だ。」　これは，シンガポールでは，些細な日常生活上の行為でも，容赦なく罰金が科せられるので，それをズバリ表現した言葉である。たとえば，チューイン・ガム（chewing gum）を戸外，その他公共の場でかむことは，1992年以来，罰金に当たる行為とされており，公共の場でたばこを吸うこと，道路に紙をポイ捨てすること，トイレの水を流し忘れることなどが，罰金刑にあたる犯罪とされている。それゆえ，自動式水洗トイレに慣れている日本人旅行者がトイレの水を流さなかったとしても，文句なしに罰金が科せられる。

シンガポールは，'きれいな国'を目ざす方策として，ちょっとした行為にも罰金を科するので，国民は，'罰金王国シンガポール'（**Fine Country Singapore**）という，自嘲的な表現を用いている。ここでは，'fine' という言葉が，「美しい」「すばらしい」を意味するとともに，「罰金」を意味するので，同じ言葉をもじって2通りに用いることが行われている。このように，ある言葉をもじって2通りに用いることは日本語にもあるのだが，シンガポールでは，「美しい」を実現する方策として「罰金」という刑罰が用いられているのである。

このことは，シンガポールを観光のため訪れるとか，シンガポールの企業と取引をしようとする日本人にとって，あらかじめ心に刻んでおくべきことであろう。

(22)　http://www.wisegeek.com./what-is-the-penalty-for-chewing-gum-in Singapore.htm.
(23)　Fine Country Singapore. http://fudousan,info/blog/archives/39.html.

第5節　シンガポールにおける汚職の歴史

1　英国の植民地時代の汚職

　英国の植民地時代のシンガポールでは，汚職は，公務員にとっては，'低いリスク，高い報酬活動'（low risk, high reward activity）として考えられていたので，1つの生活手段（a way of life）となっていた。というのは，賄賂を収受しても滅多に逮捕されることなく，また，逮捕された場合でもきびしく罰せられることはなかったからである。その原因は，公務員の給与が低かったからである。

　シンガポールにおける汚職に対する戦いが始まったのは，1871年に海峡植民地刑法（Penal Code of the Straits Settlements）が制定（1872年施行）されたことに始まる。しかし，汚職は，英国の植民地時代を通じて，重大な問題として捉えられていたものの，英国は，汚職の制圧に失敗した。汚職の中で代表的なものは，'police corruption'と呼ばれる「**警察官の汚職**」であった。警察官の最も普通の形態は，収賄（bribery）であった。このように警察官の汚職は，まん延していた（調査委員会の報告者による）。

(24)　Jon S.T. Quah, Combating Corruption in Singapore : What can I be learned? in : Journal of Contingences and Crisis Management, no. 1, 2001, p. 29.
(25)　Quah, op. cit., p. 30.

2　日本占領下および戦後の汚職

　1942年から1945年まで，シンガポールは，日本軍の占領下におかれた。そのころ，公務員は，その固定した給与で生活することが困難であったので，汚職によって給与の不足分をまかなった。文献では，この時期におけるシンガポールの汚職は，'Japanese corruption'と表現されている。

　このように腐敗した状態は，第2次大戦後も，しばらく続いた。その原

因は,（公務員のみならず,民間人を含めて）給与が低く,しかもインフレに見舞われたため,「汚職は,多くの人びとにとって生活手段ともなった」ことにある。[27]

1960年当時,シンガポールは,まだ貧しい国であって,公務員の給与を引き上げることはできなかった。しかし,1960年6月,新たに汚職防止法（Prevention of Corruption Act = PCA）が制定され,かつ,汚職捜査局（Corrupt Practices Investigation Bureau = CPIB）に汚職捜査のため強力な権限が付与された。

1963年,それに続いて1981年,汚職防止法が改正された。公務員の給与は,引き上げられた。それは,シンガポールの経済的発展を反映したものであった。1989年と1994年の調査によれば,シンガポールの公務員の給与は,世界中でトップの水準に達した。[28]こうした事情と相まって,シンガポールにおける汚職制圧闘争は,絶大な成果を挙げた。それを物語るものとして,TI（トランスペアランシー・インターナショナル）が1996年〜1999年に発表したCPI（透明性認識指数）によれば,シンガポールは,アジア12か国の中では,汚職の最も少ない国としてランキングされている（日本は,第3位）。[29]

(26)　Quah, supra note 24, p. 30.
(27)　Quah, supra note 24, pp. 30-32.
(28)　Quah, supra note 24, p. 34.
(29)　Quah, supra note 24, p. 29. シンガポールは,2010年のCPIでは,9.3で,世界の第1位にランキングされている。

第6節　シンガポールにおける汚職規制

1　関係する諸条約の批准

シンガポールは，汚職防止に関する条約等につき，次のとおり，当事国となっている。

(1) 1992年以降，マネー・ロンダリングに関する金融作業部会（Financial Action Task Force＝**FATF**）のメンバー国となっている[30]。また，1997年には，マネー・ロンダリング・アジア大平洋グループの創立メンバーとなった。

(2) 2001年以来，アジア大平洋ADB/OECD汚職防止主導（ADB/OECD Anti-Corruption Initiative for Asia and the Pacific）[31]のメンバーである。

(3) 2007年8月，国連の国越組織犯罪防止条約（UN Convention against Transnational Organized Crime）を批准した。

(4) 2009年11月，国連の汚職防止条約（UN Convention against Corruption＝UNCAC）を批准した[32]。

---

(30) 一般には，FATFまたはGAFIの略称で知られている。日本語でも「金融作業部会」と呼ばれることが多い。FATFは，マネー・ロンダリング（資金洗浄）を規制するための政府機関である。1989年，パリで開催されたアルシュ・サミットでの経済宣言を受けて設立された。
(31) **ADB**は，アジア開発銀行（Asia Development Bank）を指し，OECDは，経済協力開発機構のことである。
(32) 日本は，2012年10月現在，未批准。

2　刑法と汚職防止法における汚職関連規定

1984年の刑法改正法（Penal Code (amendment) Act）および2006年の刑法改正法によって，汚職犯罪に関する規定に重要な改正がほどこされた。

1960年の汚職防止法（Prevention of Corruption Act = PCA）は，その後，数次にわたって改正され，2008年に一部改正されたものが，現行法となっている。

汚職防止法（**PCA**）は，実体法と手続法との二つの領域にわたる体系的な法律である。37か条から成っている。

以下，主として汚職防止法に拠りながら，汚職関連規定の概観を試みる。

〔Ⅰ〕 用語の定義

PCA2条は，用語の定義（特別の規定あるときを除く）を規定している。

"agent"（エージェント）[33] 他人によって雇われ，または他人のために行為する者をいう。これには，受託者（trustee），管理者（administrator），遺言執行者（executer），政府の仕事をする者または法人もしくは公共団体（corporation or public body）の仕事をする者，並びに第8条（汚職の推定）に関しては下請人（subcontractor）または下請人により雇用されている者または下請人のために行為する者も含まれる。

"gratification"（**賄賂**）[34] これには，次に掲げるものが含まれる。

(a) 金銭その他の贈物，ローン（loan），謝礼（fee），報酬，コミッション，価値ある安全保障（valuable security），その他動産・不動産を問わず，財産または財産的価値

(b) 職場，雇用または契約

(c) なんらかの支払い，債務免除，債務負担

(d) その他種類のいかんを問わず，サービス，恩恵（favour），利益 これにはなんらかの処罰からの保護などを含む。

(e) 上記(a)から(d)までのなんからの'gratification'の申込み，または約束

"principal" これは，'agent'に対応する立場にある者すべてを指す言葉のようである。すなわち，雇用主，信託受益者，政府，公共団体が含まれる。

"public body" これは，あらゆる corporation, board, council,

commissioner, その他・公共の健康, 公共事業に関する成文法にもとづいて行為する権能を有するその他の者 (other body) を意味する。
"special investigator"[35] これは, 汚職行為捜査局 (Corrupt Practices Investigation Bureau) の特別捜査官をいう。

(33) agent という言葉には, 実に多くの意義があって, 適訳を見いだすことは, 難しい。
(34) 'gratification' は, 言葉としては, 満足, 満足させること, 喜ばせることを意味するが, PCA の関係では, 広い意味の賄賂を意味するであろう。
(35) PCA 第18条 (特別捜査権) は, 特別の事情上, 合理的理由があるとき, 銀行口座の捜査等をする特別の権限を有する者を任命することができる旨, 規定している。

〔II〕 刑法における公務員に関する収賄罪

刑法 161 条から 165 条までは, 公務員 (public officials) の収賄に関する規定である。これらの規定によって処罰の対象とされているのは, 次の行為である。
- 公務員 (public servant) が, その職務に関して gratification その他の報酬を受け取ること。
- ある者 (a person) が, corrupt (汚職) または違法な方法で, 公務員に影響を及ぼす (あっせんする) ために gratification を受け取ること。
- ある者が, 公務員に対して個人的影響を及ぼすことにつき gratification を収受すること。
- 公務員が, 上記の犯罪の共犯行為をすること。
- 公務員が, 不適当であることを知ると否とにかかわらず, その公務員によって行われる手続または仕事 (business) において関係者 (a person concerned) からなんらかの価値のあるものを取得すること。

以上の規定において用いられている '公務員' (public servant) とは, 主として内国の公務員 (domestic public officials) を意味する。たとえば, 刑法 21 条は, '公務員' (public servant) には, シンガポールの軍人, 政府役人,

政府のために行為する役人，および Public Service Commission または Legal Service Commission の委員も含まれる，と定義している。ここでは，外国公務員は含まれていない。

ところで，上記の叙述における「ある者」(a person) とは，公務員であると民間人であるとを問わない。それゆえ，文献では，刑法の上記規定は，公務員に焦点を当てた (focus) ものであるとか，主として (mainly) 公務員を含む規定であるとか記述されている。(36)

(36) http://www.nortonrose.com./knowledge/publication/54322/Anti-Corruption Regulation in Singapore, 2012, p. 2.

〔Ⅲ〕 汚職防止法における汚職規制

PCA は，汚職防止に関して実体的規定と手続的規定とを設けている。それらの規定のうち，主要なものについて概要を述べる。

A 第5条（汚職の処罰）
　　自身で，又は他人によりもしくは他人と共同して次の行為をした者 (any person) は，汚職の罪となし，10万ドル以下の罰金もしくは5年以下の拘禁刑に処し，又は両者を併科する。
　(a) 自己又は他人のために不正に gratification を要求し，収受し，又は約束すること。
　(b) 自己又は他人の利益のために，誘引 (inducement) 又は報酬として又はその他の理由で，gratification を供与し，約束し，又は申込みをすること。

上記の規定（要約）は，行為者が公務員であると民間人であるとを問わない点で，一般贈収賄罪の規定ということができる。

ここでは，「不正に」(corruptly) の意義が大切である。「不正」とは，通常または客観的にも「不正」であり，かつ，それが「不正」であることを認識していることが必要である。一般には，他人の職務上の権利や義務と

一致しない利益を与える意図と共に行われる行為や，職務上の地位を利用して，権利・義務と一致しない利益を得る行為などをいう。⁽³⁷⁾

B 第6条 (agents との不正取引の処罰)
(a) agent が，自己又は他人のために，その principal の業務又は取引に関係してある行為をし，もしくは行為をしないこと，又はある行為をしたこと，もしくは行為をしなかったことに関し，誘引又は報酬として不正に gratification を収受し，取得し (obtain)，もしくは収受の約束をし，又は取得することを試みたとき。
(b) ある者が，agent の principal の業務又は取引に関してある行為をし，もしくは行為をしないこと，又はある行為をしたこと，もしくは行為をしなかったことに関し，誘引又は報酬としてその agent に gratification を供与し，もしくは約束し，又は申し込んだとき。
(c) ある者が，ある prinicipal に利害関係のある領収書，計算書又はその他の書類であることを知りながらそれを agent に与えたとき，又は agent が事情を知りながら，その principal を欺く意図で使用したときは，

10万ドル以下の罰金もしくは5年以下の拘禁刑に処し，又は両者を併科する。

このように，PCA は，一般人の間における贈収賄をも罰している（5条，6条）。

C 第8条（一定の場合における汚職の推定）
第5条及び第6条の罪に係る手続において，政府もしくはその機関又は public body の雇用につき，なんらかの gratification が支払われ，供与され，又は収受されたことが証明された場合には，反対の証明がない限り，その gratification は，誘引又は報酬として支払われ，供与され，又は収受されたものとみなされる。

これは，雇用（employment）に係る贈収賄をきびしく罰するために設け

られた推定規定である。ここにも，PCA の厳罰方針が現れている。

D 第 11 条（議員に係る贈収賄）
(a) 議員（Members of Parliament）の資格においてある行為をし，又はしないことに関し，誘引又は報酬として議員に gratification を申し込んだ者，又は
(b) 議員でありながら，議員の資格においてある行為をし，又はしないことに関し，誘引又は報酬として gratification を要求し，又は収受した場合には，
10 万ドル以下の罰金もしくは 7 年以下の拘禁刑に処し，又は両者を併科する。

第 12 条（public body の構成員に係る贈収賄）
これは，第 11 条と同様の行為が public body の構成員に関して行われたとき，前条と同一の刑に処する規定である。

E 第 30 条（未遂）
本条は，PCA の規定するすべての罪の未遂を既遂と同一の刑に処する旨を規定する。

第 31 条（共謀）
この法律で規定する罪を犯すことの，刑法の意味における共謀罪（criminal conspiracy）の当事者である者は，その罪を犯したものとみなされ，その罪について定める刑に処せられるべき有罪の責を問われる。

ここでは，「刑法の意義の範囲内」で（within the meaning of the Penal Code）とあるので，刑法に規定する共謀罪の条文を次に掲げる。

刑法第 120 条 a〔共謀〕
1 2 人以上の者が，
　a）違法な行為又は
　b）違法ではないが，違法な手段である行為を

行う合意をし，又はその行為が行われるための合意をしたときは，その合意（agreement）は，共謀（criminal conspiracy）となる。

　ただし，罪を犯す合意を除くいかなる合意も，合意以外のある行為がその合意に関与した1人又は2人以上によって行われるのでなければ，共謀とはならない。
2　人は，なにが違法な行為となるかを知らない行為又は違法ではないが違法な手段によっては不可能である行為の存在にもかかわらず，共謀の関与者とされることがある。

　共謀は，コモン・ロー系の国で広く処罰されているところである。本条については，第1項で「合意以外のある行為がその合意に関与した1人又は2人以上によって行われるのでなければ」という文言の解釈が問題になる。注釈ないし解説を見ることができないので，断定はしがたいが，その文言の趣旨は，共謀それ自体で共謀罪（criminal conspiracy）を構成することはない，という意味に解される。

　なぜなら，ある文献は，**共謀罪が成立する場合**として次の事例を挙げているからである。すなわち，「ある取引にたずさわる者がその取引内の仕事として，第3者に不正に gratification を供与することをだれかと合意した場合において，その gratification が現実に供与され，又は供与することが企てられたときには」共謀罪が成立する，というのが，それである。(38)この見解によれば，単になんらかの外部行為（overact）がなされたというだけでは足りず，少なくとも実行の着手があったことを要するように見える。

F　第37条〔国外犯についての国民の責任〕
　(1)　この法律の諸規定は，シンガポール国民に関して，シンガポール国内と同様，国外においても効力を有し，かつ，この法律で定める犯罪がシンガポール国民によって，シンガポール国外のいずれかの場所で行われた場合には，その犯罪に関しては，それがシンガポール国内で行われたかのように取り扱われることがある。
　(2)　省略

このPCAの条項によれば，gratificationの供与者または収受者が国内または国外の取引者（domestic or foreign business entity）であると否とを問わず，すべての汚職犯罪がシンガポール国内で行われたとされる可能性がある。したがって，シンガポール国外でシンガポール国民がgratificationの供与者または収受者となる場合について国外犯規定が適用されることになり，シンガポール国外で同様の行為をする非シンガポール国民については適用されない。

これによれば，PCAは，能動的属人主義を採用していることになる。シンガポールの刑法もPCAも外国公務員への贈賄を罰する特別規定を設けていないのであるが，外国公務員への贈賄は，PCA第5条および第6条によって処罰の対象として包括されることになる。国連の汚職防止条約18条1項は，国際商取引に関して行われる，外国公務員に係る贈賄の犯罪化を締約国に義務づけているので，シンガポールは，その立法義務を上記の形で履行していることになる。

(37) シンガポールの汚職取引行為――法律相談のシンガポール・ビジネス情報 AsiaX Biz.
(38) Richard Lam, Singapore : in Gruetzner, Hopmmel & Mossmayer, Anti-Briberty Risk Assessment, 2011, Beck, Hart & Nomos, p. 327.
(39) Lam, supra note 38, p. 326.
(40) Lam, supra note 38, p. 326.

第7節　法人の刑事責任

法人（legal entities）は，刑事責任を問われることがあるか。シンガポールにおける汚職犯罪に関して見ることのできた文献の中で，この問題を取り上げているのは，シンガポールの法律家であるRichard Lam氏の既掲の論文（注38をみよ）だけである。

その答えは，シンガポールでは，法人が刑事責任を問われることはない，

である(41)。PCA（汚職防止法）の諸規定は，現実に gratification を供与し，または収受した個人（individual, individuals）のみを罰しているにとどまるからである（5条，6条参照）。法人に罰金を科する規定さえ，存在しない。

シンガポールでは，法人に法的制裁を科する法規は存在しない。しかし，文献によれば，法人は汚職犯罪のゆえに法的制裁を科せられないとしても，その法人の従業員が汚職犯罪に因り訴追されたとすれば，将来にわたり，当該法人と取引をすることを拒まれる損害を蒙るという非法律的な効果が生ずることはありうる(42)。

(41) Lam, supra note 38, p. 326.
(42) Lam, loc cit.

第6章　タイの汚職防止法制

第1節　歴史，経済，人口
第2節　汚職防止法制のあらまし
第3節　刑法における贈収賄
第4節　汚職防止法
第5節　その他の法律
第6節　刑法の場所的適用
第7節　法人の刑事責任
あ と が き

第1節　タイの歴史，経済，人口

1　歴　　史

　タイ（Thailand）は，古い歴史をもつ国である。国民の大部分は，熱心な仏教徒である。
　19世紀，東南アジアは，ヨーロッパ諸国の植民地化政策の標的とされたが，タイ王国は，ヨーロッパによる植民支配から免れた唯一の国となった。
　第2次世界大戦中には，1940年，日本・タイ（日泰）和親友好条約を締結。1941年には，日泰攻守同盟条約を締結し，日本の同盟国となった。しかし，1942年には「自由タイ」（Free Thai）運動という抗日運動が起こり，1944年ごろより，「自由タイ」運動の指揮者らは連合国と関係を強めた。
　第2次大戦終了後，タイは，連合国による敗戦国としての裁きを免れた。これは，タイにとって幸いをもたらした。戦後，タイは，米国との間で非常に親密な関係を保っている。

2 タイの経済と人口

タイの経済は，1980年代後半から堅調に推移して順調な伸びを示し，東南アジア有数の経済国になっている。2002年末には，健全な経済状況にまで回復して，その後も経済成長率が6％台を維持するまでになっている。

最近では，日本企業がタイへの投資を加速している。2011年秋の大洪水で浸水した工場の復旧やタイ国内での移転に加えて，新規進出や増産対応の勢いも活発である。インフラや裾野産業が整備されている環境が魅力となっている。

人口は，約6,700万人（2012年7月現在）である。豊富な労働力を有するタイは，国民の大半が熱心な仏教徒であることと相まって，タイに進出する日本企業にとって，持続的な経済提携を進めるうえで好ましい国である。

第2節 汚職防止法制のあらまし

1 各種の法と機関

タイでは，1997年憲法の諸規定を受け継いだ**2007年憲法**の下で，汚職防止に関する法律と機関（institutions）が数多く設けられている。

その代表的なものを次に掲げる。

(1) **全国汚職防止委員会**（National Anti-Corruption Commission＝**NACC**）

これは，2007年憲法（11章，246～251条）で，National Counter Corruption Commission＝NCCCと呼ばれていたものを，2008年以降，NACCと呼ぶようになったものである。この委員会は，汚職防止および制圧のために独立して広い捜査権限をもつ機関である。

(2) その他，憲法上の機関として，オンブズマン事務所（Office of the Ombudsman），憲法裁判所（Constitutional Court），選挙委員会（Election Commission）および人権委員会（Human Rights Commission）が設けられている。

(3) 汚職防止法（Organic Act on Counter Corruption）

これは，1999年法律2542号として公布され，2007年法律2550号により改正された。

(4) 政治家に対する刑事訴訟法（Organic Act on Criminal Procedures for Persons Holding Political Positions）（2007年）

これは，1999年法律第2542号として公布され，2007年法律第2550号により改正された法律である。

(5) 選挙委員会法（Organic Act on the Election Commission）（2007年）

国会議員選挙法（Organic Act on the Election of Members of the House of Representatives and the Selection of Senators）（2007年）

(6) 公務員法（Civil Service Act）（2008）
(7) 公的情報法（Official Information Act）（1997）
(8) 公益通報者保護法案（Whistleblower Protection Bill）[1]
(9) 資金洗浄防止法（Money Laundering Preventiton and Suppression Act）[2]

(1) これは，2009年8月現在に作成された文献（An Overview of Thailand's Anti-Corruption Legislation）により 'Bill' とされているものであるので，現在では，法律（Act）として公布されていると思われる。
(2) この法律は，1999年に公布され，2009年に改正された。

2 国際条約との関係

2009年8月現在，タイは，汚職防止に関する下記の諸条約のいずれについても，当事国となっていない。[3][4]

1997年のOECD国際商取引における外国公務員贈賄防止条約
1999年の欧州評議会の汚職に関する刑事条約（CE刑事条約）
1999年の欧州評議会の汚職に関する民事条約（CE民事条約）

しかしながら，2009年8月以降，タイが上記条約の当事国となっている可能性がある。タイは，**2003年の国連汚職防止条約（UNCAC）を2011年3月1日に批准して，当事国となっている。**それゆえ，国連条約の批准のために，

タイが国内法の整備を進めていると考えられる。

(3) Wattanachewanopakorn & Gautier, An Overview of Thailand's Anti-Corruption Legislation, 2009.
(4) 本文に掲げる条約については，次の文献を参照されたい。森下・国際汚職の防止（2012 年，成文堂），同「国連の汚職防止条約」(上)(下)判例時報 2144 号 49 頁，2147 号 37 頁。

第 3 節　刑法における贈収賄罪

1　刑の体系

　1956 年のタイ刑法は，刑として死刑，懲役 (imprisonment)，拘留 (confinement)，罰金および没収の 5 種類を規定している（18 条 1 項）。
　死刑および無期懲役は，罪を犯す時に 18 歳未満の者には科されない（2 項）。罪を犯す時に 18 歳未満であった者につき，死刑または無期懲役を科すべきときは，刑は，50 年以下に減軽したものとみなされる（3 項）。併合罪の場合には，有期懲役の長期は，50 年である（96 条）。
　死刑は，毒薬を噴霧するか，または注射する方法によって執行する（19 条）。死刑が科せられる犯罪（死刑犯罪）の範囲は，かなり広い。たとえば，内乱，外患，国王らの殺害（未遂を含む）等のほか，殺人，放火，強姦，略取誘拐，収賄，麻薬犯罪などにも及んでいる。収賄については，刑法 149 条，201 条，202 条および国家公務員犯罪法 6 条（後述）を参照されたい。
　各則の規定では，懲役と罰金を併科する場合が多い（汚職犯罪につき，その事例が多い）のであるが，それにもかかわらず，裁判所は，相当と認めるときは，懲役のみを言い渡すことができる（20 条）。
　未決勾留日数は，必要的に刑期に算入される（22 条 2 項）。
　裁判所は，3 月以下の懲役を言い渡す場合において，被告人に前科がないとき，過失犯による前科があるとき，または軽微犯罪による刑の言渡し

であるときは，懲役刑の言渡しに代えて，刑事施設以外の場所，たとえば，警察署，監視官が監視できる場所での拘禁（detention）をもって，これに代えることができる（23条，24条1項）。

また，裁判所は，適当と認めるときは，この拘禁を（刑の言渡しを受けた者の）自宅，その他（親族等であって）同意のある者の住所において執行することを一定の遵守条件付きで言い渡すことができる（24条2項）。この場合には，自宅拘禁等を言い渡された者は，自宅等から職場に通勤すること，または自宅等において業務に従事することができる（26条）。これは，いわゆる**自宅拘禁**（confinement in own dwelling place）の制度であって，注目すべきである。遵守条件に違反したときは，この代替刑の処分は取り消される。

罰金は，金額罰金である（28条）。判決確定から30日以内に罰金を完納しないときは，財産を差し押えられるか，または滞納留置される（29条）。滞納留置にあっては，1日を200バーツ（Baht）の割合で換算される。ただし，裁判所が特別な決定をした場合[5]を除いて，滞納留置は，1年を超えることができない（30条）。

なお，1バーツは，邦価約2.69円（2012年12月現在）である。

没収（forfeiture of a property）は，犯罪行為の用に供した物，犯罪行為を組成した物および犯罪行為から得た物を没収する（33条）。そのほか，贈収賄（143条，144条，149条，150条，167条，201条，202条）の客体となった物も，没収の対象物となる（34条）。

[5] 裁判所が8万バーツを超える罰金を言い渡した場合である。この場合には，滞納留置の期間は，1年を超えることができるが，2年を超えることはできない（30条1項）。

2　6つの基本的な汚職犯罪

現行の刑事法（刑法および特別刑法）にあっては，次に掲げる6つの犯罪が，**汚職に関する基本犯罪**とされている[6]。

(1)　公務員（public servants）への贈賄（bribery）

(2) 公務員による収賄（贈物の要求または収受）
(3) 個人的利益のためにする政治的な濫用
(4) 公務員の不正蓄財（説明でない財産の所持）
(5) 民間の汚職の場合における agents または employees による秘密犯行（secret commissions）
(6) 選挙の有権者の買収および贈与

これらの犯罪は、上記(5)に掲げるものを除いて、タイの各種の法律で処罰されている。

3 刑法における収賄罪

タイ刑法では、一般公務員による収賄および司法職員による収賄が規定されている。

〔Ⅰ〕 一般公務員の収賄

各則第2編「公行政に関する罪」の第1章「公務員に対する罪」（134条～146条）に次の規定がある。

第143条（収賄）
公務員、国会議員、Changvad 議会[7]の議員又は地方議会の議員が、不正にもしくは不正の方法により、又は自己の影響力を行使することにより、自己の職務に属する行為であって、だれかにとって利益又は不利益であるものを行い、もしくは行わないようにさせること、又はさせたことに関し、見返えりとして、自己又は他人のために財産又はその他の利益を要求し、もしくは収受し、又は約束をしたときは、5年以下の懲役もしくは1万バーツ（bath）以下の罰金に処し、又は両者を併科する。

A 主体

本罪の主体は、公務員（public official）である。これには、国家公務員（gouvernment officials）、司法職員（judicial officers）、政治的地位を有する国

の職員 (State officials holding political positions), 地方公務員 (government servants or employees) のみならず, 国の管理する企業 (国が50％を超える資本を有する企業) から俸給または利益 (benefit) を受けている者も含まれる。[8]

B 行 為

収賄の客体は, 財産又はその他の利益である。

どの程度の価値の財産または利益がこれに該たるかにつき, 法的な基準を示したものは存在しない。ただし, 文献によれば, 処罰の対象とされうる賄賂の額は, 当該依頼事案の内容・程度によって異なることがある。[9]これは, 恐らく社会通念上または社会的儀礼上容認されうる贈物の財産的価値が, その事案の諸事情によって異なることを意味するであろう。

「その影響力を用いて」(by using his influence) というのは, いわゆるあっせん収賄の形態を指す。

(6) Wattanachewanopakorn, supra note 3, p. 3.
(7) Changvad (Provincial) Assembly とは, 州レヴェルの行政単位の議会を指すようである。
(8) Buntarika Somboonsub, in : Gruetzner, Hommel & Moosmayer, Anti-Bribery Risk Assessment, 2011, Beck, Hart & Nomos, p. 388.
(9) Somboonsub, op. cit., p. 385.

〔Ⅱ〕 賄賂強要罪

第148条〔賄賂強要〕
　　公務員が, その職務の不正な行使をすることに関し, 自己又は他人のために, だれかを強要し, 又は仕向けて, 財産又はその他の利益を供与させ, 又は取得したときは, 20年以下の懲役もしくは無期懲役及び2万バーツ以上4万バーツ以下の罰金に処し, 又は両者を併科する。[10]

この罪は, 公務員が第三者を仕向けてあっせんさせることにより, 自己または第三者のために賄賂を供与させる形態である。収賄の責を問われるのは, 公務員である。文献では, この罪は, あっせん収賄のカテゴリーに

属するとされている。[11]

　この罪にあっては，贈賄者，あっせん者および収賄者という三者の関係が存在するのであるが，収賄者が中間者である第三者（あっせん者）を仕向けて自己（または他人）に贈賄させる構造をもっているところに特殊性があり，そのことが重い法定刑の根拠とされているようである。

(10) 　この法定刑については，文献に差異が見られる。注(8)前掲のSomboonsub文献（p.393）では2008年8月現在，「20年以下の懲役もしくは無期懲役及び2万バーツ以上4万バーツ以下の罰金，又は死刑に処する。」と記述されている。しかしながら，インターネットで検索したところ，2012年8月現在では，「又は両者を併科する」となっている。2008年9月以降の刑法改正により，法定刑から死刑を削除し，「懲役及び罰金の併科」にされたのであろう。
(11) 　cf. Somboonsub, supra note 8, p.385.

〔Ⅲ〕　加重収賄罪
　　第149条〔加重収賄〕
　　　公務員，国会議員，Changvad議会の議員又は地方議会の議員が，その職務を行い，又は行わないことに関し，自己又は他人のために，財産又はその他の利益を不法に（wrongfully）要求し，もしくは収受し，又は約束をしたときは，その職務の行使又は不行使が違法であるかどうかを問わず，5年以上20年以下の懲役及び1万バーツ以上4万バーツ以下の罰金，又は死刑に処する。

　本罪にあっては，職務の執行または不執行が違法であるかどうかを問わず，また，公務員の行動から生ずる結果が有利なものであるか不利なものであるかどうかも問うところではない。それにもかかわらず，刑が加重されているのは，公務員が不正に賄賂を要求等したことに見いだされると解される。[12]

(12) 　Wattanachewanopakorn, supra note 3, p.4.

〔Ⅳ〕 事前収賄罪

第 150 条〔事前収賄〕
　公務員が，その地位に公務員として任命される前に要求し，もしくは収受し，又は約束をした財産又はその他の利益の見返りとして，その職務を行い，又は行わなかったときは，5月以上20年以下の懲役又は無期懲役及び1万バーツ以上4万バーツ以下の罰金に処する。

本条は，公務員として任命される前に賄賂の収受等をした者が，公務員となった後，賄賂収受等の見返りとして職務行為をし，又はしなかったときにまで，処罰範囲を拡大した規定である。

〔Ⅴ〕 職権濫用による背任等

刑法151条から154条までは，職権濫用による背任等の罪を規定している。

第 151 条　物品の管理・維持の義務を負う公務員が，職務の不正行使により国，公共団体等に損害を生じさせたときは，5年以上20年以下の懲役及び2万バーツ以上4万バーツ以下の罰金に処する。

第 152 条　ある行動の監督責任を負う公務員が，その行動に関し，自己又は他人のために利益を得たときは，1年以上10年以下の懲役及び2千バーツ以上2万バーツ以下の罰金に処する。

第 153 条　支出担当の公務員が，自己又は他人のために，支出すべき金額以上の支出をしたときは，1年以上10年以下の懲役及び2千バーツ以上2万バーツ以下の罰金に処する。

第 154 条　税金徴収の義務を負う公務員がその任務を怠ったときは，5年以上20年以下の懲役又は無期懲役及び2千バーツ以上4万バーツ以下の罰金に処する。

〔Ⅵ〕 司法職員の収賄

各則第3編第2章「司法職員の職権濫用」において，司法職員の収賄等

をきびしく罰している。

第201条〔司法職員の収賄〕

　司法職員（an official in a judicial post），検察職員，法執行官又は捜査官が，その職務を行い，又は行わないことに関し，自己又は他人のために，財産又はその他の利益を不正に要求し，もしくは収受し，又は約束をしたときは，その作為又は不作為がその者の義務に違反するかどうかを問わず，5年以上20年以下の懲役もしくは無期懲役及び2千バーツ以上4万バーツ以下の罰金，又は死刑に処する。

第202条〔司法職員の事前収賄〕

　司法職員，検察職員，法執行官又は捜査官が，その職に任命される前に，要求し，もしくは収受し，又は約束をした財産又はその他の利益を考慮して，その職務を行い，又は行わなかったときは，5年以上20年以下の懲役もしくは無期懲役及び2千バーツ以上4万バーツ以下の罰金，又は死刑に処する。

　上記の2箇条は，それぞれ刑法143条〔公務員の収賄〕および第150条〔公務員の事前収賄〕に対応して，司法職員等の収賄行為をよりきびしく罰する加重規定である。法定刑において，選択刑として死刑が規定されている点が注目される。

　では，実際に司法官等が死刑に処せられることがあるか。文献によれば，法定刑として死刑を科することは，汚職防止の手段としては，余り効果を挙げていない。その理由は，刑事訴訟法によれば，**訴追するためには直接証拠（送金票，領収証のごとき書類）**が必要とされるのであるが，その直接証拠を収集することが困難だからである。[13]

　このように見ると，もともと贈収賄は，「密室の犯罪」とか「被害者なき犯罪」といわれているように，確実な証拠を収集することは困難な犯罪である。領収証を出す公務員はいないと思われるので，司法職員等に関する場合に限らず，一般公務員の収賄についても訴追困難な場合が多いのは，当然であろう。

問題の根源は，贈収賄の訴追につき証拠書類（paper trail）[14]を必要としている刑事訴訟の規定に欠陥があることである。それゆえ，文献では，刑法に規定する贈収賄を訴追することは不可能であることが指摘されている[15]。

(13)　Wattanachewanopakorn, supra note 3, p. 5.
(14)　"paper trail"とは，犯罪行為の痕跡を示す書類という意味である。
(15)　Wattanachewanopakorn, supra note 3, p. 5.

4　刑法における贈賄罪

刑法は，上記の収賄罪に対応する形で一般公務員への贈賄および司法職員等への贈賄につき，次のとおり規定している。

第141条〔公務員への贈賄〕
　　公務員，国会議員，Changvad議会の議員又は地方議会の議員に，その職務に違反する行為を行わせ，行わせず，又は遅らせるように仕向けるために財産又はその他の利益を供与し，もしくは申し込み，又は約束をした者は，5年以下の懲役もしくは1万バーツ以下の罰金に処し，又は両者を併科する。

第167条〔司法職員等への贈賄〕
　　司法職員，検察官，法執行官又は捜査官に対し，それらの者が不法に職務を行い，もしくは行わず，又は遅らせることに関し，財産又はその他の利益を供与し，もしくは申し込み，又は約束をしたときは，7年以下の懲役及び4万バーツ以下の罰金に処する。

第4節　汚職防止法

1　まえがき

刑法の汚職犯罪に関する規定を補充し，汚職防止を強化することをめざ

す特別法として，1999年，汚職防止法（Organic Act on Counter Corruption, B.E. 2542）が制定され，2007年に改正された（No. 2 B.E. 2550）。

この法律は，別名「汚職の防止及び処罰に関する憲法を補充する法律」（Act supplementing the Constitution relating to Prevention and Supression of Corruption. B.E. 2542, 1999）と呼ばれている。略称は，「汚職法」（Corruption Act）である。

汚職防止法は，**全国汚職防止委員会**（National Anti-Corruption Commission＝**NACC**）を創設し（第1章），かつ，この委員会の権限および構成を規定する（第2章）。委員会は，司法長官（Attorney General）を指揮し，かつ，政治家または国家公務員が通常でない資産を有する疑いがある場合にそれらの者の資産を調査する権限を有する。

ここでいわゆる「**通常でない資産**」（unsual wealth）とは，職務上の義務または権限の行使の結果として，または義務の履行中に，異常に大きな額の資産を有すること，資産の通常でない増加，債務の通常でない減少または資産の違法な取得をしたことと定義されている。

2007年憲法の下では，NACCは，告訴・告発なしでも，委員会が自身の発意により，捜査を行うことができる（防止法250条）。また，委員会は，政治家または国家公務員が異常な方法で資産を蓄積した疑いがあるときに，調査を行う権限を有する。防止法は，資産の著しい増加は汚職の結果であるとの推定の下に，被疑者の側に合法的に資産を取得したことの反証をなすべき責を負わせている。すなわち，ここでは，挙証責任の転換（shift in the burden of proof）がなされているのである。[16]

委員会は，政治家等（後述）が通常でない資産を違法に蓄積したとの結論に達したときは，その旨を国会議長に通報して国会で問責させるべき義務を負うとともに，司法長官をして最高裁判所に訴追させる手続をとらなければならない（防止法262条）。その手続は，憲法第10章に規定されている。

ところで，汚職防止法が適用の対象とする**国家公務員（State official）**の定義は，同法4条に示されている。それによれば，総理大臣，大臣，国会議員，それ以外の政治家（person holding political position）をいう。[17]これらの

者は，その職を退いた後2年間に財産を収受した場合にも，防止法の適用対象とされる（103条2項）。[18]

最高裁判所に訴追する手続については，「政治家に関する刑事訴訟法」（Organic Act on Criminal Procedures for Persons Holding Political Positions）（B.E. 2542, A.D. 1999）が制定されている。この法律は，2007年に改正されている（No. 2 B.E. 2550）。

(16) Wattanachewanopakorn, supra note 3, p. 7.
(17) Somboonsub, supra note 8, p. 394.
(18) Wattanachewanopakorn, op. cit., p. 9.

第5節　その他の法律

汚職防止に関連する法律として，次のものを挙げることができる。

1　国営企業職員犯罪法

国営企業（State-majority-owned commercial enterprises）とは，資本金の50％を超える額を国が出資している企業をいう。それらの企業の職員は，刑法上の'公務員'に該当しないときでも，国営企業職員の犯罪法（Offences of Officers of State Organisations or Agencies Act）（B.E. 2502 of 1999）の適用を受ける。国営企業職員法は，**"職員犯罪法"（Offences of Officers Act）**と略称されている。この法律第6条は，次のとおり収賄をきびしく罰している。

> **第6条〔職員の収賄〕**
> 職員が，その職務の行使又は不行使に関し，自己又は他人のために財産又はその他の利益を要求し，もしくは収受し，又は約束をしたときは，その職務の行使又は不行使が違法であると否とを問わず，5年以上20年以下の懲役及び2千バーツ以上4万バーツ以下の罰金に処し，又は死刑に処する。

2 情報公開法

情報公開法（Official Information Act）（B.E. 2540 A.D. 1997）は，一般国民に多くの公的情報の開示を求める権利を規定している。

3 公益通報者保護法案

公益通報者保護法案（Whistleblower Protection Bill）は，2009年8月現在，法案にとどまっている。その後，法律として成立，公布されたと思われる。[19]

(19) Wattanachewanopakorn, supra note 3, p. 19.

4 資金洗浄防止及び処罰法

資金洗浄防止及び処罰法（Money Laundering Prevention and Suppression Act, B.E. 2542, A.D. 1999）（2009年に一部改正）は，資金洗浄の正犯および共犯を10年以下の懲役および2万バーツ以下の罰金に処する旨，規定する。この法律は，麻薬犯罪に関する資産洗浄のみならず，汚職に関連する資金洗浄をも処罰することをねらいとしている。

この法律は，1999年に制定されて以来，2004年，2008年，次いで2009年に一部改正されて，今日に至っている。その結果，本法の適用対象とされる犯罪の範囲は，麻薬犯罪，わいせつ物犯罪，性犯罪，詐欺，恐喝，密輸取引，テロ関連犯罪，大規模賭博にまで拡大されている。[20]

(20) Wattanachewanopakorn, supra note 3, pp. 19-21.

5 行政裁判所及び行政裁判手続法

この法律"Act on Establishment of Administrative Court and Administrative Court Procedure"は，1999年に制定され，2008年に一部改正されている。

行政裁判所は，1997年憲法にもとづき，行政官庁および国家公務員等に

よる権限の行使を監督する権限を有する。そのため，同裁判所は，国民の側と国家機関，地方行政機関とその間の行政上の争訟事件を審理する権限を与えられている。国民は，官庁または公務員の側における汚職，怠慢，権利濫用，その他職務遂行上の不法行動につき，行政裁判所に提訴することができる。

ところで，文献によれば，国民の側から公務員の汚職を理由として行政裁判所に提訴した事案は，いまだ存在しない。[21]

(21) Wattanachewanopakorn, supra note 3, p. 21.

第6節　刑法の場所的適用

刑法総則の第2章「刑法の適用」（Application of Criminal Laws）では，次のとおりタイの刑罰法規が適用される場所的範囲につき規定している。

第4条〔属地主義〕　基本原則として属地主義を規定する。タイの船舶および航空機内で犯された罪についても，その犯罪地のいかんを問わず，タイの刑法が適用される（拡大属地主義）。

第5条〔犯罪地の決定〕　ここでは，世界的通説に従って遍在説（theory of ubiquity, théorie de l'ubiquité）の立場が採られている。それによれば，国内で行為の一部が行われ，もしくは結果の一部が発生したとき，又は行為の性質上，その結果が国内で生ずるはずであったときは，その罪は，国内で行われたものとみなされる（1項）。

予備または未遂についてはそれが国外で行われた場合でも，その結果がタイ国内で発生するであろうときは，予備または未遂は，国内で行われたものとみなされる（2項）。[22]

第6条〔共犯の犯罪地〕　国内で罪が犯され，または国内で犯されたとみなされる場合には，共同正犯，教唆犯または幇助犯の行為が国外でなされたときでも，共同正犯，教唆犯または幇助犯は，国内でその罪を犯したものとみなされる。

この規定によれば、たとえば、日本企業某社の幹部Aが日本から、タイ国内にいる同社社員Bに対してタイの公務員に贈物をするよう指示したときには、幹部Aは、タイ国内において共犯行為をしたものとして、タイ刑法の適用を受けることになる。[23]

第7条〔保護主義〕 次の行為に対しては、国外で犯されたときでも、タイ刑法が適用される。

(1) 第107条から第129条までに規定する国の安全に対する罪
(2) 第135条の1、第135条の2、第153条の3および第135条の4に規定するテロ行為関連犯罪
(3) 通貨等偽造・変造の罪ならびに第282条および第283条に規定する性犯罪
(4) 公海上で犯された強盗（第339条）およびギャング強盗（第340条）に関する罪

第8条〔属人主義〕 国外で犯された罪についても、次の場合にはタイ刑法が適用される。

(a) 犯罪者がタイ国民である場合において、犯罪地国または被害者から訴追の請求があるとき。
(b) 犯罪者が外国人である場合、タイ政府またはタイ国民が被害者がある場合において、被害者から訴追の請求があるとき。

このほか、次に掲げる犯罪についてもタイ刑法が適用される。すなわち、公共の危険を生じさせた罪（217条、218条等）、文書偽造の罪、電子カードに関する罪、生命・身体に対する罪、遺棄罪、自由に対する罪など。

これによれば、上記(a)は能動的属人主義を、また(b)は受動的属人主義をそれぞれ規定したものと解される。

第9条〔公務員の国外犯〕 タイ政府の公務員が、国外で犯した第7条(2)および(3)、第8条および第9条の罪についても、タイ刑法が適用される。

(22) この5条2項のような明文規定を設けている立法側は少ないように思われる。
(23) 日本企業としては、本文に述べられている点に注意すべきである。ただし、タ

イで訴追するとすれば，十分な証拠がある場合に限られるであろう。

第7節　法人の刑事責任

〔Ⅰ〕　法人に対する科刑

タイ刑法は，法人の刑事責任を認める立場を採っている。ただし，法人に科せられる刑は，罰金のみである。法人が判決確定から30日以内に罰金を完納しないときは，裁判所は，法人の財産の没収を命ずることができる（29条）。

このほか，法人は，関係する契約の締結を禁止されることがある[24]。これにつき，くわしい文献を入手していないので，どのような民事的または行政的制裁があるかを紹介することができない。

(24) Somboonsub, supra note 8, p. 391.

〔Ⅱ〕　法人職員の刑事責任

法人の職員（officials），すなわち，幹部および従業員（directors and officers）は，法人が犯した贈賄の罪に問われる（刑83条）。文献では，その根拠につき，"conspiracy"の概念にもとづき，と説明されている[25]。ここにいわゆる"conspiracy"は，英米法における「共謀」（conspiracy）ではなくて，'意思連絡' の意味に用いられていると解される。その理由は，(1)タイ刑法では英米法における 'conspiracy' が認められていないこと，および(2)刑法83条が共同正犯の規定だからである[26]。その罪の関与者は，教唆犯（instigators）または従犯（supporters）として責を問われることがある[27]。

なお，文献によれば，法人の幹部および従業員を訴追するかどうかを決めるに際しては，検察官は，各事案の事実から導き出される関与の形態・程度を綿密に検討する[28]。

(25) Somboonsub, supra note 8, p. 391.

(26) **刑法第83条** 2人以上の者が罪を犯した場合には，その犯行に関与した者は，正犯（principals）として，その罪につき法律で定める刑に処せられる。
(27) 刑法84条は，教唆犯について規定し，86条は，幇助犯（従犯）について規定する。
(28) Somboonsub, supra note 8, p. 391.

あとがき

タイの汚職防止法制について概観したのであるが，2つのことを感想として付け加えておきたい。

第1　刑法および特別刑法で規定されている刑罰が重すぎる感じがする。これは，反面からすれば，汚職がなおはびこっているので，威嚇的な意味合いを兼ねて，重い法定刑を規定しているのではないか，と思われる。特に，法定刑に死刑が規定されている点が，問題である。しかしながら，すでに述べたように，**このきびしい汚職制圧規定は，現実には余り適用されて**いないとのことである。その主たる理由は，刑事訴訟法が訴追要件として直接証拠の存在を定めているところ，'paper trail'と呼ばれる直接証拠の収集が困難であるとのことである。直接証拠の存在を要件とすれば，その逆効果として汚職制圧法規は，空文化するおそれがある。その司法実務がどうなっているかは，現地において実状を探知するよりほか，途は存在しないであろう。

第2　タイは，2003年の国連汚職防止条約を2011年3月1日に批准している。批准に伴って国内法の整備が行われているはずである。本稿には，新しく整備された法制については，説明を補充する必要がある。

第2部

ヨーロッパ諸国

第7章　フランスの汚職防止法制

　　　　第1節　ナポレオン刑法典における汚職犯罪
　　　　第2節　新刑法典における犯罪と刑罰
　　　　第3節　法人の刑事責任
　　　　第4節　汚職犯罪の法的構造
　　　　第5節　刑法条文の邦訳
　　　　第6節　汚職のリスク評価

第1節　ナポレオン刑法典における汚職犯罪

1　ナポレオン刑法典における汚職犯罪

〔Ⅰ〕　ナポレオン法典

　1789年のフランス大革命の後，1791年7月，刑法典が制定された。この刑法典は，大革命後の自由主義思想を反映して，犯罪の制圧には寛容な態度で臨んだ。ところが，大革命後の革命政府の失政は，治安の乱れ，犯罪の多発を招来した。当然のことながら，国民は，治安の確立を望んだ。これに応えたのが，かのナポレオン（Napoléon Bonaparte）であった。ナポレオンは，1804年，皇帝となった（ナポレオン1世）。
　ナポレオンは，法制度の整備に力を注いだ。1804年に民法典（Code civil）が制定されたのに続いて，1806年に民事訴訟法典，1807年に商法典（Code de commerce），1807年に治罪法典（Code d'instruction criminelle）が制定され，ついで1810年に刑法典（Code pénal）が制定された。
　これら一連の法典は，ナポレオン法典（Codes Napoléoniens）と呼ばれて

いて，近代的民主主義社会にふさわしい内容をもち，ローマ法を継受した法体系の整合性のゆえに，その後，ヨーロッパ大陸諸国で制定される諸法典のモデルとされた。そのゆえもあって，1810年の刑法典は，ナポレオン刑法典とも呼ばれている。わが国もまた，明治の初期，フランス法を継受した。旧刑法（明治13年布告，14年施行）は，1810年のフランス刑法典を継受したものであった。

〔Ⅱ〕 1810年のフランス刑法典

1810年刑法典は，革命後の治安の乱れを克服しようとする時代の政治情勢を反映して，いささか厳罰主義の性格を帯びている。公務員による収賄の処罰規定を刑法に取り入れたのは，このナポレオン刑法典が最初であると言われている。

1810年刑法典は，公務員および私企業の使用人の収賄を罰する規定（177条～183条）を設けた。

(1) 森下訳・フランス刑法典・法務資料343号（1956年）においては，第177条以下にその条文訳が載っているが，それは，1945年2月8日オルドナンスによる改正規定を邦訳したものである。

〔Ⅲ〕 1992年のフランス新刑法典

1992年，全面的に改正された新刑法典が制定され，1994年に施行された。1810年に公布・施行されたナポレオン刑法典は，180年を超える長期間にわたり命脈を保ってきたのであるが，新刑法典は，第5共和国憲法（1958年）の理念を受け継ぎ，かつ新時代にふさわしい包括的・体系的な規定を設けることによって，諸国の刑事立法のモデルとなった。

本稿では，1992年の新刑法典における汚職（corruption）をめぐる一連の犯罪とその処罰について概要を述べる。そこで注目すべきことは，汚職防止に関する諸条約の批准に伴い，条約規定の国内法への取入れ（intégration）が行われていることである。また，新刑法典が法人の刑事責任を認め

る立場から体系的な各種の刑罰を設けていることは、比較法的に見ても、フランス刑法の特色となっている。これらの点については、後述する。

(2) 法務資料第452号「フランス新刑法典」(1995年刊)が公刊されている。この法務資料において訳出されている条文は、その後、相次ぐ一部改正により、修正・追加をほどこされている。

〔Ⅳ〕 汚職に関する諸条約の批准

汚職防止に関する条約としていくつかのものがあるが、フランスは、下記5つの条約を批准している。

1．1997年の、OECDの国際商取引における外国公務員への贈賄防止条約
2．1997年の、EUの欧州共同体の職員及び欧州連合の加盟国の職員を含む汚職防止条約
3．1999年の、欧州評議会の汚職に関する刑事条約（CE刑事条約）
4．1999年の、欧州評議会の汚職に関する民事条約（CE民事条約）
5．2003年の国連汚職防止条約

フランスは、これらの条約の批准に伴い、それらの条約の規定に適合するべく刑法に必要な一部改正をほどこしている。わが国は、上記諸条約のうち、OECD条約を批准しているのみである。そのゆえもあって、わが国ではOECD条約以外の条約についてはあまり研究がなされていない。しかし、グローバル化が進む現在、フランス法系諸国のモデルともいうべきフランス法制は、参考になるであろう。

(3) これらの条約については、森下・国際汚職の防止（2012年、成文堂）にくわしい記述がなされている。
(4) 森下「国連の汚職防止条約」(上)(下)判例時報2144号（2012.5.21），2147号（2012.6.21）をみよ。

〔V〕 主要な刑法の一部改正

新刑法典は 1994 年以降，たびたび一部改正されているが，汚職防止に関する条約の批准に伴う主要なものとして，次のものがある。

(1) 2000 年 6 月 30 日法律 595 号「汚職の防止」
　　刑法第 432-11 条，第 433-1 条，第 434-9 条および第 435-1 条から第 435-6 条まで。
(2) 2004 年 3 月 9 日法律第 204 号「犯罪の変化に対する司法の適応」
　　刑法 121-2 条〔法人の刑事責任〕は，当初，「法律又は規則において定める場合において」法人の刑事責任を問うとの立場（特別規定原則）を採っていたのであるが，本法は，この立場を廃止し，すべての罪につき法人の刑事責任を問うことができるとの立場（**一般規定原則**）へと移行した（後述）。これは，重要な意味をもつ改正である。
(3) 2007 年 11 月 13 日法律第 1598 号
　　この法律は，1999 年の欧州評議会条約および 2003 年の国連条約の批准のために国内法を整備するものであって，外国公務員を含むすべての公務員に係る贈収賄の処罰を可能にするためのものである。これは，汚職犯罪の国際化（internationalisation de l'infraction de corruption）に即応するための改正である。

上記以外で刑法の一部改正については関係条文の仮訳（184 頁以下）を掲げている際に，
　　（○○年法○○号により本条（または本項）一部改正）
というように注を付けてある。

第 2 節　新刑法典における犯罪と刑罰

1　犯罪の分類，審級管轄

新刑法典は，1810 年刑法典と同様に犯罪の重さに従った分類，すなわち，

重罪 (crimes)，軽罪 (délits) および違警罪 (contraventions) の3つに分類する制度を受け継いでいる (111-1条)。

犯罪の3分類は，それぞれに対応する刑が定められ，かつ，管轄裁判所が定められるという方式において意味をもっている。

重罪の刑は，無期または有期 (10年以上30年以下) の懲役 (réclusion criminelle) または禁固 (détention criminelle) である (131-1条)。軽罪の刑は，拘禁刑 (emprisonnement) (2月以上10年以下)，罰金，日数罰金 (軽罪が拘禁刑で罰せられている場合)，市民権の研修 (2004年法204号)，社会奉仕作業，権利制限および補充刑である (131-3条)。

違警罪は，わが国の軽犯罪にほぼ相応するものであって，その刑は，自然人に対する場合 (131-12条) も法人に対する場合 (131-40条) も，ともに罰金および権利制限刑である。ただし，汚職犯罪が違警罪に該たる場合は存在しない。

第1審の管轄裁判所は，重罪については重罪法院 (Cour d'assisses) とされ (刑訴231条)，軽罪については軽罪裁判所 (Tribunal correctionnel) とされる (刑訴381条)。現行刑法における汚職犯罪に対する刑は，最高10年の拘禁刑とされているので，すべての汚職犯罪が軽罪裁判所で審理されることになる。

最近5年間における汚職犯罪の裁判件数は，年間約150件である[5]。これは，全軽罪事件で有罪判決を言い渡されたもののうち，約0.025%にすぎない[6]。

(5) Cassuto, Effective legal and practical measures for combating corruption : The French System. Resorce Materilal Series 77. p. 31.
(6) 2006年にフランスで軽罪事件につき言い渡されたのは58万2,000件にのぼるが，汚職については149件の有罪判決が言い渡されたにとどまる。この比率が0.025%である。Vanni, Le droit pénal français face à la corruption internationale : Un bilan controversé. 2009-2010. p. 18.

2　刑罰の種類

　刑罰は，法的性質から主刑（peine principale），補充刑（peine complémentaire）および付加刑（peine accessoire）に分類される。主刑は，法律の厳格解釈の反映として導き出される刑であって，独立に言い渡すことのできる刑である。補充刑は，主刑に付加してのみ言い渡すことのできる刑であって，わが刑法にいわゆる付加刑に相当する。

　付加刑とは，主刑の結果として自動的かつ暗黙のうちに適用されうる刑である。フランスの刑法では，この「付加刑」は存在しないが，その他の法律では今日もなお存在する[7]。

　刑法では，自然人に適用される刑と法人に適用される刑とに分けられている。

　自然人に適用される刑は，次のとおりである（131-1条）。

　主刑として無期または有期（10年以上30年以下）の懲役または禁固（131-1条）が科せられ，そのほか，補充刑として罰金および131-10条に規定する補充刑が科せられうる（131-2条）。

　法人に対して科せられる刑は，主刑として罰金と並んで法律に特別の規定がある場合に補充刑として131-39条に掲げる刑である（131-37条）。そのほか，損害賠償制裁刑（peine de sanction-réparation）（131-39-1条）を言い渡されることがある（同条2項）。（2007年法297号により追加）[8]。上述の「131-39条に掲げる刑」とは，権利制限などの補充刑である。185頁以下の条文訳を参照されたい。なお，注意すべきは，法人に対する罰金の法定刑が自然人に対する場合の5倍（上限が100万ユーロ）とされていることである（131-38条。2004年法204号により上限が引き上げられた）。

---

(7)　http:/fr.wikipedia.org/wiki/Sanction-pénale en France. p. 2.
(8)　損害賠償制裁が「刑」の1種として規定されたことは，注目される。これは，欧州評議会の汚職に関する民事条約の趣旨を実現しようとする意図にもとづく刑であるように見える。

第3節　法人の刑事責任

1　新刑法典に至るまでの歩み

　フランスでは，有名な1670年勅令（Ordonnance）が，反乱，暴力行為その他の罪を犯した市，町，村，団体（corps）および会社（compagnies）の法的責任を認め，民事賠償，罰金，特権の剝奪，城壁・要塞または建物の取り壊しの制裁を科しうる旨を規定した。これは，当時の革命および革命後の時代を反映したものであった。それ以降は，感情も肉も骨ももたない法人に法的責任を認めることは，法人を擬制的存在（un être artificiel）と見るものだとする批判的見解が支配的となった。そこでは，ラテン語の格言「法人は罪を犯すことができない」（Societas delinquere non potest.）とか，「負担あるところ，報酬（利益）あり」（ubi onus, ubi emolumentum）で示される考えが有力であった。

　これは，大陸法系の国の法制では，伝統的立場とされた。1810年の刑法典は，この伝統的立場に立って，法人の不処罰原則を採用した。

　20世紀に入ると，この伝統的立場に動揺をもたらす動きが生じた。民事事件について，判例は，しだいに団体の法人格を認めるようになった。1954年1月28日の破毀院判決は，法的属性が何であるかに触れることなく，団体の法人格を認めた。このことから，法人の刑事責任の導入を検討することが，かなり容易になった。

　1982年7月30日，憲法院は，法人に対し罰金の判決を言い渡すことに憲法上の障害はないことを認める判決をした（Conseil const. déc. no. 98-399 du 30 juillet 1982.）。

　1988年10月20日，欧州評議会（Conseil de l'Europe）は，加盟国に対して，法人の刑事責任を各国の法体系に導入するか，少なくとも企業に対して刑事制裁を定めるように勧める勧告（Recommendation no. R88-18 du oct. 1988）をした。「勧告」は法的拘束力をもつものではないが，法人の刑事責

任を認める方向に刺激を与えるものであった。

(9) di Marino, Le développement de la responsabilité pénale des personnes morales. Revue Pénitentiaire et de Droit Pénal, 2004, no. 1, p. 27. ジャン＝ポール・セレ（岡山雅美訳）「フランスにおける法人の刑事責任の展開」企業と法創造4巻1号（2007年）35頁以下。
(10) この格言は、「利益（報酬）あるところ負担あり」の逆である。
(11) 注(9)前掲セレ論文の訳36頁。

2　新刑法典における法人の刑事責任

〔Ⅰ〕　特別規定原則の廃止

新刑法121-2条〔法人の刑事責任〕1項は、当初、次のとおりであった。

　「法人は、国を除いて、法律又は規則で定める場合に（dans les cas prévus par la loi ou le réglement）、その者のために（pour leur compte）、その機関又は代表者によって行われた犯罪について刑事責任を負う。」

　この規定により、国を除いては、刑事責任を問われることになる。まず、私法上の法人は、例えば、商事会社、民事組合、営利・非営利の法人、労働組合、財団、政治団体などのすべてが、刑事責任を問われることになる。次に、地方公共団体は、権力的公務と関連しない活動、すなわち、公法上の法人にも私法上の法人にも委託されうる活動、例えば、一般ゴミの回収、公共輸送業務、学校の食堂などの業務に限り、刑事責任を問われる。

　この規定（旧第1項）について注目すべきは、法人が刑事責任を問われる場合が「(国を除いて)法律又は規則で定める場合に」限定されていること、すなわち、**特別規定原則**（principe de spécialité）が採用されてることである。しかしながら、法人の刑事責任が問われるべき場合を個別に検討して規定することは、困難であり、かつ、犯罪の手口が巧妙化することを考え合わせると、不可罰の場合を生むことになって、妥当でない。言いかえると、個人は罰せられるのに法人は罰せられない場合が生ずることになる。多く

の国は，この点を考慮して，**一般規定原則**（principe de généralité）ないし**法人の一般化された責任の原則**（principe de la responsabilité généralisée）を採用している。[12]

　特別規定原則は，フランスの大部分の学説によって批判されてきた。なぜなら，法人の刑事責任を問う罪についてすき間があり，矛盾が生じていたし，また，時代の進展につれて，法人についても刑事責任を問うべき場合が増大してきたからである。

　このような事情にかんがみ，2004 年 3 月 9 日法律 204 号（2006 年 1 月 1 日施行）は，特別規定原則を廃止した。すなわち，当初の規定における「法律又は規則で定める場合に」の文言を削除したのである。このことは，**法人の刑事責任の一般化**（généralisation）と呼ばれている。

(12)　たとえば，ベルギーは，1999 年 5 月 4 日法により，法人の一般化された責任原則を採用した。なお，一般規定原則という表現は，「フランスにおける法人の刑事責任」と題するインターネットで用いられている。Cf. http://fr jurispedia.org/index/php/Responsabilité des personnes morales（fr），2012, p. 2.

〔Ⅱ〕　**法人の刑事責任の 2 要件**
　法人の刑事責任を問うためには，次の 2 つの要件が充たされることを要する。
　A　犯罪が法人の機関または代表者によって行われたこと
　判例は，「機関」（organes）および「代表者」（représentants）の意義について非常に古典的な解釈を維持している。
　「機関」は，個人でも集合体でも，これに該当しうる。すなわち，法律または法人の定款によって法人の管理，指揮もしくは監督を委任された者またはそのような者の総体をいう（例えば，社長，副社長，監査役会，取締役会など）。地方公共団体については，市町村会，市町村長，州会などである。法律上の機関と事実上の機関との区別は，なされていない。[13]
　「代表者」には，法人の名の下に活動する権限をもつ者，および定款または法律自体からその権限を付与された者（例えば，裁判所の選任による管

人または臨時管理人）も含まれる。

　B　犯罪が「その者のために」行われたこと

　ここで「その者」とは，当該法人を指す。その法人のために行われたと解されるためには，その活動の範囲内で犯罪が行われたという単なる事実があれば足りる。それゆえ，法人がなんらかの金銭的その他の利益を得なかった場合でも，この要件は充たされたことになる。これは，特に，監督義務，注意義務または安全配慮義務に反した，過失による人身侵害の領域に当てはまる。判例は，立法者が明白に意図した方向に進んでいる。

(13)　例えば，元社長が，事実上，会社の管理を継続していたような場合をいう（1996年2月9日，Strasbourg 軽罪裁判所判決）。
(14)　注(9)前掲論文 39 頁。
(15)　di Marino, supra note 9, p. 35.

〔Ⅲ〕　法人と個人との平等の原則

　2000 年法律 647 号は，刑法 121-2 条 3 項を改正して，**法人と個人との平等の原則**（principe d'égalité entre les personnes physiques et les personnes morales）を導入する規定を設けた。

　　③　法人の刑事責任は，第 121-3 条第 4 項に規定する場合を除いて，同一の行為の正犯又は共犯である自然人の刑事責任を排除しない。

　この規定は，―― われわれにとっては当然のことと理解されるが ――フランスでは，現在，最も激しい議論を巻き起こしている。その議論は，行為者である自然人は当然，法人の腕（bras）であるのだから，処遇については差異があってしかるべきだ，ということのようである。これは，「平等の原則」という表現が誤解されていることから生まれた議論であるように見える。フランスでは，法人と自然人が同一の犯罪について起訴される場合には，一般的に併合的に審理される。その場合には，刑事責任の認定と量刑においては，自然人と法人との間に差異が認められるであろう。

(16) di Marino, supra note 9, p. 37.
(17) di Marino, loc. cit.
(18) いわゆる平等の原則につき，Dalloz, Code Pénal, 109ᵉ édition 2012, art. 121-2 para 42, p. 155 は，パラ 42 で 'Culmul possible de responsabilité' という見出しを付けている。この方が，誤解を招くことが少ないかも知れない。
(19) Xavier-Bender, Criminal liability of Companies. France. Gide Lopyrette Nouiel A.A.R.P.I., 2008, p. 19.

第 4 節　汚職犯罪の法的構造

1　汚職犯罪の概念の拡大

　汚職（corruption）という言葉は，もともとラテン語の"*corruptio*"に由来するものであって，動植物，食品などの腐敗，さらには，精神的または倫理的な堕落・腐敗をも含む意味で用いられている。

　法律学の領域では，狭義では公務員に係る贈収賄，公務員による不法な職務執行，特に金銭的その他の利益の不法取得に係る一連の行為が中心的な汚職として捉えられている。ナポレオン刑法典における 'landmark'（画期的な歴史的出来事）といわれる汚職罪ないし瀆職罪（forfaiture）は，狭義の汚職に焦点を当てたものであった（166 条以下）。その後も，汚職概念の中心は，公務員による清廉義務の違反に見いだされた。

　時代の推移につれて，「汚職」概念は拡大を続けている。それを特徴づけるものの 1 つは，「汚職犯罪の国際化」（internationalisation de l'infraction de corruption）という現象である。[20] 汚職犯罪の拡大は，汚職の保護法益の拡大を招来している。その理由は，フランスが批准している汚職防止に関する諸条約，特に OECD 条約，欧州評議会の 2 条約，EU 条約および国連条約（本書 171 頁をみよ）を国内法に取り入れて，新しい犯罪類型を設けたことによると考えられる。

(20) Vanni, Le droit pénal français face à la corruption internationale：Un bilan

controversé 2009-2010, pp. 10, 19.

2　フランス刑法における汚職罪

本章第5節に，フランス刑法における汚職罪およびそれに対する刑罰に関する条文（2011年9月の現行法の条文）の仮訳を掲げている（184頁以下）ので，くわしくはそれらの条文を参照していただきたい。

刑法の中で汚職に関する主要な犯罪は，一応，次のように分類することができるであろう。

(1) **内国公務員に係る汚職**
　　第432-10条　公務員による不法徴収
　　第432-11条　公務員の収賄，あっせん収賄
　　第432-12条　公務員による利益の不法取得
　　第432-13条　事後収賄
　　第433-1条　公務員への贈賄
　　第433-2条　あっせん贈収賄
(2) **外国公務員等に係る贈収賄**
　　第435-1条　外国公務員等の収賄
　　第435-2条　公的国際機関の職員へのあっせん贈賄
　　第435-3条　外国公務員等に係るあっせん収賄
　　第435-4条　公的国際機関の職員に係るあっせん贈賄
(3) **一般人の贈収賄**
　　第445-1条　一般人の贈収賄
　　第445-2条　義務違反による一般人の収賄

上記の条文中，「あっせん贈収賄」というのは，"corruption du traffic d'influence"（直訳すれば，「影響力の行使による贈収賄」）を内容に則して訳した表現である。

以上の諸規定の中で注目すべきは，民間部門における贈収賄も処罰の対象とされていることである。これは，欧州評議会の汚職に関する刑事条約

7条（民間部門における贈賄）および8条（民間部門における収賄）[21]を取り入れたものである。

なお，フランス刑法は，汚職関連犯罪につき共謀（conspiration）を罰していない。念のため，このことを付記しておく。

(21) 森下「欧州評議会の汚職に関する刑事条約」同・国際汚職の防止（2012年，成文堂）115頁以下をみよ。

3 汚職犯罪に対する刑罰

〔Ⅰ〕 公務員等による収賄罪の刑罰
A 自然人に対する刑
10年以下の拘禁刑および15万ユーロ以下の罰金……　第432-11条，第435-1条，第435-3条
補充刑として，次の刑を科することができる（432-17条）
 1°　公民権，市民権，家族法上の権利の停止
 2°　公職執行，職業活動等の禁止
 3°　没収
 4°　判決の公示または公告
B 法人に対する刑
法人に対する罰金は，自然人に対する罰金の5倍とされている（131-38条）。これは，**5倍ルール**と呼ばれている。ただし，重罪の場合は，100万ユーロ以下とする（2項）。（2004年法204号により改正）

英国の2010年贈収賄法（Bribery Act 2010）が無制限の罰金を科しているのに比べれば，フランスは罪刑法定主義を堅持するとともに，制裁は「効果的で，均衡のとれた，かつ抑止力のある」（effectives, proportinnées et dissuasives）ものであることを要するとの，OECD条約3条（制裁）2項および欧州評議会の刑事条約19条の趣旨に従った立法をしている，ということができる。すなわち，罰金は犯された行為および生じた損害と均衡のとれたものであることが，犯罪抑止のために効果的な制裁であることが，

ここでは目ざされている。文献では，ここに「均衡の原則」（principle of proportionality）が重要視されることが指摘されている。[22]

補充刑として次のものが科せられる（433-25条）。

（2009年法526号により改正）

1° 5年以下の期間の，職業活動または社会活動の禁止，司法監視（surveillance judiciaire）[23]，事業所の閉鎖，公契約からの排除，資金公募の禁止，小切手の振出しの禁止

2° 没収

3° 判決の公示または公告

(22) Xavier-Bender, Criminal Liability of Companies, France. Lex Mundi publication, 2008, p. 2.
(23) 司法監視とは，裁判所が受任者を指名し，その任務を定めて，被監視者による再犯防止を図る処分である（刑131-46条）。

〔Ⅱ〕 **公務を執行しない者に係る贈収賄の刑**

5年以下の拘禁刑および7万5,000ユーロ以下の罰金（445-1条，445-2条）のほか，補充刑として，公民権，市民権等の停止，公職等の禁止，没収，判決の公示または公告に処せられる（445-3条）。

4 刑法の場所的適用

フランス刑法が採用する刑法適用法の基本原則は，次のとおり，日本刑法のそれよりも広い内容のものである。この点，注意する必要がある。

1．属地主義（113-2条）

フランス共和国の領域内で犯された罪については，刑法が適用される。「領域内で犯された」ことは，構成要件の1部（un de ses faits constitutuifs）行為または結果の発生が領域内で行われたことで足りる（同条2項参照）。これは，遍在説（théorie d'ubiquité）の立場に立つものである。

2．能動的属人主義（113-6条）

ここでは，重罪（crime）と軽罪（délit）とで，取扱いが異なっている。す

なわち，フランス国民が領域外で行った重罪については，すべての場合にフランス刑法が適用される（1項）。

これに対し，フランス国民が領域外で行った軽罪については，犯罪地国の法令（législation）によりその行為が罰せられる場合に，フランス刑法が適用される（2項）。言いかえると，軽罪については，双方可罰主義（principe de la double incrimination）が当てはまる場合に限り，内国刑法の適用が認められるのである。そのことは，是認される。ここで指摘しておきたいのは，犯罪地国においていわゆる'facilitation payments'（円滑化支払い）[24]が容認されている場合には，フランス刑法は適用されないことである。

(24) 森下・国際汚職の防止12頁，14頁，52頁以下をみよ。

3．受動的属人主義（113-7条）

フランス国民または外国人がフランス国外で行ったすべての重罪または拘禁刑に処せられる軽罪については，被害者がその行為時にフランス国籍を有する場合に，フランス刑法が適用される。これは，すべての重罪と軽罪について自国民を保護する立場から受動的属人主義の適用範囲を拡大した規定である。

この規定は，日本刑法に比べて広い範囲で受動的属人主義の適用を認めるものであって，注目に値する。というのは，汚職犯罪における被害者（victime）の範囲が明確でないからである。[25]

(25) 汚職犯罪における「被害者」とはなにか，については，いまだ国際的に通用する概念は存在しない。森下「国際汚職犯罪の被害者」判例時報2141号（2012.4.21）をみよ。

第5節　刑法条文の邦訳

2011年9月現在における現行の刑法規定につき，汚職犯罪に関する条文の仮訳を，以下，参考のために掲げる。

第 121-2 条〔法人の刑事責任〕
① 法人は，国を除いて，第 121-4 条から第 121-7 条までの区別に従い，自己のために，その機関又は代表者によって犯した罪の刑事責任を負う。
　　　（2004 年法 204 号により一部削除）
② 前項の規定にかかわらず，地方自治体及びその連合体は，公的業務の委任協定の対象とすることのできる活動を行うに当たり犯した罪についてのみ，刑事責任を負う。
③ 法人の刑事責任は，第 121-3 条第 4 項に規定する場合を除き，同一の事実について正犯又は共犯となる自然人の刑事責任を排除しない。
　　　（2000 年法 647 号により本項改正）

第 121-3 条〔故意処罰の原則〕
① 罪を犯す意思がなければ，重罪にも軽罪にもならない。ただし，法律の定めがある場合において，他人に明確な危険を生じさせたときは，軽罪となる。
　　　（1996 年法 393 号により本項改正）
② 法律の定めがある場合において，不注意，怠慢又は法律もしくは規則により定める配慮義務もしくは安全義務の不履行に因るときにも，軽罪となる。ただし，行為者が自己の任務もしくは職務及び権限の性質並びに自己が行使する権利及び手段を考慮して正常な配慮をしなかったことが明らかである場合に限る。（2000 年法 467 号により本項改正）
③ 前項に規定する場合において，直接損害を生じさせなかったが，損害を生じさせることのある状況を作り，又は作ることに貢献した自然人又はその情況を避けることのできる措置をとらなかった自然人は，刑事責任を負う。ただし，法律もしくは規則により定める配慮もしくは安全の特別義務に明白に違反し又は著しい過失があった場合，又は無視することのできない特別重大な危険を他人に生じさせたことが明らかである場合に限る。
　　　（2000 年法 647 号により本項改正）
④ 不可抗力の場合には，違警罪とならない。

第 2 節　法人に適用される刑
第 131-37 条〔法人に適用される重罪又は軽罪の刑〕
　　法人に対して科する重罪又は軽罪の刑は，次のとおりである。
　1°　罰金

2° 法律に規定する場合，第131-39条に掲げる刑
第131-38条〔法人に適用される罰金の額〕
① 法人に適用する罰金の上限は，犯罪を罰する法律により自然人に対して定める額の5倍とする。
② 罰金刑が自然人に対して科せられていない重罪の場合には，法人に科せられる罰金は，100万ユーロ以下とする。（2004年法204号により本項追加）
第131-39条〔法人に対して法律上適用できる特別の刑〕
① 法人に対して法律で規定する場合には，重罪又は軽罪につき，次に掲げる1又は数個の刑を科することができる。
　1° 犯罪を行う目的で法人が設立された場合，又は重罪を犯し，もしくは自然人に対し3年を超える拘禁刑にあたる軽罪に関してその設立目的を逸脱した場合には，解散　（2001年法504号により本項改正）
　2° 無期又は5年以下の期間，1又は数個の職業活動又は社会活動を直接又は間接に行うことの禁止
　3° 5年以下の期間，司法監視
　4° 無期又は5年以下の期間，犯罪を行うために使用された事務所又は企業の1もしくは数個の事務所の閉鎖
　5° 無期又は5年以下の期間，公的取引からの排除
　6° 無期又は5年以下の期間，金融取引を行う公的資格を付与すること又は規制市場での取引につき金融上の資格を認めさせることの禁止
　　　（2009年オルドナンス80号により本号改正）
　7° 5年以下の期間，小切手を振り出すことの禁止及びキャッシュカードの使用禁止。ただし，振出人が支払人からの資金回収を可能にする小切手及び支払保証のある小切手については，この限りでない。
　8° 第131-21条に定める要件及び態様に従った没収刑
　　　（2010年法768号により本号改正）
　9° 言い渡された判決の掲示又は新聞もしくは電子的方法によるあらゆる公的通信手段による公告
　　　（2004年法575号により本号改正）
　10° 犯罪を行うために用いられた動物又はそれに対して犯罪が行われた動物の没収
　　　（2007年法297号により本号追加）
　11° 無期又は5年以下の期間，動物を飼うことの禁止（前号同様に追加）

② 没収の補充刑は，印刷物による犯罪を除いて，重罪及び1年を超える拘禁刑にあたる軽罪についても，法律上当然に適用される。
　　（2010年法768号により本項追加）
③ 第1項第1号及び第3号に定める刑は，刑事責任を問われることのある公法上の法人には適用しない。上記の刑は，政党もしくは政治団体又は職業組合についても適用しない。第1号に定める刑は，従業員を代表する機関には適用しない。

第131-39-1条〔損害賠償制裁刑〕
① 刑事事件にあっては，裁判所は，第131-8-1条に定める態様に従い，法人に科せられる罰金に代えて又は同時に損害賠償制裁刑を言い渡すことができる。
② 前項の場合には，裁判所は，7万5,000ユーロを超えず，又は当該犯罪により法人に科せられた罰金を超えない範囲で，刑の言渡しを受けた者が賠償義務を履行しない場合に刑適用裁判官が刑事訴訟法第712-6条に定める要件に従って，全部又は一部の執行を命ずることのできる罰金の最高額を決定する。
　　（注）本条は，2007年3月5日法297号「犯罪予防法」により追加された。本条にいわゆる刑適用裁判官（juge de l'application de peines）とは，刑の執行を指揮し，監督する任務を負う裁判官のことである。

第2章　第3節　清廉義務の不遵守
第432-10条〔公務員による不法徴収〕
① 公権力を有する者又は公務を担当する者が，利用税もしくは分担金又は税金として，相当でないこと又は相当な額を超えていることを知りながら，金銭を受け取り，要求し，又は徴収を命ずる行為は，5年以下の拘禁刑及び7万5,000ユーロ以下の罰金で罰する。
② 前項に記載する者が，様式及び理由のいかんを問わず，法令に違反して，利用税，分担金又は税金の免除を認める行為は，前項と同一の刑で罰する。
③ この条に規定する軽罪の未遂は，同一の刑で罰する。

第432-11条〔公務員の収賄及びあっせん収賄〕
　公権力を有する者，公務を担当する者又は公選により委任された者が，正当な権利がないのに，時のいかんを問わず，直接又は間接に，自己又は他人

のために，次に掲げる事項に関し，申込み，もしくは約束に応じ，又は贈与，贈物もしくはなんらかの利益を収受する行為は，10年以下の拘禁刑及び15万ユーロ以下の罰金で罰する。
  1°　その職務，任務もしくは委任に基づく行為又はその職務，任務もしくは委任によって容易にされた行為を行うこともしくは行ったこと，又は行わずもしくは行わなかったこと。
  2°　公の当局又は行政機関から栄誉，雇用，取引又はその他あらゆる有利な決定を得る目的で，現実的又は仮装の影響力を濫用すること又は濫用したこと。
    （本条は，2000年法595号，2007年法1598号，2011年法525号により一部改正）

第432-12条〔公務員による利益の不法取得〕
① 公権力を保持する者もしくは公的業務従事者又は公選により委任を受けた者が，事業又は業務について行為の時にその監督，運営，精算又は支払いを確保する全部又は一部の任務を負うているにもかかわらず，直接又は間接に，なんらかの利益を取得し，収受し，又は保持する行為は，5年以下の拘禁刑及び7万5,000ユーロ以下の罰金で罰する。
    （訳注　本条は，本条の意味における公的業務に従事する者が公権力の名において決定権を行使することを要しない。2000年6月14日，破毀院判決）
② 前項の規定にかかわらず，人口3,500人以下の町村においては，町村長，助役又は町村長の委任を受けもしくはその代行として活動する町村議員は，選出された町村との間で，それぞれ年額1万6,000ユーロ以下の限度において動産もしくは不動産の移転又は役務の提供を契約することができる。
    （2000オルドナンス第916号により一部改正）
③ 略
④ 略

第432-13条〔事後収賄〕
① 公務員，公行政の職員又は雇員として，その職務の範囲内で私企業の監督又は統制を確保し，私企業となんらかの契約を締結し，又は企業によって行われている業務につき意見を表明する任務を負う者が，その任務の終了後3年以内に，これらの企業の1に労働，相談又は資本による参加を行い，又は参加を受け入れる行為は，2年以下の拘禁刑及び3万ユーロ以下の罰金で罰

する。
② 共通資本の30％以上を所有する私企業又は前項に規定する企業の1つと法的もしくは事実上の排他的な契約を締結した私企業への労働，相談又は資本による参加は，前項と同一の刑で罰する。
③ 前2項の適用については，競争部門において，私法の規則に従って活動するすべての公企業は，私企業とみなす。
④ 略
⑤ 略
　　　（本条は，2007年法148号により一部改正）

第4節　補充刑
第432-17条〔本章の罪についての補充刑〕
　本章に定める場合には，補充刑として，次に掲げる刑を言い渡すことができる。
　1°　第131-26条に定める態様による，公民権，市民権及び家族上の権利の停止
　2°　第131-27条に定める態様に従い，遂行中又は遂行の機会に行われた公務執行又は職業活動もしくは社会活動の禁止，並びに第432-4条第2項，第432-11条，第432-15条及び第432-16条の罪については，商工業の職務を行い，又は直接もしくは間接に，自己もしくは他人のために，商工業企業もしくは商業会社を支配し，管理し，もしくは統括することの禁止
　　　（本号は，2008年法776号により一部改正）
　3°　第131-21条に定める態様による，犯罪行為者から不正に受け取った金額又は物品の没収。ただし，還付の対象となる物については，この限りでない。
　4°　第432-7条及び第432-11条に規定する場合には，第131-35条に定める要件に従い，判決の公示又は公告
　　　（本号は，1992年法1336号により追加され，2007年法1598号により一部改正）

第3章　第1節　私人による贈賄及びあっせん贈収賄
第 433-1 条〔公務員への贈賄〕
① 公権力を有する者，公務を担当する者又は公選による委任を受けた者から，自己又は他人のために，次の各号に掲げる事項に関し，何人かにより，権利がないのに，時のいかんを問わず，直接又は間接に，申込みもしくは約束をし，又は贈与，贈物もしくはなんらかの利益を供与する行為は，10年以下の拘禁刑又は15万ユーロ以下の罰金で罰する。
　1°　その職務，任務もしくは委任に基づく行為又はその職務，任務もしくは委任によって容易になしうる行為を行いもしくは行わないこと，又は行ったこともしくは行わなかったこと。
　2°　公の当局又は行政機関から栄誉，雇用，取引又はその他すべての有利な決定を得る目的で，現実又は仮装の影響力を濫用することもしくは濫用したこと。
② 公権力を有する者，公務を担当する者又は公選による委任を受けた者が前項第1号に記載する行為を行い，もしくは行わなかったことに関し，又は前項第2号に記載する要件に従ってその影響力を濫用することもしくは濫用したことに関し，権利がないのに，時のいかんを問わず，直接又は間接に，自己又は他人のために，申込みもしくは約束をし，又は贈与，贈物もしくはなんらかの利益を供与する行為は，同一の刑で罰する。
　　（2011年法525号により本条改正）
第 433-2 条〔あっせん贈収賄〕
① 何人であるかを問わず，時のいかんを問わず，直接又は間接に，自己又は他人のために，公の当局又は行政機関から栄誉，雇用，取引又はその他有利な決定を得る目的で，現実又は仮装の影響力を濫用させること又は濫用させたことに関し，何人かにより，要求し，もしくは約束をし，又は贈与，贈物もしくはなんらかの利益を収受する行為は，5年以下の拘禁刑及び7万5,000ユーロ以下の罰金で罰する。
② 公の当局又は行政機関から，栄誉，雇用，取引又はその他あらゆる有利な決定を得る目的で，現実又は仮装の影響力を濫用すること又は濫用したことに関し，権利がないのに，時のいかんを問わず，直接又は間接に，第1項に規定する要求もしくは約束に応じ，又は贈与，贈物もしくはなんらかの利益を供与する行為は，同一の刑で罰する。

第 12 節　補充刑及び法人の責任

第 433-22 条〔自然人に対する補充刑〕

　本章に規定する罪のいずれかについて有罪とされた自然人は，次に掲げる補充刑にも処する。

　1°　第 131-27 条に定める態様による，公民権，市民権及び家族法上の権利の停止

　2°　第 131-27 条に定める態様に従い，10 年以下の期間，遂行中又は遂行の機会に犯した公務執行，又は職業活動もしくは社会的活動の禁止，又は第 433-1 条，第 433-2 条及び第 433-4 条に規定する罪については，商業上もしくは工業上の職業に就くこと，又は名目のいかんを問わず，直接もしくは間接に，自己もしくは他人のために商業上もしくは工業上の企業又は商業会社を支配し，管理し，運営し，もしくは統括することの禁止。これらの禁止は，有罪判決に併科することができる。

　　　（本号は，2008 年法 776 号により一部改正）

　3°　第 131-35 条に定める要件に従って言い渡される判決の掲示又は公告

第 433-25 条〔法人の刑事責任〕

①　法人に対しては，第 131-38 条に定める態様に従った罰金を科するほかに，第 121-2 条に定める要件に従い，本章第 1 節，第 6 節，第 7 節，第 9 節及び第 10 節に規定する罪につき次に掲げる責任があることを宣告することができる。

　2°〔1°〕　5 年以下の期間，第 131-39 条第 2 号，第 3 号，第 4 号，第 5 号，第 6 号及び第 7 号に掲げる刑

　3°〔2°〕　第 131-21 条に規定する没収

　4°〔3°〕　第 131-35 条に定める要件に従って言い渡される判決の掲示又は公告

　　（本項は，2009 年法 526 号により一部改正）

②　第 131-39 条第 2 号に掲げる禁止は，罪の遂行として又は罪の遂行に際して犯された活動についての禁止

第 5 章　欧州共同体裁判所，欧州連合の加盟国，その他の外国及びその他の公的国際機関の行政及び活動に対する侵害

　　（2007 年 11 月 13 日法律第 1598 号により追加）

本章は，1997年5月26日の，欧州共同体の職員及び欧州連合の加盟国の職員を含む汚職防止に関する条約を批准するために刑法典に追加された。

第1節　行政に対する侵害
第1款　収賄及びあっせん収賄
第 435-1 条〔外国公務員及び公的国際機関の職員の収賄〕
　　（説明）　本条は，第 432-11 条第1号〔公務員の収賄〕の規定を同一の行為要件の下で，外国公務員および公的国際機関の職員の収賄にまで拡大し，それを独立の罪としたものである。刑は，同様に10年以下の拘禁刑および15万ユーロ以下の罰金
　　　　（2011年法525号により一部改正）
第 435-2 条〔公的国際機関の職員へのあっせん贈賄〕
　　（説明）　本条は，第 432-11 条第2号〔公務員のあっせん収賄〕の規定を同一の行為要件の下で，公的国際機関の職員のあっせん収賄にまで拡大し，それを独立の罪としたものである。刑は，5年以下の拘禁刑および7万5,000ユーロ以下の罰金
　　　　（2011年法525号により一部改正）
第2款　贈賄及びあっせん贈賄
第 435-3 条〔外国公務員等に係るあっせん収賄〕
　　刑は，10年以下の拘禁刑および15万ユーロ以下の罰金
　　　　（2011年法525号により一部改正）
第 435-4 条〔公的国際機関の職員に係るあっせん贈賄〕
　　刑は，5年以下の拘禁刑および7万5,000ユーロ以下の罰金
　　　　（2011年法525号により一部改正）
第3款　共通規定
第 435-5 条〔欧州連合条約に基づく機関〕
　　欧州連合条約の適用により設けられた機関は，本款の規定の適用については，公的国際機関とみなす。
第 435-6 条〔訴追〕
　　第 435-1 条から第 435-4 条までに規定する罪の訴追は，検察官の起訴によってのみ行うことができる。ただし，申込み，約束，贈与，贈物又はなんらかの利益が，欧州連合の加盟国のいずれか，欧州共同体において又は欧州

連合条約の適用により設けられた機関において職務を行う者に対し，有利な決定を得るため，又は職務行為もしくは職務によって容易にされる行為を行い，もしくは行わないことに関し，提案され，もしくは付与されたとき，又はその者によって要求され，もしくは収受されたときは，この限りでない。

第5章　公務を執行しない者の贈収賄
　　　　（2005年法750号により追加）
第1節　公務を執行しない者の収賄及び贈賄
第445-1条〔一般人の贈収賄〕
① 何人かにより，公権力を有せず，公務を担当せず，公選による委任を受けてもいないのに，職業活動又は社会活動の枠内において，自然人もしくは法人又はなんらかの組織のために行動する者に対し，その活動もしくは職務活動を行いもしくは行わないこと又は行わずもしくは行わなかったことに関し，権利がないのに，時のいかんを問わず，直接又は間接に，自己又は他人のために，〔贈賄の〕申込みもしくは約束をし，又は贈与，贈物もしくはなんらかの利益を供与する行為は，5年以下の拘禁刑及び7万5,000ユーロ以下の罰金で罰する。
② 何人かにより，法的，契約上又は職務上の義務に違反して，前項に規定する行為を行うこともしくは行ったこと又は行わずもしくは行わなかったことに関し，権利がないのに，時のいかんを問わず，直接又は間接に，自己又は他人のために，前項に規定する者の請託を受けて申込みもしくは約束に応じ，又は贈与，贈物もしくはなんらかの利益を収受する行為は，同一の刑で罰する。
　　　（2007年法1598号により本条追加，2011年法525号により改正）
第445-2条〔義務違反による一般人の収賄〕
　公権力を有せず，公務を担当せず，公選による委任を受けてもいないのに，職業活動又は社会活動の枠内において，自然人，法人又はなんらかの組織のために指揮の職務又は仕事を行う何人かにより，法律上，契約上又は職業上の義務に違反して，その者の活動もしくは職務行為又はその活動もしくは職務により容易にすることのできる活動もしくは職務行為を行うこともしくは行ったこと又は行わないこともしくは行わなかったことに関し，権利がないのに，時のいかんを問わず，直接又は間接に，自己又は他人のために

〔賄賂を〕要求しもしくは約束をし，又は贈与，賜物もしくはなんらかの利益を収受する行為は，5年以下の拘禁刑及び7万5,000ユーロ以下の罰金で罰する。

　　（本条は，2007年法1598号により追加，2011年法525号により改正）

第2節　自然人に適用される補充刑及び法人の刑事責任
第445-3条〔自然人に対する補充刑〕
　第445-1条及び第445-2条に規定する罪を犯した自然人は，次に掲げる補充刑にも処する。
 1°　第131-26条に定める態様に従い，公民権，私法上及び家族法上の権利の停止
 2°　第131-27条に定める態様に従い，公職禁止，犯罪遂行中もしくはその機会における職業活動もしくは社会活動の禁止，又は資格のいかんを問わず，直接又は間接に，自己又は他人のために，商業企業もしくは産業企業又は営利団体を支配し，管理し，運用し又は統御することの禁止
　　　（2008年法776号により本号改正）
 3°　第131-21条に定める態様に従い，犯罪を行うに用いもしくは行うことを目的とした物，又は犯罪から得た物の没収。ただし，権利者に返還すべき物を除く。
 4°　第131-35条に定める要件に従い，判決の掲示又は公告
第445-4条〔法人に対する特別の刑罰〕
　第445-1条及び第445-2条に規定する罪により第121-2条に定める要件に従い，刑事責任ありと判決された法人は，第131-38条に定める態様に従い，罰金のほか，次に掲げる刑に処する。
 1°　5年以下の期間，第131-39条第2号，第3号，第4号，第5号，第6号及び第6号に定める刑
　　　当該犯罪の遂行につき又は遂行に関連した活動につき，第131-39条第2号に規定する禁止
 2°　犯罪の用に供し，もしくは犯罪を行うことを目的とした物又は犯罪から得た物の没収。ただし，権利者に返還すべき物を除く。
 3°　第131-35条に定める要件に従い，言い渡された決定の掲示又は公告
　　　（2009年会526号により本条追加）

第6節　汚職のリスク評価

　フランスの Laetitia Desoutter 論文[26]の中から，参考になると思われる点を紹介する。

1　収賄と贈賄

　刑法の基本的立場は，公務員の収賄を重く罰するが，これに対し贈賄者は軽く罰する，というものである。これは，わが刑法の立場と共通する[27]。これは，一般的に言って，公務員の収賄は清廉性の侵害，公務への信頼の低下を招くのに対し，贈賄者は弱い立場にあるので，期待可能性が低い，という考えにもとづく。近時における国際汚職に関する諸条約は，贈賄者＝悪者説的な立場から贈賄者の方をきびしく罰し，これに対して収賄者の処罰については沈黙している。フランス刑法の基本的立場は常識にかなったものである，と考えられる。

　しかも，フランスの裁判例は，公務員に係る贈収賄を民間部門における贈収賄よりもきびしく罰している[28]。これも，常識にかなった司法の運用であると評価される。フランスでは，2005年7月4日法律第750号により，民間部門における贈収賄の処罰範囲を雇用者および被雇用者の関係を越えてより広く拡大した。そのことと関係があるようである[29]。

　もともと，民間部門における贈収賄をも処罰すべきことを打ち出したのは，1999年の欧州評議会の汚職に関する刑事条約（CE刑事条約）7条である。フランスは，これを批准するため2005年法律750号により刑法典に上述の追加規定を設けたのである。CE刑事条約7条については留保を付している締約国があることに思い至るならば，フランスが実務の運用において，民間部門における贈収賄の処罰にさほど積極的でないように見えることは理解されるであろう[30]。

(26)　Laetitia Desoutter, France. dans：Gruetzner, Hommel & Moosmayer, Anti-

Bribery Risk Assessment, 2011, Beck, Hart & Nomos, p. 87 et seq.
(27) 刑法 197 条（収賄）と 198 条（贈賄）の各法定刑を比較すれば，贈賄側が軽く罰せられている。
(28) Desoutter, op. cit., p. 90.
(29) 2005 年法 750 号により，第 3 編第 5 章「公務を執行しない者の贈収賄」（445-1 条，445-2 条）が新設された。
(30) CE 刑事条約は，フランスについて 2008 年 8 月 1 日に発効した。それ以降の年数が少ないので，現段階において，裁判例に明確な傾向を見いだすことは，困難である。cf. Desoutter, op. cit., p. 90.

2　広い公務員概念

フランス法では，「公務員」(officier public) の概念は広く解釈されている。これには，国の代表者，国家公務員のほか，地方公共団体の代表者，その職員，仲裁人，司法の鑑定人（experts judiciaires），軍人，公的人事委員会の委員および公選による公務の従事者が含まれる。

そのほか，汚職犯罪に関しては，欧州共同体の行政に従事する公務員，欧州連合の加盟国の職員および公的国際機関の職員も，同様の扱いを受ける。

さらに，国有企業または国の監視下に置かれている企業の職員も，賄賂罪の関係では，「公務員」として扱われる。

3　賄賂の範囲

刑法の条文では，「賄賂」を指す言葉として，贈与（dons），贈物（présents），利益（advantages）の文言が用いられている。そこで問題となるのは，どれくらい以上の経済的価値のあるものを処罰の対象とするか，言いかえると，どれくらいの価値以下のものであれば社会的に許容されるものと解されるか，である。これを数字的に示すことは，とうてい無理である。裁判例では，贈物等の経済的価値の大きさに焦点が置かれている。しかし，文献では，その具体例は紹介されていない。

著者の感想ではあるが，フランスでは日本におけるよりも「社会的に容認される儀礼」に当たるとされる範囲が広いように思われる。それは，社会生活上，'pourboire'（チップ，サービス料）として —— 公務員に対してさえ —— 贈られる物または利益の範囲が広いと考えられるからである。例えば，高級レストランにおける正餐に人を招待して，上等のワインを飲むなどするときには，「賄賂」に該たると判断されることもあろうが，普通のレストランで通常程度の食事に誘っても，「賄賂」には該たらない，と考えられる。

(31) ドイツのグリュツナーは，「グルメ・レストランにおける正餐は，賄賂にあたることがある」と記述している。cf. Thomas Gruetzner, Germany. in：Gruetzner, Hommel & Moosmayer, supra note 26, p. 97.

4　刑法適用法

汚職に関する刑法適用法については，フランス国民が外国で外国公務員に円滑化支払い（facilitation payments）をした場合，当該外国でもその支払いが不法とされるときに限り，能動的属人主義にもとづいて，フランス刑法の適用がある。言いかえると，この場合には，双方可罰主義にもとづきフランス刑法が適用されることになる。フランスは，円滑化支払いの不可罰性を容認しないのであるが，それは，国内法秩序の厳正な維持を図ろうとする考えによるであろう。そのことと外国における円滑化支払いにつきフランス国民が処罰されるかは，別の問題である。能動的属人主義にもとづいて自国民の国外犯につき内国刑法の適用を認めるためには，双方可罰主義の適用が必須要件とされる。フランスの学説は，そのことを明確に指摘しているのである。

(32)　cf. Desoutter, supra note 26, p. 91.

第8章　ドイツの汚職防止法制

　　　第1節　シーメンス疑惑事件
　　　第2節　ドイツの汚職防止法
　　　第3節　公務員等に係る贈収賄罪
　　　第4節　商取引における贈収賄
　　　第5節　制裁および処分
　　　第6節　法人等に対する過料その他の制裁
　　　第7節　国外犯に対する刑法の適用
　　　あとがき

第1節　シーメンス疑惑事件

　ドイツにおける汚職防止対策を考究するに当たっては，グローバル汚職（global corruption）の代表といわれるシーメンス社（Siemens A.G.）に係る汚職事件から述べることがよいであろう。

1　シーメンス社，日本への進出

　シーメンス（株）は，1847年12月，Werner von Siemensによってベルリンに設立された電信機製造会社に端を発している。その後，同社は，世界で最初の電車を製造し，1881年に営業を開始した。
　1887年，シーメンス東京事務所が設けられ，以降，シーメンス社の製品は，広く日本に行きわたることになった。19世紀には，電力輸送設備の設置，電信機の設置，発電機の供給，電車設備一式の供給，陸軍砲兵工廠への発電機供給などがなされた。
　1901年，シーメンス日本支社が設立された。その後も，発電・通信設備

を中心にした製品供給が続けられた。

　軍需関係では，陸軍に探照灯，レントゲン装置，各種の無線電信機を納入し，海軍に無線装置，信号装置等を納入した。ところが，1914年に海軍省の注文により千葉県船橋に無線電信局を建築するにあたり，海軍の將官・佐官にリベートを渡していた事件が発覚した。[2]第34帝国議会で軍閥批判がなされ，これが発端となって国民運動が起こり，同年2月，倒閣国民大会が開かれ，民衆と警官が衝突し，数百人の逮捕者を出した。海軍には査問委員会が設けられ，司法当局が捜査に乗り出した。シーメンス社以外の商社と海軍首脳との間の贈収賄の事実も判明し，3月14日，山本権兵衛内閣は，総辞職するに至った。海軍の將官・佐官が，軍法会議で懲役刑を宣告された。

(1) ドイツ語では，Siemensは，'ジーメンス'と発音される。わが国では，1914年（大正3年）に発覚したSiemens社の疑獄事件以降，「シーメンス」と一般に言われているので，本稿ではその発音に従うことにする。
(2) シーメンス社の事務員が重要文書を盗み出して恐喝した事件の裁判がロイター電で報道されて，初めて事実が明るみに出た。

2　シーメンス社の外国における汚職活動

　シーメンス社は，多国籍企業として，世界的規模において広く営業活動をしている。2006年における連結売上高は873億ユーロ。連結純利益は，303億ユーロに達した。

　現在では，同社は，情報通信，電力関連，交通・運輸，医療，防衛，生産設備，家電製品等の分野での製造などにおいて，広く世界的に名が知られている。日本にもその関連企業10社のほか，日本法人シーメンス・ジャパン（株）が存在する。

　このように世界的規模で多方面にわたる営業活動を展開するとなると，贈収賄の行為は，当該国の諸事情によって程度の差はあるにせよ，当然のごとく発生する。それらの汚職の一端は，米国のDOJ（司法省）とSEC（証

券取引委員会）によって摘発されている。以下，その一部を紹介する。[3]

　裁判所の記録によれば，シーメンス社は，1990年代の半ば以降，会計記録のごまかしを続けた。2007年には，合計13億6,000万ドルが各種の方法で支払われており，そのうち，8億550万ドルは，その全部または一部が外国公務員への賄賂として支払われている。

　2000年から2002年までの間，シーメンスの支社（フランス，トルコ，中東）は，42契約を締結するにあたり，173.6億ドルのリベートをイラク政府に支払い，3,800億ドル以上の収益を得ている。2001年から2007年までの間，8億ドルを超える賄賂が，シーメンスおよびその系列会社によって支払われている。その相手（つまり，収賄者）は，アジア，アフリカ，ヨーロッパ，中東およびアメリカ（北中南米）諸国に及んでいる。

　ドイツは，1999年2月15日，OECD条約（国際商取引における外国公務員への贈賄防止条約）を批准した。しかし，その後も贈賄は，続けられた。[4]

(3) Ethics World, http://www. ethics-world. org/corporategoverance/investigationsprosecutions. php, p 9 et seq.
(4) Ethics World, supra note 3, p. 11.

第2節　ドイツの汚職防止法

1　ドイツ刑法における序論的考察

〔Ⅰ〕　条約との関係

　1871年の刑法典（Strafgesetzbuch＝StGB）は，贈収賄の処罰を規定していた。が，それらの規定は，わが国の刑法（1907年刑法）におけると同じく，「職務における犯罪行為」を処罰の対象としていたものであった。

　ところで，ヨーロッパでは，1996年以降，次のような条約締結が相次いで行われた。

　(1)　1996年の，ヨーロッパ共同体（European Communities＝EC；Europäische Gemeinschaft＝EG），「ヨーロッパ共同体の財政的利益の保護に関する条約の第1議定書」

(2) 1997年5月26日の，「欧州共同体の職員又は欧州連合の締約国の職員を含む汚職防止に関する欧州連合条約」

(3) 1997年11月21日の，「国際商取引における外国公務員への贈賄防止に関するOECD条約」（1999年2月15日発効）

このうち，(2)および(3)の両条約は，主として内国公務員に関する贈賄をECおよびEUの公務員ならびに外国公務員にまで拡大することを求めるものであった。そこで，ドイツでは，これら条約を批准するために必要な立法措置として，次に掲げる国内法が制定された。

(1) 1997年8月13日の，**汚職防止法**（Gesetz zur Bekämpfung der Korruption）（BGBl. I S. 2038）

この法律は，刑法332条および334条の構成要件をOECD条約の規定に適応させるものであった。

(2) 1998年9月10日の，**EU汚職防止法**（EU-Bestechungsgesetz）

EUは，1997年5月28日，「欧州共同体の職員又は欧州連合の職員を含む汚職の防止に関する条約」を採択した（この条約は，1999年2月15日，発効）。ドイツは，このEU条約を批准するため，EU汚職防止法（略称 **EU-BestG**）を制定した。

この法律2条1項は，刑法332条334条から336条まで並びに338条の適用につき，①欧州連合の加盟国の裁判官および②欧州共同体裁判所の裁判官を内国裁判官と同等に扱う（Gleichstellen）こと，ならびに③EU加盟国の公務員および④欧州共同体の公務員を内国裁判官と同等に扱うことを規定している。

(3) 1998年9月10日の，**国際汚職防止法**

この国際汚職防止法（Gesetz zur Bekämpfung internationaler Bestechung＝IntBestG）（BGBl. II S. 2327）は，1997年のOECD「国際商取引における外国公務員への贈賄防止条約」の趣旨に従い，汚職犯罪の処罰範囲を拡大した点で，実務上大きな意味をもっている。その処罰範囲の拡大は，次のと

おり，贈賄行為に際して外国公務員等を内国公務員等と同等に扱うこと（Gleichstellung）によって行われる。

第2条第1項は，刑法334条，335条，336条，338条2項の適用に関しては，①外国の裁判官，国際裁判所の裁判官を内国裁判官と同等に扱い，②外国の公務員等を内国の公務担当者（Amtsträger）と同等に扱い，かつ，③外国の軍人を内国の軍人と同等に扱う旨を規定する。[9]

第2条第2項は，国際商取引に関して外国の公務員等に不正の利益を申し込み，約束し，または供与する行為を5年以下の自由刑（Freiheitsstrafe）または罰金に処するほか，未遂を罰する旨を規定している。[10]

このように外国公務員等を内国公務員等と同等に扱うことにより，ドイツ国民が国外において犯した汚職犯罪につき，能動的属人主義を適用してドイツ刑法で処罰することが可能になった。

(5) Horrer, Bestechung durch deutsche Unternehmen im Ausland, 2011, Peter Lang, S. 106. なお，Vgl. BGBl I 1997, S. 2038ff.
(6) この法律の正式名称は，次のとおりである。Gesetz zu dem Protokoll vom 27 September 1996 zum Übereinkommen über den Schutz der finanziellen Interessen der Europäischen Gemeinschaften, BGBl. 1998 II 2340. なお，この法律は，1997年2月15日に施行された。
(7) Dieter Dölling, Handbuch der Korruptionsprävention für Wirtschaftunternehmen und öffentliche Verwaltung, 2007, Beck, S. 540 ; Horrer, supra note 5, S. 118ff.
(8) 森下・国際汚職の防止（2012年，成文堂）第3章（同書45頁以下）をみよ。
(9) Dölling, supra note 7, S. 534 ; Horrer, supra note 5, S. 118ff.
(10) Dölling, supra note 7, S. 535.

〔II〕 補足的考察

汚職がグローバル化するに伴って，上述した条約以外にも重要な多国間条約および国際条約が締結されている。[11]それらのうち，将来ドイツが当事国となる可能性のある条約として，次のものを挙げることができる。

A　欧州評議会の条約

欧州評議会（Council of Europe, Europarat）の条約として，次のものが重要な意味をもつ。

(a)　1999 年の，汚職に関する刑事条約（Strfrechtskorruptionsübereinkommen）（2002 年 7 月 1 日発効）[12]

(b)　2003 年の，上記条約の追加議定書（2005 年 2 月 1 日発効）[13]

(c)　2003 年の，汚職に関する民事条約（Zivilrechtsübereinkommen）（2005 年 2 月 1 日発効）[14]

B　国連汚職防止条約

2003 年 12 月 9 日の，国連汚職防止条約（United Nations Convention against Corruption＝UNCAC；Übereinkommen der Vereinten Nationen gegen Korruption）（2005 年 12 月 14 日発効）[15]

(11)　森下・注(8)前掲書 106 頁以下。
(12)　Criminal Law Convention on Corruption. この条約につき，森下・注(8)前掲書 105 頁以下をみよ。
(13)　Additional Protocol to the Criminal Law Convention on Corruption. この議定書につき，森下・注(8)前掲書 143 頁以下をみよ。
(14)　Civil Law Convention on Corruption. これにつき，森下・注(8)前掲書 153 頁以下をみよ。
(15)　2012 年 8 月現在，140 か国が署名し，161 か国が当事国となっている。

第 3 節　公務員等に係る贈収賄罪

刑法各則第 30 章「職務における犯罪行為」（Straftaten im Amt）には，公務員等に係る贈収賄に関する規定が設けられている。

1　用語の定義

刑法 11 条は，人その他の事項に関する定義を規定している。本章に関係のある用語については，次のとおり定義されている。

A 公務担当者（Amtsträger）[16]

公務担当者とは，次の者をいう（11条2項）。

(a) 公務員（Beamter）または裁判官
(b) その他公法上の関係のある者
(c) そのほか，官庁もしくはその他の官署で，又はその委嘱による公の行政の任務を行うために任命された者（ただし，その任務遂行のために選択された組織形態を利用するには及ばない）

B 裁判官（Richter）とは，次の者をいう（3項）。

ドイツ法による職業裁判官または名誉裁判官（ehrenamtlicher Richter）をいう。

C 公的職務につき特別の義務を負う者（für den öffentlichen Dienst besonders Verpflichteter）とは，公務担当者ではないが，次の者をいう（4項）。

(a) 官庁又は公の行政の任務を行うその他の官署において
(b) 官庁のため又はその他の官署のために公の行政の任務を行う団体，又はその他の連合体，経営体もしくは企業体において
 　雇用され又は自身で活動している者であって，その服従の良心的履行を正規に義務づけられているものをいう。

D 当局（Behörde）には，裁判所も含まれる（7項）。

(16) Dölling, Die Neuregelung der Strafvorschriften gegen Korruption, ZStW Bd. 122 Heft 2, 2000, S. 337ff.

2 公務員等による利益収受

第331条（利益収受　Vorteilsannahme）
① 公務担当者又は公的職務につき特別の義務を負う者が，職務行使につき自己又は他人のために利益を要求し，約束し，又は収受したときは，3年以下の自由刑又は罰金に処する。
② 裁判官又は仲裁人が，裁判上の行為を行ったこと又は將来行うことに

対する反対給付として，自又は他人のために利益を要求し，又は収受したときは，5年以下の自由刑又は罰金に処する。この罪の未遂は，罰する。
③　行為者が自己が要求したのではない利益を約束し，又は収受した場合において，権限のある当局がその権限の範囲内においてその収受を事前に承認していたとき，又は行為者が権限のある当局に遅滞なく届け出て，当該当局がその収受を承認したときは，その行為は，第1項によっては罰しない。

　本条は，第332条（収賄）と共通する点をもっている。それは，公務員等（公務担当者および公的職務に関する特別義務者とを含む。）の職務行使につき利益を収受することである。
　「**利益**」（Vorteil）とは，通説によれば，受取人（Empfänger）の経済的，法的または一身的な状態を良くする給付を行うことと解される[17]。これは，OECD条約1条にいわゆる「金銭的又はその他の利益」（pecuniary or other advantage）と同趣旨と解される。金銭的給付のほか，性的サービス，雇用，職場の地位昇進，叙勲についてのあっせん等，各種のものが考えられる。
　問題は，「利益」を金銭的価値に換算した場合に，その利益が「社会的に容認されうるものであり，法的に問題となりえない」（socially acceptable and legally unproblematic）なものであるかどうか，である。ドイツの裁判所は，「僅かな」（small）利益は許容されうるものかどうか，法的に問題になりえないものであるかどうかを決定するについては，非常に厳格な判断をしている[18]。たとえば，グルメ・レストランにおけるディナー（正餐），車の無賃使用，ローン（その利息いかんにかかわらず）の供与のごときは，違法な利益とみなされる。しかし，**余り高価でない贈物や中流のレストランでの食事の招待のごときは，必ずしも許容されないものとはみなされない**[19]。最近の裁判例によれば，合法的として広く許容される種類の利益が存在する[20]。
　第2項は，裁判官および仲裁人を特別身分者とする身分犯の加重類型である。このことは，第332条第2項（裁判官および仲裁人の収賄）についても，同様である。

(17) Dölling, Handbuch der Korruptionsprävention für Wirtschaftunternehmen und öffentliche Verwaltung, 2007, Beck, S. 397.
(18) Gruetzner, Germany, in : Gruetzner, Hommel & Moosmayer, Anti-Bribery Risk Assessment, 2011, Beck, Hart & Nomos, p. 97, 99.
(19) Gruetzner, loc. cit.
(20) Gruetzner, loc. cit. これにつき，Vgl. Dölling, supra note 17, S. 398ff.「社会的に相当な」(sozialadäquat) ものは，刑法331条および333条の構成要件に該当しない。Dölling, supra note 16, S. 346.

3　公務員等による収賄

第332条（収賄　Bestechlichkeit）
① 公的担当者又は公的服務につき特別の義務を負う者が，ある職務行為を行ったこと又は将来行うこと，かつ，それによりその職務上の義務に違反したこと又は違反するであろうことに対する反対給付として利益を要求し，約束し，又は収受したときは，6月以上5年以下の自由刑に処する。重くない場合には，3年以下の自由刑又は罰金に処する。この罪の未遂は，罰する。
② 裁判官又は仲裁人が，裁判上の義務に違反して裁判上の行為をしたこと又は将来するであろうことに関し，自己又は他人のために反対給付を要求し，約束し，又は収受したときは，1年以上10年以下の自由刑に処する。重くない場合には，6月以上5年以下の自由刑に処する。
③ 行為者が将来の行為に対する反対給付として利益を要求し，約束し，又は収受したときは，その者が次に掲げるいずれかの行為の用意があることを相手方に示しただけで，第1項及び第2項の規定を適用する。
　1．行為に際してその義務に違反すること。
　2．その行為が自己の裁量の範囲内にある限り，裁量の行使に当たりその の利益によって影響されること。

　本条は，収賄罪の規定である。第331条（利益収受）の罪との差異は，本条にあっては，公務員等による職務行為（Diensthandlung）による義務違反（Rechtswidrigkeit）と利益収受行為との間の**違法の結び付き**（Unrechtsvereinbarung）が加重構成要件要素とされているところに見出される[21]。つまり，職務行為による義務違反に対する反対給付として利益の供与等がなされることにより，違法性が高められ，その故に利益収受罪（第331条）に比して刑が加重されているのである。

　公務員等の私的行為（Privathandlungen）は，職務行為ではない[22]。

　義務違反（Pflichtverletzung）は，収賄罪の可罰性を基礎づけるにつき重要な要素となっている（この点，贈賄罪についても同様である）。義務違反は，刑罰法規，その他の法規，政省令等から導き出される義務の違反として現れることがある。他の決定担当者（決定をする地位にある者 Entscheidungsträger）に違法な影響を及ぼすことによっても，義務違反が生ずることがある[23]。これは，あっせん収賄の場合を想定したもののように思われる[24]。ドイツ刑法は，違法の結び付き（Unrechtsvereinbarung）を賄賂罪の核心として捉え，その該当範囲を拡大したのである[25]。

　収賄罪における行為，すなわち，「収受」（Annehmen），「約束」（Sichversprechenlassen）および「要求」（Fordern）は，わが国の刑法197条（収賄）に規定するところとほぼ同じ意味に解される。

　「用意があることを示す」（Sichbereitzeigen）（第3項）は，客観的に確かな状況にもとづき，しかるべき成果を出すことができる旨を明示的であれ黙示的であれ，相手方に示すことをいう[26]。

(21)　Dölling, supra note 17, S. 400.
(22)　ただし，職務行為と私的行為との限界づけは，困難である。Vgl. Dölling, supra note 17, S. 403.
(23)　Vgl. Dölling, supra note 17, S. 404.
(24)　auch Vgl. Dölling, sura note 17, S. 408.
(25)　Dölling, supra note 16, S. 343.
(26)　Dölling, supra note 17, S. 408.

4　公務員等への利益供与

第333条（利益供与）
① 　公務担当者，公的服務の特別義務を負う者又は連邦国軍の軍人に対し，その職務遂行に関して，自己又は他人のために利益を申し込み，約束し，又は供与する者は，3年以下の自由刑又は罰金に処する。
② 　裁判官又は仲裁人に対し，その者が裁判上の行為を行ったこと又は將来行うであろうことに対する反対給付として，その者又は他人に利益を申し込み，約束し，又は供与した者は，5年以下の自由刑又は罰金に処する。
③ 　権限のある当局が，その権限の範囲内において，受取人による利益の収受をあらかじめ承認していた場合，又は遅滞なく受取人の届出にもとづいて承認した場合には，その行為は，第1項によっては罰しない。

　本条は，第331条（利益収受）の罪に対応する罪を規定するものである。行為者のいかんを問わない。ここでは，職務行為の買収可能性（Kauflichkeit von Diensthandlung）が当罰的（strafwürdig）とみなされているのである。言いかえると，職務行為の不可買収性を保護しようとするものである。義務にかなった職務行為に関する利益の提供は，久しく不可罰とされてきたのであるが，1975年および1997年の刑法改正法により可罰的とされた。

(27) 　Dölling, supra note 17, S. 413.
(28) 　Dölling, supra note 17, S. 413.

5　公務員等への贈賄

第334条（贈賄）
① 　公務担当者，公的服務につき特別の義務を負う者又は連邦軍の軍人に対し，それらの者がその職務行為を行ったこと又は將来行うことにより，服務上の義務に違反したこと又は違反するであろうことに関し，その反対給付として，その者又は他人のために利益を申し込み，約束し，又は供与した者は，6月以上5年以下の自由刑又は罰金に処する。

② 裁判官又は仲裁人に対し，その者又は他人のために，その者が裁判上の行為を
   1．行い，それによって裁判上の義務に違反したこと，又は
   2．将来行い，それによって裁判上の義務に違反するであろうこと
   に関し，反対給付として，その者又は他人のために利益を申し込み，約束し，又は供与した者は，第1項の場合には3月以上5年以下の自由刑に処し，第2項の場合には6月以上5年以下の自由刑に処する。この罪の未遂は，罰する。
③ 行為者が将来の行為に対する反対給付として利益を申し込み，約束し，又は供与した場合には，その者が
   1．行為に際して義務に違反したとき，又は
   2．その行為がその者の裁量の範囲内にある限りにおいて，裁量の行使に際して利益によって影響を受けること
   を決意させようとしただけで，第1項及び第2項の規定を適用する。

 本条は，第332条（収賄）に対応する罪を規定している。それゆえ，職務行為，義務違反および両者の結び付きについては，第332条について述べたところが妥当する。

6　加重収賄と加重贈賄

第335条（収賄及び贈賄の特別重い場合）
① 特別重い場合には，
   1　次に掲げる行為は，1年以上10年以下の自由刑に処する。
     a．第332条第1項第1文による行為（第3項と結び付く場合にも）
     b．第334条第1項及び第2項による行為（第3項と結び付く場合にも）
   2．第332条第2項による行為（第3項と結び付く場合にも）は，2年以下の自由刑に処する。
② 第1項に規定する特別重い場合は，原則として次に掲げるときに存在する。
   1．その行為が大きな利益に関係するとき。
   2．行為者が，服務行為を将来行うことについての反対給付として要求した利益を継続して収受したとき。

3．行為者が常習的に，又はそのような行為の継続的犯行のために組織されている団体の構成員として行為したとき。

　本条は，1997年以来，第335条につき特別重い場合（besonders schwere Fälle）に，刑を加重する規定である。
　「持続的に」（fortgesetz）とは，それぞれ独立の収受行為が少なくとも3回行われたことを要する。[29]
　「常習的犯行」（gewerbmäßige Begehung）とは，故意でくり返して行われることを前提とされている場合である。[30]
　「団体的犯行」（bandenmäßige Begehung）とは，公務担当者の継続収賄のためには少なくとも3人の集合によることを要する。必ずしも公務担当者の関与は必要でないが，公務担当者がそれに通謀しておれば，団体的犯行と認めることができる。[31]

(29)　Dölling, supra note 17, S. 412.
(30)　Dölling, loc. cit.
(31)　Dölling, loc. cit.

第4節　商取引における贈収賄

1　商取引における贈収賄罪

〔I〕沿　革

　各則第26章「取引に対する犯罪行為」（Straftaten gegen den Wettbewerb）は，第299条以下において商取引における贈収賄を罰している。これは，ドイツにおける経済活動に際しての贈収賄を以前（1896年）から罰していたのを1909年に改正したものを，1997年8月13日の「汚職防止法」（Gesetz zur Bekämpfung der Korruption）により刑法299条として規定したものである。[32]

内容的には，1999 年 1 月 27 日の，欧州評議会の汚職に関する刑事条約[33]第 7 条および第 8 条の規定にならったものである。そして，1998 年 12 月 27 日の，民間部門における贈賄に関する共通処分施行法（Gesetz zur Ausführung der Gemeinsamen Maßnahme betreffend über die Bestechung im privaten Sektor）は，外国における商取引に際して刑法 299 条の規定を適用する旨を規定した（299 条 3 項参照）。これは，1997 年の OECD 条約を批准するための国内法の整備と考えられる[34]。

法定刑は，1 年以下から 3 年以下の自由刑に引き上げられ，また，300 条では，取引における贈収賄の「特別重い場合」が規定された。

(32) Dölling, supra note 17, S. 429-430.
(33) この条約につき，森下・注(8)前掲書 105 頁以下をみよ。ドイツは，この条約を批准していない。
(34) ドイツは，1999 年 2 月 15 日，OECD 条約を批准した。

〔Ⅱ〕 商取引における収賄罪（刑 299 条 1 項）
　第 299 条（商取引における贈収賄）
　① 商取引の従業員（Angestellter）又は代理者（Beauftragter）として，商品の競争購入又は商業活動において不正な方法で他人に優位を与えることに対する反対給付として，自己又は他人のために利益を要求し，約束し，又は収受した者は，3 年以下の自由刑又は罰金に処する。

A　商取引

本条では，商取引（Geschäftsverkehr）における贈収賄のみが，処罰されている。それゆえ，私的領域，スポーツ，科学，通信業務等に関し取引の促進又は経済的目的の促進に結び付いていないときの贈収賄は，罰せられない。これに対し，慈善事業，公共福祉，公共事業に係る行為であっても，一定範囲の活動において営利目的が追及されるときには，商取引に該当することがある[35]。

B 行為者

行為者である Angestellter〔employee〕と Beauftragter〔agent〕は, 広義に解すべきである。両者は, 企業の所有者ではないが, 商取引のために権限をもって行動するすべての者を意味する。[36]

'Angestellter' とは（短期間または事実上のみの場合を含めて）営業主に対して勤務関係または委任された関係に置かれていて, 営業主の指示に従うべき者をいう。本稿では, 一応 '従業員' と訳しておく。公務担当者も, 日常生活の準備に係る私法上の行為または営業的・経済的・財政的行為の領域においては, 299 条の '従業員' に該当する。[37] 従業員であることの関係は, 行為の時に存在することを要する。

'Beauftragter' とは,（企業の所有者および従業員を除いて）企業のために権限をもって活動し, 商取引の枠内における決定に直接または間接の影響を及ぼすことのできるすべての者をいう。たとえば, 企業の指導的役員, 団体役員, 監査役, 代理店主, 自由業の代表者, 企業顧問などが, これに該当する。[38] ここでは, 企業幹部というような意味で, 一応 '代理者' と訳しておく。

C 違法な結び付き

本罪は, 行為者が競争的な商品購入または商業活動を行うに当たり, 将来の不当な優遇に関する反対給付として利益を要求し, 約束し, または収受した場合に成立する。ここでは, —— 第 331 条以下におけると同様に —— 将来の不当な優遇（便宜供与）に対する反対給付という違法な結び付きまたはそれに向けられた行為がなされたことが, 必要である。

優遇の不当性（Unlauterkeit）という要件は, 本罪の成否に関してしばしば問題となる。一般は通常認められているチップ（Trinkergeld）とか, 通常の程度を超えない少額の贈物は, 299 条にいわゆる「利益」には該当しない。[39] これについては, 時として社会的相当性（Sozialadäquanz）によって判断されることになる。[40]

(35) Dölling, supra note 17, S. 431.

(36) Dölling, supra note 17, S. 432.
(37) Dölling, supra note 17, S. 433.
(38) Dölling, supra note 17, S. 433-434.
(39) Dölling, supra note 17, S. 438.
(40) Gruetzner, supra note 14, p. 97；Dölling, supra note 16, S. 346.

〔Ⅲ〕 商取引における贈賄罪（299条2項）
第299条
② 企業の従業員又は代理人が，競争目的で，商品の購入又は商業活動に際し不当な方法で優遇を与えることに関する反対給付として，自己又は他人のために利益を申し込み，約束し，又は供与したときは，前項と同様に罰する。

本条第2項は，第1項の収賄（passive Bestechung）に対応する贈賄（aktive Bestechung）の罪を規定している。行為の主体に制限はないが，商取引または商業活動に関係を有する者におのずと限られることになる。それゆえ，行為者としては，競争者および競争者の利益のために行動する者も，主体となりうる。

競争目的で（zu Zwecken des Wettbewerbs）で犯された行為のみが，可罰的とされる。

行為は，申込み，約束および供与である。文献では，約束（Versprechen）は，供与（Gewähren）の"準未遂"（Quasi-Versuch）として説明されている[41]。興味のあるのは，経済的緊急状況（wirtschaftliche Notlage）は刑法34条（違法性を阻却する緊急避難）の適用により贈賄を正当化する理由とはなりえない，とされていることである[42]。

(41) Dölling, supra note 17, S. 440.
(42) Dölling, loc. cit.

〔Ⅳ〕 商取引における加重贈収賄
第300条（商取引における贈収賄の特別重い場合）
① 特別に重い場合には，第299条の罪は，3月以上5年以下の自由刑に処する。
② 特別重い場合とは，原則として次に掲げるいずれかをいう。
 1．行為が大きい額の利益に関係するとき。
 2．行為者が常習的に犯したとき，又は継続的犯行に向けられた団体(43)の構成員として行為したとき。

上記の加重類型に対する刑の加重は，1997年以来，維持されている。

(43) ここで「団体」(Bande)──これには，'一味徒党'という意味がある──は，3人以上の構成員から成るものをいう。Dölling, supra note 17, S. 440.

第5節　制裁および処分

1　主　刑

主刑（Hauptstrafen）は，自由刑(44)（Freiheitsstrafe）および罰金(45)（Geldstrafe）である。

自由刑というのは，外国では一般に拘禁刑（imprisonment）といわれているものを指す。かつて，ドイツでは，自由刑は重懲役（Zuchthaus）と軽懲役（Gefängnis）とに分かれていたが，第2次大戦後の刑法改正により，この区別は廃止された。

ドイツ刑法では，犯罪（Straftaten）は，重罪（Verbrechen）と軽罪（Vergehen）とに分けられる。重罪は，1年以上の自由刑にあたる罪であり（刑12条1項），軽罪は，より軽い自由刑または罰金にあたる罪である（12条2項）。

ところで，上述した贈収賄罪の法定刑では，自由刑と罰金とが選択刑として規定されているものがあるが，「○○ユーロ以下の罰金」というように

はなっていない。これは罪刑法定主義違反では？　との疑念が生じてくる。というのは，英国では，「罰金に処する」との文言によって無制限の罰金（unlimited fine）を科しているからである。

ドイツの罰金は，日数罰金（Tagessatz）として科せられるのであるが，その日数は，5日以上360日以下とされ，その日額は，1ユーロ以上3万ユーロとされている（刑40条1項，2項）。したがって，最高が1,080ユーロということになる。

なお，後述するように，ドイツは，法人に対しては刑事責任を問わないので，罰金を科することはない。秩序違反法（Gesetz über Ordnungswidrigkeiten＝OWiG）によって過料（ないし違反金）（Geldbuße）が科せられる（次頁以下参照）。

(44)　自由刑は，無期と有期に分かれる。有期自由刑は，1月以上15年以下である（刑38条）。
(45)　罰金は，日数罰金（Tagessatz）である。これは，日数は（特別の規定のない限り）5日以上360日であり，これに日額（1ユーロ以上3万ユーロ以下）を掛けて算出した金額を科するものである。
(46)　森下・注(8)前掲書206頁，236頁。

2　公職禁止，被選挙権の喪失，職業禁止

刑法は，重罪のゆえに1年以上の自由刑の言渡しを受けた者につき，付随効果（Nebenfolgen）として，公職に就く資格の喪失（Amtsverlust）および被選挙権の喪失を規定し（45条），そのほか，職業または営業の濫用等により有罪の言渡しを受けた場合において，將来，再び著しい違法行為をするおそれがあると認めるとき，一定期間の職業禁止（Berufsverbot）を命ずることができる，と規定している（70条）。

第332条（収賄），第335条（加重贈収賄）等，14種類の罪につき6月以上の自由刑に処せられた者に対し，裁判所は，公職に就く資格の喪失，被選挙権の剥奪を命ずることができる（358条）。

企業活動の領域では，自然人に対する保安改善処分として職業禁止が科せられることがある（61条6号，70条）。

第229条（商取引における贈収賄），第300条（商取引における加重贈収賄），第333条（利益供与），第334条（贈賄），第335条（加重贈収賄）の罪については，職業禁止が命ぜられることがある。営業に従事している者（法人も含まれる）に対しては，営業法（Gewerbeordnung＝GewO）35条にもとづき行政処分として職業禁止が命ぜられることがある。

(47) Dölling, supra note 17, S. 484.
(48) Dölling, loc. cit.

第6節　法人等に対する過料その他の制裁

1　法人等に対する法的制裁

ドイツ刑法は，「法人は罪を犯すことができない」（Societas delinquere non potest.）という伝統的立場を維持している。この立場からは，法人に対して刑事責任を問うことはできず，それゆえ，刑罰を科することはできない。しかし，犯罪的行為を犯した法人，人的団体に対してなんらかの法的制裁を科する必要性は存在する。この必要性を満たすために，ドイツではずっと以前から組織体に対する秩序罰（Ordnungsstrafe）が存在する。秩序違反（Ordnungswidrigkeiten）という新しいカテゴリーの枠内における過料（Geldbuße）が，それである。

1968年5月24日の秩序違反法（Gesetz über Ordnungswidrigkeiten＝OWiG）は，第30条において「法人及び人的団体に対する過料」を規定している。以下，法人（juristische Person）および人的団体（人的組織体）（Personenvereinigung）を'法人等'と呼ぶことにする。

(49) 西原春夫〔監訳〕・イェシェック＝ヴァイゲント・ドイツ刑法総論第5版（1999

年，成文堂）164頁。
(50)　1949年の経済刑法（WiStG）23条，24条，1954年の経済刑法5条をみよ。Vgl. Dölling, supra note 17, S. 499.

2　秩序違反法による過料

〔Ｉ〕　秩序違反法30条の要件

法人等に含まれる範囲は，かなり広い。法人の中には，外国法人も含まれる[51]。法人に限らず，労働組合，スポーツ団体，政治的結社等も，人的団体に該当する。

行為は，法人等が違法かつ有責に犯した行為または秩序違反であって，法人等に課せられた義務を侵害し，または少なくともその義務違反によって法人等に利益をもたらしたことである[52]。

義務違反の犯罪（Pflichtverletzungsdelikten）とされるのは，企業関係の義務に違反する犯罪行為または秩序違反である。この義務違反の範囲には，秩序違反法130条に規定する企業および事業における監督義務の故意または過失による違反が，特に含まれる。ここにいわゆる監督義務の範囲は，秩序違反法9条（他人のための行為）によって拡大されている。つまり，秩序違反法9条，30条および130条の結び付きにより，下位の企業従業員の犯罪および秩序違反行為が，過料による制裁の対象とされているのである[53]。

(51)　Dölling, supra note 17, S. 501.
(52)　Dölling, loc. cit.
(53)　Dölling, supra note 17, S. 502.

〔II〕　過料の額

秩序違反法30条2項によれば，次の区別に従って過料が科せられる。
　1．故意犯の場合には，100万ユーロ以下
　2．過失犯の場合には，50万ユーロ以下
　3．秩序違反の場合には，過料の最高額は，秩序違反につき定められた

最高額に従って決定される。

法人または人的団体に対して過料を科するに当たっては，刑法73条以下または秩序違反法29条による追徴（Verfall）を重ねて行うことはしない（秩序違反法30条5項）。

第7節　国外犯に対する刑法の適用

国外犯（Auslandstaten）に対して，どのような要件の下でドイツ刑法が適用されるか。これが，刑法適用法（Strafrechtanwendungsrecht）の問題である。これについては，ドイツ刑法の諸原則は，おおむね現在の国際基準にならったものである。

1　属地主義による拡大適用

刑法9条（行為の場所 Ort der Tat）は，属地主義につきいわゆる遍在説（Ubiquitätstheorie）[54]の立場を採用している。すなわち，結果犯にあっては，狭義の行為が行われた地および結果の発生した地とを結合した説である。これによれば，狭義の行為（Handlung）と結果発生とは，それぞれ全体の一部分ではあるが，両者は相まって構成要件的単一体を形成すると解されている。

この説によれば，たとえば，日本からドイツの競争企業へ不正な利益の提供資金としてある額の金員が送金されたとして，日本とドイツは，ともに犯罪地となる。この場合には，狭義の行為が日本で行われ，「構成要件に属する結果」がドイツで発生しているからである。これは，いわゆる long arm jurisdiction の場合として，今日では国際的な通説となっている。

共犯の行為地の確定については，特別の拡大規定が存在する。刑法9条2項によれば，外国正犯の遠隔地共犯（Distanzteilnahme an ausländischer Haupttat）は，正犯行為が外国の行為地では不可罰であっても，内国における共犯者は，ドイツ法の適用によって可罰的となる[55]。たとえば，民間の商取引における競争相手等への贈賄（刑299条）は，日本刑法では罰せられな

いのであるが，日本企業の上司Ａがドイツにいる従業員Ｂ宛てに贈賄工作の資金を日本から送った場合，Ｂは，刑法30条（未遂）の適用により，ドイツ法に従って未遂罪に問われる[56]。

(54) 以前は，統合説（Einheitstheorie）と呼ばれていたが，最近では，遍在説または遍在主義（Ubiquitätsprinzip）という表現が国際的に通用している。森下・刑法適用法の理論（2005年，成文堂）76頁。
(55) Dölling, supra note 17, S. 553.
(56) Dölling, loc. cit. 刑法30条2項によれば，重罪を行う旨の他人の申し出を受諾し，又は他人とそれについて申合わせをした者は，未遂の責を問われる。ただし，刑を減軽される（30条，49条1項参照）。

2　能動的属人主義

刑法7条2項1号は，ドイツ国民が外国で犯した行為につき，双方可罰性（beiderseitige Strafbarkeit）の充足を条件として，ドイツ国民につき内国刑法の適用を規定している[57]。たとえば，ドイツ国民が，日本において民間の商取引に際し，競争相手等に贈賄したとしても，—— その行為は，日本法では罰せられていないので ——ドイツ刑法により罰せられることはない。

(57) Möhrenschlager（ドイツ連邦司法官）は，双罰性の要件によって犯罪の種類に制限がなされていると見て，刑法9条2項1号の場合を制限的属人主義を規定したものと解している。Vgl. Möhrenschlager, in：Dölling, supra note 17, S. 554.

3　純代理処罰主義

刑法7条2項2号に規定する純代理処罰主義（Prinzip der stellvertretenden Strafarechtspflege；"*aut dedere aut judicare*"）は，1969年7月4日の第2次刑法改正法（1975年1月1日施行）によって，新しく導入された原則である。この原則は，つとに1930年のイタリア刑法10条2項をはじめとして，オーストリア刑法65条1項等で規定されている[58]。

この原則によれば，たとえば，日本企業の役員某が日本において日本の

公務員に贈賄した後，ドイツに逃亡した。この場合，ドイツの犯罪人引渡法によれば犯罪人引渡し（Auslieferung）は許容されうるのであるが，日本からなんらかの理由（たとえば，収受者が死亡したなど）により犯罪人引渡しの請求がないときは，ドイツは，ドイツ刑法を適用して日本人某を処罰することができる。また，日本から犯罪人引渡しの請求があった場合において，某の健康上の理由により引渡しを許容しないときも，同様である。この原則は，犯罪防止における諸国家の連帯性の思想を根拠としている。

　ただし，この純代理処罰主義の規定が汚職犯罪について現実に適用されることは，現段階ではまずは考えられないであろう。とはいえ，大規模な国際汚職において，マネー・ロンダリング（資金洗浄）と結び付いた事例とか，麻薬取引・武器取引に関連する汚職が発覚し，国際的に犯人の処罰要求の世論が高まった場合などには，純代理処罰主義が適用されることはありうる。

(58)　森下・注(54)前掲書 194 頁以下。

あとがき

　ドイツは，わが国と同様，大陸法系の伝統を受け継いでいる国であるので，われわれにとっては，ドイツの体制は理解しやすいものがある。以下，気づいた二つの事柄を参考までに述べておきたい。

1　共　謀

　ドイツでは英米法にいわゆる conspiracy（共謀）は，罰せられない。予備（Vorbereitung）でさえ，原則として罰せられていない。この点，日本刑法と同様である。

　ドイツ刑法では，重罪（Verbrechen）の未遂はつねに，また，軽罪（Vergehen）の未遂は法律が明文をもって規定している場合に限り，これを罰する（刑23条1項）。汚職犯罪については，上述したところから理解され

るであろう。

国連条約 27 条は,「締約国は,自国の国内法に従い」,この条約に規定する犯罪につき未遂または予備を犯罪化することができる旨,規定している（2 項，3 項）。ドイツは，いまだ国連条約を批准していない。

2　公益通報者の保護

英語でいわゆる'whistleblower'は,直訳すれば'ホイッスルを吹く人'を意味するが,内容的には,内部告発者・公益通報者を意味する[59]。

もともと，汚職犯罪は,'内緒の犯罪'（Heimlichkeitsdelikt）[60],「密室の犯罪」などと呼ばれているとおり，ひそかに,巧妙に行われるのが通常であり，そのゆえに発覚が困難である。それゆえ，汚職犯罪の捜査の端緒となるのは，当該行為に係る企業内部者,取引関係者,金融業者等からの'whistleblowing'が重要な役割を果たす。内部告発には,内部ルートの告発（internes whistleblowing）と外部ルートの告発（externes whistleblowing）〔検察当局，警察，監督関係，報道関係への通報〕とがあり，後者にあっては,しばしば業務上の守秘義務との関係が問題になる。ドイツでは,法違反については守秘義務の内在的限界（immanente Grenzen der Verschwiegenheitspflicht）があると解されている[61]。そのことは理論的に当然であるが,ドイツでは CPI（透明性認識指数）が平均して日本よりも大きくて，国別の順位においても日本よりも上位が維持されているところから見て[62],健全な法執行が行われていると推測される。

(59)　森下「口笛を吹く人の保護」判例時報 1499 号,「口笛を吹く権利」判例時報 1533 号,「米国の内部告発者保護法」判例時報 1536 号。
(60)　Dölling, supra note 17, S. 138.
(61)　Dölling, supra note 17, S. 144ff.
(62)　2012 年についてみれば，ドイツの CPI は 7.9 で，世界ランキングは 13 位。ちなみに，日本の CPI は 7.8 で，ランキングは 17 位である。

第9章　イタリアの汚職防止法制

第1節　イタリアが批准した諸条約
第2節　刑法における汚職禁止規定
第3節　法人の法的責任

第1節　イタリアが批准した諸条約

1　まえがき

　イタリアは，地中海に臨み，ヨーロッパの公園ともいわれる豊かな太陽と青空に恵まれた自然美をもち，国内には至る所に無数の文化遺産が存在するため，世界中の人々を惹きつけている。11世紀にボローニア（Bologna）に設立された法学研究所は，ヨーロッパ最古の大学として，ローマ法大全（*Corpus Juris Civilis*）の研究の中心となった。[1]ボローニアには，ヨーロッパ大陸の各国から前途有為の青年が勉学に来た。やがて，彼らが帰国してローマ法の理論と体系を伝え，それによって，大陸法（civil law, Roman and Teutonic law）が形成されるに至った。わが国も，この大陸法系に属している国である。

　現在，100社を超える日本企業がミラノに進出しているのを初めとして，わが国とイタリアとの間では，経済活動の分野においても密接な関係がある。特に，アフリカの国々との間で開発事業等を行おうとする日本企業にとっては，アフリカと地理的に近く，歴史的にも強いつながりをもつイタリアと共同事業体を組むなどすることの利点は多いと思われる。

(1) 森下・刑法適用法の理論（2005 年，成文堂）26 頁以下を見よ。

2 イタリアが批准した汚職防止条約

〔Ⅰ〕 CE 条約を批准せず

イタリアが批准した汚職関連条約には，次のものがある。
(1) 1995 年 7 月 26 日のヨーロッパ共同体の財政的利益の保護に関する条約（Convention on the Protection of European Communities' Financial Interest）
(2) 1997 年 5 月 26 日の，EU（欧州連合）の，ヨーロッパ共同体の職員及び EU 加盟国の職員を含む汚職防止条約
(3) 1997 年 12 月 17 日の，OECD の国際商取引における外国公務員への贈賄防止条約（OECD 条約）
(4) 2003 年 10 月 31 日，国連総会で採択された国連の汚職防止条約[2]

ここで注目されるのは，イタリアが 1999 年 1 月 27 日の，欧州評議会（Council of Europe, Conseil de l'Europe）の汚職に関する刑事条約（略称 **CE 刑事条約**）[3]を批准していないことである。その理由は，明らかでないが，この条約が民間部門における贈収賄の犯罪化をも規定していること，さらに特別捜査手法（盗聴，通信の傍受，おとり捜査，秘密警察官による捜査活動など）の導入をも規定していること，強力な国際協力を要請していることによるのではないか，と推測される。

なお，イタリアは，1999 年の欧州評議会の「汚職に関する民事条約」（CE 民事条約）も批准していない。

(2) イタリアは，2009 年 10 月 5 日に批准した。
(3) この条約については，森下・国際汚職の防止（2012 年，成文堂）第 5 章を参照されたい。

〔Ⅱ〕 OECD 条約を取り入れた国内法

イタリアは，上記の OECD 条約を批准するため，2000 年 9 月 29 日法律

第300号によって，刑法典に注目すべき改正を盛り込んだ。それについては，第2節において詳述する。この改正によって，イタリアは，国際商取引における外国公務員への贈賄を——米国のFCPA（外国汚職防止法）と並んで——特に積極的に規制の対象とすることになった。このことは注目に値する。[4]

(4) インターネット（2011年11月5日），Law Firm of Pepper Hamilton LLP/The effect of Anti-Corruption Law in Italian Business, p. 1をみよ。

第2節　刑法における汚職禁止規定

1　まえがき

イタリアの1930年刑法典（Codice Penale）（1931年7月1日施行）は，第2次大戦後，1947年の新憲法（1948年1月1日施行）の精神に従って重要な一部改正をほどこされた。その後も，政治的・社会的情勢の変化に伴い，数次にわたる一部改正がもたらされた。

イタリア刑法典の邦訳としては，森下訳「イタリア刑法典」が，1977（昭和52）年に法務資料432号として刊行されている。

しかしながら，その後も，国際的な政治・経済の変動に伴い，刑法典には，刑事訴訟法その他の関連法律とともに相次ぐ一部改正がほどこされている。公務員に係る汚職犯罪に関しては，1990年4月26日法律86号および2000年9月29日法律300号による一部改正が，重要な意味をもっている。そのうち，2000年法律300号は，上述した1995年の欧州共同体条約，1997年のEU条約および1997年のOECD条約の批准に備えて刑法の一部改正をしたものである。

本書では，2012年の現行刑法の条文のうち，公務員に係る主要な汚職犯罪規定を紹介する。

2　内国公務員に係る汚職犯罪

刑法第2編第2章「公行政に対する犯罪」では，内国公務員に係る犯罪として，次のものが規定されている。

第314条（公物横領）
　　（1990年法86号により改正。省略）
第315条（私人の損害における公物横領）
　　（1990年法86号により削除）
第316条（他人の錯誤を利用した公物横領）
　　（1990年法86号により改正。省略）
第316条の2（国の損害における公物横領）
　　（1990年法86号により追加。省略）
第316条の3（国の損害における寄付の不正取得）
　　（2000年法300号により追加。省略）
第317条（不正な利益強要）
　　（1990年法86号により改正。省略）
第317条の2（付加刑）
　　（1990年法86号により追加。省略）
第318条（職務行為に関する収賄）
① 公務員が，その職務上の行為をすることに関して，自己又は他人のために金銭又はその他の利益によって不正の報酬を収受し，又はその約束をしたときは，6月以上3年以下の懲役に処する。
② 公務員がすでに行った職務行為に関して報酬を収受したときは，1年以下の懲役に処する。
　　（注）1990年法86号により改正。なお，刑法32条の4により，付加刑として公務員の資格剝奪を伴う。
第319条（職務上の義務に違反する行為に関する収賄）
　　公務員が，その職務上の行為を怠りもしくは遅延すること又は職務上の義務に違反する行為をすることもしくは行為をしたことに関し，自己又は他人のために，金銭その他の利益を収受し，又はその約束をしたときは，2年以上5年以下の懲役に処する。

(1990 年法 86 号により改正)

　　(注) 付加刑として公職剥奪を伴う。刑法 32 条の 4 による。

第 319 条の 2 （加重事情）

　　第 319 条に規定する行為が，公的な仕事の付与，給与もしくは年金の支給をすること又は公務員の属する行政に関係する契約を締結することを目的とするときは，刑を加重する。

　　(1990 年法 86 号により追加)

　　(注) 付加刑として，公職剥奪を伴う。刑法 32 条の 4 の規定による。

第 319 条の 3 （司法行為に関する収賄）

① 第 318 条及び第 319 条に規定する行為が，民事，刑事又は行政の訴訟における一方の当事者の利益又は不利益のために行われたときは，3 年以上 8 年以下の懲役に処する。

② 前項の行為の結果，5 年以下の懲役に処する旨の不当の判決が言い渡されたときは，4 年以上 12 年以下の懲役に処し，また，5 年を超える懲役又は徒役〔無期懲役〕の不当の判決が言い渡されたときは，6 年以上 20 年以下の懲役に処する。

　　(1990 年法 86 号により追加)

　　(注) 第 2 項に徒役（ergastolo）とあるのは，刑法 22 条に規定する無期懲役を指す。1930 年の刑法制定当時，徒役は文字どおりの終身刑であったが，第 2 次大戦後，26 年服役後に仮釈放が許されうることとなった（1986 年の刑法改正による）ので，現在では，無期懲役を意味する。

第 320 条 （公の業務担当者の収賄）

① 第 319 条の規定は，公の業務担当者にも適用する。第 318 条の規定は，公の業務担当者が公務員（publico impiegato）の資格を有するときにも，適用する。

② すべての場合に，刑は 3 分の 1 を超えない範囲で減軽する。

　　(1990 年法 86 号により改正)

　　(注) 付加刑として，公職剥奪を伴う。刑法 32 条の 4 による。

第 321 条 （贈賄者に対する刑）

　　第 318 条，第 319 条，第 319 条の 2，第 319 条の 3 及び第 320 条に定める刑は，第 318 条及び第 319 条に規定する場合に関係するときは，公務員又は公の業務担当者に金銭その他の利益を供与し，又は約束したときにも，これ

を適用する。

（1990 年法 86 号および 1992 年 2 月 7 日法 181 号により改正）

(注) 付加刑として，公職剥奪を伴う。刑法 32 条の 4 による。

第 322 条（収賄の教唆）

① 公務員又は公職担当者の資格を有する公的業務の従事者に対し，その者の職務行為を行うように勧誘する目的で，金銭その他の利益を申し込み，又は約束した者については，その申込み又は約束が受け入れられなかったときは，第 318 条第 1 項に定める刑を 3 分の 1，減軽する。

② 申込み又は約束が公務員又は公的業務の担当者をその職務を行わず又は遅延させるように仕向けるために行われた場合，又はその者の義務に違反する行為を行わせるために行われた場合において，その申込み又は約束が受け入れられなかったときは，第 319 条に定める刑を 3 分の 1 減軽する。

③ 公務員又は公務担当者の資格を有する公的業務の従事者に対しては，その者が第 318 条に規定する目的で個人の側から金銭その他の利益の約束又は供与を要求したときは，第 1 項に定める刑を適用する。

④ 公務員又は公務担当者の資格を有する公的業務の従事者に対しては，その者が第 319 条に記載する目的で個人の側から金銭その他の利益の約束又は供与を要求したときは，第 2 項に定める刑を適用する。

（本条は，1990 年法 86 号により改正。第 2 項は，1992 年法 181 号により改正）

(注) 付加刑として公務員の資格剥奪を伴う。刑法 32 条の 4 による。

第 357 条（公務員の定義）

① 刑法において公務員（publici ufficiali）とは，立法，司法又は行政の職務を行う者をいう。

② 刑法においては，公法の規範及び権限に基づく行為により規律される行政上の職務であって，かつ，行政の意図の形成及び表明により，又は権限もしくは証明権限の行使によって特徴づけられる職務は，公的（publico）である。

（1990 年法 86 号，1992 年法 181 号により改正）

3 外国公務員等に係る汚職罪

本節の「まえがき」で述べたように、イタリアは、いくつもの汚職関係条約を批准している。その批准のためには、条約の趣旨に従って国内法を整備する必要がある。この見地から刑法に若干の条文が追加された。

ここで、本項の見出しを「**外国公務員等**」という表現にしたのは、外国の公務員のほか、1997年のEU条約に従って、欧州共同体（European Communities＝EC, Communautés européennes, Communità europee）の職員と並んでEU（欧州連合）（European Union＝EU, Union européenne）の職員に係る汚職犯罪も規制の対象とされているからである。わが国では上記EU条約のことは余り知られていないが、ヨーロッパ諸国との関係において国際汚職ないし国越汚職（transnational corruption）の問題を考えるに当たっては、いわば"外国公務員"概念が拡大されていることに留意することが望まれる。

第322条の2（欧州共同体の機関の職員並びに欧州連合及び外国の職員の公物横領、利益の不正強要、贈賄及び贈賄の教唆）
① 第314条、第316条、第317条から第320条までの規定並びに第322条第3項及び第4項の規定は、次に掲げる者にも適用する。
　1）欧州共同体委員会、欧州議会、欧州共同体司法裁判所及び欧州共同体会計裁判所の構成員
　2）欧州共同体の職員服務規定又は欧州共同体の従業員にも適用される規則に違反したとされる職員及び従業員
　3）欧州共同体の加盟国から派遣された者又は欧州共同体に属する公的もしくは私的団体から派遣された者。ただし、欧州共同体の職員又は従業員に相応する職務を行うときに限る。
　4）欧州共同体を構成する諸条約に基づいて設立された団体の構成員及び従業員
　5）欧州連合の加盟国の領域内において、公務員及び公的業務の担当者の職務又は活動に相応する職務又は活動を行う者

② 第321条並びに第322条第1項及び第2項の規定は，金銭又はその他の利益が供与され，申し込まれ，又は約束されたときにも，次に掲げる者に適用する。
　1) 本条第1項に記載する者
　2) 他の外国の領域内又は公的国際機関の範囲内において公務員及び公的業務の担当者の職務又は活動に相応する職務又は活動を行う者。ただし，その行為が自己又は他人のために国際商業活動において不正な利益を得させるために行われたときに限る。
③ 第1項に記載する者は，同様の職務を行うときは，公務員およびその他の場合における公的業務の担当者と同視される。
　　　(注)　刑法32条の4により，付加刑として資格剥奪を伴う。
　　(本条は，2000年法300号により追加)

第322条の3（没収）

① 第314条から第320条までに規定する罪のいずれかについて刑の言渡しがなされる場合又は刑事訴訟法第444条〔請求による刑の適用〕の場合には，行為が第322条の2に記載する者によって行われたときでも，利益又は価額がその罪とは無関係な者の所有に属するときを除いて，つねにその財産の没収を命じ，又は没収が不可能であるときは，その価額に相応する価値につき，犯人が処分権を有する財産の没収を命ずる。
② 第321条に規定する罪に因り，刑の言渡し又は刑事訴訟法第444条〔請求による刑の適用〕に基づく刑の適用の場合には，第322条の2第2項の罪が犯された場合でも，財産がその罪とは関係のない者に属するときを除いて，罪の利益に当たる財産の没収をつねに命じ，又はその没収が不可能であるときは，その収益の額に相当する価値につき，その者が処分権を有する財産の没収を命ずる。ただし，この価値は，公務員，公的業務の担当者又は第322条の2第2項に記載するその他の者に供与し，又は約束した金銭その他の利益の価値を下らないものであることを要する。
③ 第1項及び第2項の場合には，裁判官は，刑の言渡しに当たり，利益の金額を決定し，又はその罪の利益もしくは価格を構成する財産又はその罪の利益もしくは価格に相当する価値の没収の対象となる財産を特定する。
　　(本条は，2000年法300号により追加)

4　詐欺罪に係る刑法改正

　刑法第2編「各則」第13章「財産に対する罪」のうち，第2節「詐欺の罪」についても，前記2000年法律300号により追加が行われている。それに関連する限りで，若干の規定を掲げる。

第640条（詐欺）
① 　偽計又は策略を用いて人を錯誤に陥れることにより，他人に損害を生じさせて自己又は他人に不正の利益を得た者は，6月以上3年以下の懲役及び51ユーロ以上1,032ユーロ以下の罰金に処する。
　　㊟　1981年法689号により罰金額をリラからユーロに改めた。なお，本条の罪に因り刑の言渡しを受けた者は，刑法32条の4により，付加刑として資格剥奪を伴う。
② 　次に掲げる場合には，刑は，1年以上5年以下の懲役及び309ユーロ以上1,549ユーロ以下の罰金に処する。
　1）行為が国又は他の公的団体に損害を与えて犯されたとき，又は兵役を免除させる口実の下に犯されたとき。
　2）行為が官憲の命令を実行するという想像上の危険の脅怖又は錯誤から生じた脅怖を被害者に生じさせて犯されたとき。
③ 　本罪は，被害者の告訴を待って，公訴を提起する。ただし，前項に規定する事情又はその他の加重事情のいずれかがあるときは，この限りでない。
　　（本項は，1981年法689号および1999年法197号により改正）

第640条の2（公的寄付の達成による加重詐欺）
　　第640条の罪に関して，国その他の公的団体又は欧州共同体の側から，名称のいかんを問わず交付され，又は寄付された拠出金，出資，無償の援助又はその他同じ種類の寄付金に関して行為がなされたときは，1年以上6年以下の懲役に処し，かつ，職権によって訴追する。
　　㊟　本条は，1990年3月19日法55号により追加され，2000年法300号により改正された。なお，「職権によって訴追する」とは，訴追が義務づけられることを意味するであろう。

第640条の3（情報詐欺）
　　（本条は，1993年法547号により追加

第 640 条の 4（第 322 条の 3 の適用）
　第 640 条第 2 項 1 号，第 640 条の 2 及び第 640 条の 3 第 2 項の場合には，行為がシステムのオペレーターの資格を濫用して犯されたときを除いて，第 322 条の 3 に含まれる規定を適用する。
　（本条は，2000 年法 300 号により追加）

第 3 節　法人の法的責任

1　憲法 27 条 1 項

　イタリアの新憲法（1947 年公布，48 年 1 月 1 日施行）の 27 条 1 項は，「刑事責任は，人的である」（La responsabilità penale è personale.）と規定している。ここにいわゆる「人的」の意味については，各種の議論がある[5]。そして，憲法 27 条 3 項は，「刑罰は，人道の感覚に反する処遇（trattamenti）であってはならず，また，刑の言渡しを受けた者の再教育（rieducazinoe del condannato）を目ざすものでなければならない。」と規定している。
　これらの規定から，イタリアでは，法人の刑事責任は認められない，という見解が有力に説かれている。そのゆえか，刑法には，法人に対する刑（たとえば，罰金，権利制限刑）を科する規定は存在しない。このことは，フランスの新刑法（1992 年制定，1994 年施行）が「法人に適用される刑」（Des peines applicables aux personnes morales）として，罰金のほか，法人の解散，職業活動の禁止，司法監視，事業所の閉鎖，公契約からの排除，刑事判決の公示等の刑罰を規定している（刑 131-37 条以下）のと対照して，実に特徴的なことである。
　それでは，イタリアでは，公務員への贈賄の罪について，企業の従業員が企業のために贈賄をした場合でも行為者のみが罰せられ，その行為者の属する企業の幹部や上司は，罰せられないのか。それは常識にも反するので，その企業の経営者，役員，上司等は，部下の従業員に贈賄を命じ，教

唆し又は幇助した罪などに問われる。イタリアでは，共犯について統一的正犯概念が採用されているので，わが国における共謀共同正犯論にも似て，教唆犯や幇助犯よりもむしろ共同正犯として処罰される場合が多いようである。

しかし，それでは，罰せられるのは個人であって，法人ではないことになる。そうすると，OECD 条約 2 条（法人の責任）が締約国に対し，「外国公務員への贈賄につき，自国の法原則に従って，法人の責任を問うために必要な措置をとる」べきことを義務づけていることと相容れないのではないか，という問題が生ずる。

ところで，OECD 条約 2 条は，「法人の責任」(responsibility of legal persons ; responsabilité des personnes morales) を問うべき旨を規定しているにとどまり，「刑事責任」を問うべきことを要請しているのではない。OECD 条約の注釈は，「ある締約国の法制度において，刑事責任が法人に適用されないときは，この規定は刑事責任を問うべきことを義務づけていない。」と明記している。[6] その理由は，締約国の中には，法人の刑事責任を問うことにつき（イタリアのように）憲法上の障害がある国があり，また，法人の刑事責任を問うことにつき伝統的に消極的態度を維持している国があることを，条約草案の作成者らが考慮したためである。

(5) 森下・イタリア刑法研究序説（1985 年，法律文化社）4 頁以下を見よ。なお，憲法 27 条 1 項にいわゆる「人的」を「一身専属的」と訳している文献がある（三省堂・新解説　世界憲法集第 2 版における「イタリア共和国憲法」の訳（同書 130 頁）をみよ）。しかし，"personale" を「一身専属的」と訳するのは，適当でない。上記森下の著書 5 頁以下を参照。
(6) Commentaires relatifs à la (OECD) Convention, Art. 2, para 20.

2　イタリアにおける法人の責任を問う動向

OECD 条約 2 条は，「その〔締約国の〕法原則に従って」(in accordance with its legal principles) という限定を設けている。法人の刑事責任を認める

ことにつき支障がある国についても，法人の民事上または行政上の制裁を科することは可能なはずであする。そして，場合によっては，法人に対して罰金を科するよりも，むしろ民事上または行政上の制裁を科す方がより大きな犯罪抑止効果を挙げることがありうる。

〔Ⅰ〕 2001年委任政令231号

イタリアでは，2001年6月8日委任政令（decreto legislativo＝D. Lgs.）No. 231が制定された。この委任政令[7]は，憲法76条および87条により政府が両議院の委任を受けて制定するものであって，法律の効力を有する（憲77条）。

2001年委任政令231号は，団体の行政責任を導入したものとして重要な意味をもっている[8]。その名称は，「法人並びに法人格をもたないものをも含む会社及び協会の行政責任の規律」（Disciplina della responsabilità amministrativa delle persone giuridiche, delle società e delle associazioni anche prive personalità giuridica）となっている。

第1条の見出しは‛soggetti'（主体）であるが，enti（enteの複数形）（実在を意味する言葉）の責任を規律する旨が明記されている（1項）。ここにいう‛enti'（仮に‛企業'と訳しておく）は，法人（persona giuridica），会社（società compagnia）および協会（associazione）を包含する用語である。

なお，わが国の学者の中には，この委任政令を内容に則して「企業刑法」と呼んでいるものがあるが[9]，適当な訳語とは思えない。2001年委任政令231号は，企業に対する行政制裁を規定したものであることを留意していただきたい。

第1条は，次のとおり規定する。

第1条（本法の目的）
1 この委任政令は，犯罪に基づく行政的不法行為に因る企業（enti）の責任を規律する。
2 この政令で定める規定は，法人格（personalità giuridica）を有する団体並

第3節　法人の法的責任　*233*

びに法人格をもたなくても会社（società）及び協会（associazioni）に適用する。
3　国，地方公共団体，経済的性格をもたない公共団体及び憲法的重要性を有する職務を行う団体にも適用しない。

　この規定から理解されるように，犯罪にもとづく行政責任を問われる主体は，法人のほか，法人格をもたなくても会社および協会となっていて，これらは，'enti'（団体，企業，機関を意味する 'ente' の複数形）という文言で包括されている。本稿では，この語を「企業」と訳すことにする。
　2001年委任政令231号（以下「**2001年政令**」という。）は，85か条から成る体系的で，重要な法令であって，そこには実体法的規定と手続法的規定とが含まれている。内容的には，"**企業責任法**"と呼ぶことのできるものである。
　この**委任政令によって企業の法的責任を問うこととされた犯罪（対象犯罪）**としては，次に掲げるものがある。
　1．公行政に対する罪（24条）
　2．企業犯罪（reati societari）（25条の3）
　　　これには，民法2621条等に規定する false comunicazioni sociali（貸借対照表偽造の罪？）など17種類の罪が含まれる。
　3．通貨，クレジット・カード等の偽造（25条の2）
　4．テロ目的の犯罪または民主的秩序破壊の罪（25条の4）
　5．個人の人格に対する罪（25条の5）
　6．市場の濫用（abusi di mercato）（25条の6）
　7．健康の保護及び労働の安全に関する法令違反による過失致死または重大な傷害（25条の7）
　8．マネー・ロンダリング（25条の8）
　9．ICT犯罪（インターネット関連犯罪）

　これらの犯罪について企業責任（entity's responsibility）が問われるのは，

それらの企業の代表者，社長もしくはマネジャーにより，又はその企業を管理もしくは統御する責任のある個人（いわゆる high-level persons）によって，その者の利益において犯罪が行われた場合に限る。しかし，企業は，当該犯罪が行われる以前に，同様の犯罪を防止するにつき適当な管理，組織および監査のモデルを講じていたときには，責を問われない。

これに関しては，企業内で Compliance Program を作成・実施すべきことを初めとして，各種の行動をとるべきことが要請されている。また，企業の経営者，幹部および企業のために恒久的または臨時に働く者については，Ethical Code of Conduct（略称　Code of Ethics）により指針を設けることが求められている。これは，企業をして Code of Ethics に適合して社会的責任を果たさせるようにすることを意図したものである。

EU の枠内では，いずれの企業も Corporate Social Responsibility＝CSR（企業の社会的責任）を促進するため進んで必要な措置を促進・適用することが求められている。

(7)　decreto legislativo は，D. Lgs. として略記されることもある。しかし，decreto legge（緊急政令）が D.L. と略されることがあるので，混同を避けることが望まれる。decreto legge は，憲法 77 条 2 項にもとづき，「緊急の必要がある非常の場合に」制定するものであって，法律の効力を有するものではある。しかし，その公布後 60 日以内に両議院において法律に転換されなければ，初めからその効力を効う（77 条 3 項）。
(8)　吉中信人「イタリア刑法における企業犯罪の法的規制」広島法学 34 巻 3 号（2011 年）43 頁。
(9)　甲斐＝田口共編・企業活動と刑事規制の国際動向（2008 年，信山社）409 頁，431 頁。

〔Ⅱ〕　企業の責任（法 5 条）

2001 年政令第 5 条は，企業の責任（responsabilità dell'ente）につき，次のとおり規定する。

第5条（企業の責任）
1 企業は，次に掲げる者によって企業のために又は企業の利益において犯された罪につき，責を負う。
　a 企業の代表，管理もしくは支配の権限を有する者又は企業の連合体の財政上及び職務上の自主権を与えられている者並びに事実上にせよ，それら企業又はその連合体の管理及び統制を行う者
　b 前号に記載する者のいずれかの指揮又は監督に服する者
2 第1項に規定する者がもっぱら自己又は他人の利益のために行為したときは，企業は責を負わない。

この規定によれば，行為者の犯罪にいわば連動して，企業の行政的責任を追及する方策が採用されているのである(10)。第2項の規定は，いわば当然の事柄を規定したものである。

3　行政制裁

2001年政令第9条は，行政制裁（sanzioni amministrative）として，次の4つのカテゴリーを規定している。
　a　課徴金（sanzione pecuniaria）
　b　権利制限制裁（sanzioni interdittive）
　　これには，次の5種類がある（2項）。
　　(a) 業務遂行の禁止
　　(b) 不法行為の許可，認可または免許の取消し
　　(c) 行政との契約の禁止。ただし，公的業務を行う資格を取得することを除く。
　　(d) 優遇措置，融資，分担金（contributi）または補助金からの排除およびすでに認可された上記措置の取消し
　　(e) 財産または業務を公表することの禁止
　c　没収(11)
　d　有罪判決の公示

上記の行政制裁の時効は，罪を犯した日から5年で完成する（22条）。

ここで注意すべきは，課徴金について単位課金（quote）制度が採用されていることである。それは，犯罪ごとに100以上1,000以下の単位に応じて適用される（10条）。1単位（una quota）の金額は，最低50万リラ（258ユーロ），最高300万リラ（1,549ユーロ）である（10条2項）。減額された額の支払いは許容されない（3項）。

第11条（課徴金の量定の基準）は，比例性を担保するため量定基準を定めている。それによれば，裁判官は，事案の重大性，企業の責任の度合い，さらに行為の結果を軽減するために行われた活動および事後の不法行為を防止するために行われた活動をめぐる諸事情を考慮して，単位数を決定する（第1項）。その後，1単位の金額は，制裁の効果を確保するため，企業の経済状況および資産状況を基礎にして決定される（第2項）。

課徴金は，事情により2分の1まで減軽することができる（12条）。未遂の場合には，課徴金および権利制限制裁は，3分の1から2分の1まで減軽することができる（12条）。

なお，2001年政令は，企業が吸収，合併，分割または譲渡された場合に，行政制裁はどのように決定されるかにつき，くわしい規定を設けている（第28条から第33条まで）。

(10) 吉中信人・注(8)前掲論文49頁。
(11) 犯罪の対価または収益の没収は，判決により必要的に企業に科せられる（19条1項）。

4　企業責任の法的性質

イタリアにおける企業責任の法的性質については，3つの説が提唱されている[12]。

〔Ⅰ〕　行政責任説

この説は，憲法27条1項が「刑事責任は人的である。」と規定している

ところから出発して，法人（persona giuridica）その他の団体が刑事責任（responsabilità penale）を科せられることはありえない道理であり，それゆえ，企業は「犯罪にもとづく行政的不法行為」（illeciti amministrativi dependenti da reato）（2001年政令9条参照）について行政的制裁（sanzioni amministrative）を問われうるにすぎない，と論ずる。

形式的には，たしかにそのとおりである。「行政的制裁」は，刑法第1篇第2章に定める「刑」（pene）ではない。金銭的制裁については，刑法では「罰金」（ammenda）が科せられれのに対し，2001年政令10条には，「金銭的行政制裁」（sanzione amministrativa pecuniaria）という名称が用いられている。[10]形式的な解釈論からすれば，この説が優勢であるように見える。特に，憲法の規定との関係から見れば，理論的に整合性が認められる。

〔Ⅱ〕 刑事責任説

この説は，実体的観点に根拠を置いている。特に，2001年政令にもとづく手続規定を見れば，行政制裁を科する手続は刑事手続と同様である。すなわち，同政令34条（適用可能な手続規定）は，「犯罪に基づく行政的不法行為に関する手続は，この条の規定並びに両立可能な限りで刑事訴訟法及び1989年7月28日委任政令第271号の規定に従う。」と規定している。

この基本的立場から，第36条は，「企業の行政的不法行為を審理する権限は，同一の犯罪が係属している刑事裁判所に属する。」と規定している。この規定にもとづき，自然人に対する審理を担当する刑事裁判所が，その自然人が犯した罪にもとづく行政的不法行為をも同時に審理するのである。これを見れば，企業が問われる法的責任は，実質的には刑事責任であると解される，というのである。

〔Ⅲ〕 準刑事責任説

この説は，いわば上記両説の折衷説であって，企業が問われる法的責任は，実体に則して見れば限りなく刑事責任に近いものであり，犯罪にもとづく行政的不法行為に対して科せられる行政制裁もまた限りなく「刑」に

近い，と解するのである。行政制裁のカタログの中には業務停止，資格停止のごとき権利制限が含まれていることに着眼すれば，刑事責任説に全面的には賛成しがたい面もある。

このようにして，イタリアでは，学説が分かれている。われわれにとって，注目すべき点は，刑事裁判所が審理する同一の事件において，自然人に対する刑事責任と並んで企業に対する行政責任をも問うということであろう。

イタリアにおける学説の状況については，前記（注 8）の吉中論文が有益であるので，それを参照していただきたい。

(12)　吉中・注(8)前掲論文 48 頁以下。

5　企業責任を問うための重要規定

2001 年政令について上述したこと以外で，企業の法的責任に係る重要な規定を紹介する。

〔Ⅰ〕　国外犯，団体の責任

第 4 条（国外犯）

第 1 項によれば，刑法 7 条（国外犯），8 条（外国で犯された政治犯），9 条（外国における国民の普通犯罪）および 10 条（外国における外国人の普通犯罪）に規定する場合および要件の下で，イタリア国内に主たる事業所（sede）を有する団体は，その犯罪地国がその犯罪を訴追するときを除いて，外国で犯した罪との関係においても，責任を負う。

第 2 項によれば，司法大臣の請求を待って訴追する犯罪については，司法大臣の請求によってのみ訴追される。

第 5 条（団体の責任）は，重要な規定である。その条文は，次のとおり。

1　団体は，その利益又は特典のために次に掲げる者により犯された罪について責を問われる。

　　a）財政上かつ業務上の自律権を与えられた団体又はその連合体の代

表者，執行役員又は取締役並びに事実上それらの団体又は連合体の管理及び統制を行う者
  b）前号に掲げる者の指揮又は監督に服する者
 2　第1項に規定する者がもっぱら自己又は他人の利益のために行為したときは，団体は責を問われない。

〔Ⅱ〕　コンプライアンス・プログラム（内部準則）
　第6条は，いわゆるコンプライアンス・プログラム（略称　コン・プロ）に関する規定であって，実務上重要な意義をもつ規定である。本法では，"i modelli di organizzazione e di gestione"（直訳すれば，「組織化及び管理のモデル〔規範〕」となるであろう。）という文言が用いられている。英語では，この語は'Organisational Model'と訳されている。本稿では，これを仮に「内部準則」と訳しておく。参考のため，この条文の仮訳を掲げる。

第6条（管理職にある者及び内部準則）
 1　企業は，第5条第1項a号に規定する者により罪が犯された場合において，次に掲げる事項を証明するときは，責を問われない。
  a）執行部が，その行為が犯される前に，それに関連する種類の犯罪を防止するに適した内部準則を採択し，かつ有効に実施していたこと。
  b）内部準則の運用を監視する任務及び内部準則を時代に適合させる順守が，発議及び監視の独立権限を有する，企業内のある機関に付与されていること。
  c）行為者が詐欺的に内部準則を避けて犯罪を行ったこと。
  d）b号に規定する部署の側で監視を怠らず，又は不十分な監視をしなかったこと。
 2　付与された権限と犯罪遂行の危険との関係においては，第1項a号に規定する内部準則は，次の要求に応ずるものでなければならない。
  a）その範囲内で犯罪が行われることのある活動を個別化すること。
  b）予防すべき犯罪に関する企業の決定の作成及び実現を計画作りすることに向けられた特別の文書を用意すること。
  c）犯罪の遂行を防止するのに適した財政的資金の管理の態様を個別化す

ること。
　　d）内部準則の運用及び順守の監視を委託された機関内における通報義務
　　　を定めること。
　　e）内部準則に示された措置の不履行を制裁するに適した懲戒制度を採用
　　　すること。
3　内部準則は，第2項に規定する要求を保証して，企業の代表者会議により
　起草された行動規範（codici di comportamento）に基づき，司法大臣に通知
　した上，これを採択することができる。司法大臣は，関係大臣と協議の上，
　30日以内に，犯罪を防止する準則の適性について順守事項を定めることが
　できる。
4　小規模の企業においては，第1項b号に記載する任務を支配人が直接に
　修正することができる。
5　企業が犯罪から得た利益及びその換価物は，すべて没収する。

　第8条は，**企業の責任の自主性**（autonomia）について規定する。それによれば，犯罪の行為者が判明せず，又は責任なしとされたとき，および犯罪が恩赦によって消滅したときでも，企業の責任は存続する（1項）。

　興味のあるのは，行政制裁については犯罪が既遂に達した日から5年経過することによって時効が完成することである（22条）。

　なお，企業の転換，合併および分割の場合について明文規定があるので，それを紹介する。

　第28条（企業の転換）によれば，企業の転換（transformazione）の場合には，転換に先立って行われた犯罪について，企業の責任は存続する。ここでいわゆる転換は，たとえば，車両販売会社が運送会社に業種を変更するような場合をいうであろう。

　企業の合併（fusione）── 吸収（incorporazione）も含まれる ──の場合には，合併前に当該企業が責任を負う範囲内で責を問われる（29条）。

　企業の分割（scissione）の場合は，やや複雑である（30条）。

　まず，部分的分割（scissione parziale）の場合には，第3項（後出）に規定する場合を除いて，企業は，分割が行われる日の前に犯された罪について

責を問われる（1項）。

　分割された企業は，分割が実施された日に先立って犯された罪につき，分割された企業が負う金銭的制裁の支払いにつき連帯責任を負う（2項）。第2項に規定する罪に関する権利制限制裁（sanzioni interdittive）は，残った方の企業又は分割移転した方の企業に適用される（3項）。

　すでに企業に対する制裁の法的責任について述べたように，行政制裁は，実質的には刑罰に準ずる性格を帯びている。そのことは，手続面にも反映している。その関係条文を次に掲げる。

第34条（適用可能な手続規定）
　　犯罪に従属する行政的不法行為（illeciti amministrativi）に関する手続については，本章の規定並びに刑事訴訟法及び，適合する限り，1989年7月28日委任政令第271号の規定を適用する。

第35条（被告人に関する規定の拡大）
　　企業には，適合する限りで，被告人に関する規定を適用する。

第36条（刑事裁判官の権限）
1　行政的不法行為を審理する権限は，その不法行為の原因となる犯罪につき権限を有する刑事裁判官に属する。
2　行政的不法行為の確認手続については，その行政的不法行為の原因となる犯罪に係る関連の手続規定に従う。

第40条（国選弁護）
　　私選弁護人を選任していない企業又は国選弁護人の弁護を受けていない企業は，国選弁護人の弁護を受ける。

第69条（有罪判決）
1　企業が確認された行政的不法行為につき責任を問われるときは，裁判官は，法律の定める制裁を適用し，かつ訴訟費用の負担を言い渡す。
2　権利制限制裁を適用する場合には，判決は，つねに制裁の対象となる活動又は構造を明示しなければならない。

6 特色のある事柄

上述したことを補足する意味で，特色のあることを書いておくことにしたい。

〔Ⅰ〕 民法第 2635 条

民間部門における特別な贈収賄を処罰する規定が，下記のとおり民法第 2635 条として設けられている。

第 2635 条（利益の供与又は約束を理由とする不誠実）
1 法律上の義務に違反して，利益を約束し又は承諾することにより会社に損害を生じさせ，よって義務に違反した支配人，取締役，管財人及び清算人は，3 年以下の懲役に処する。
2 利益を供与し，又は申し込んだ者も，同一の刑に処する。
3 イタリアもしくはヨーロッパ共同体の取引市場に登録された保証（garanzia）又は 1998 年 2 月 24 日の委任政令第 58 号第 116 条に従って登録された極めて一般向けの保証（very popular listed securities）を有する会社の場合には，刑を 2 倍にする。
4 刑事手続は，告訴によって開始する。

本条の罪に係る刑事訴追は，ローマ，ミラノ，ナポリなど 8 つの検察庁における人数は，2005 年から 2010 年までの 6 年間で，合計 26 件にすぎなかった。[14]

(14) GRECO, Compliance Report on Italy. Joint First and Second Round Evaluation, 2011, p. 8.

〔Ⅱ〕 過失致死又は重大な傷害に係る企業責任

刑法で処罰する一連の汚職関連犯罪および 2001 年政令で規定する違反行為は，その性質上，故意で行われたことを建前とするものであるが，

2001年政令第25条の7は，過失致死および重大な過失傷害の場合にも企業責任を問うこととしている。これは，注目すべき規定である。

第25条の7（健康の保護及び労働安全に関する規範の違反によって犯された致死又は重大な傷害）
1 健康及び労働安全に関する2007年8月3日法律第123号の委任により制定された委任政令第55条第2項に違反して犯された刑法第589条〔過失致死〕の罪に関しては1,000単位に相当する課徴金を科する。この罪による有罪判決の場合には，3月以上1年以下の期間，第9条第2項の権利制限制裁を適用する。
2 第1項に規定する場合を除き，健康の維持及び労働の安全に関する規範に違反して犯された刑法第589条の罪に関しては，250単位以上500単位以下の課徴金を適用する。この罪に因る有罪判決の場合には，3月以上1年以下の期間，第9条第2項の権利制限制裁を適用する。
3 健康の保護及び労働の安全に関する法令に違反して犯された刑法第590条〔過失傷害〕第3項の罪に関しては，250単位以下の課徴金を適用する。この罪に因る有罪判決の場合には，6月以下の期間，第9条第2項の権利制限制裁を適用する。
　　(注) 本条は，2007年8月3日法律第123号第9条により追加された規定であるが，2008年4月9日の委任政令第81号第300条により，このように改正された。

第10章　ポルトガルの汚職防止法制

第1節　国土と歴史
第2節　ポルトガルの刑法
第3節　刑法における贈収賄
第4節　国際取引および民間部門における贈収賄
第5節　法人の法的責任
第6節　批准した関係条約

第1節　国土と歴史

1　ポルトガルと日本との結び付き

　ポルトガル共和国(República Portuguesa),通称ポルトガルは,西ヨーロッパのイベリア半島に位置する共和制国家である。北と東にスペインと国境を接し,西と南は大西洋に面している。ヨーロッパ大陸部以外にも,大西洋上にアソーレス諸島とマディラ諸島を領有している。
　ポルトガルは,かつてはヨーロッパ主導の大航海時代の先駆者となった。そのため,ヨーロッパで最初に日本や中国など,東アジアとの接触をもった国である。
　1509年のディヴ沖海戦で勝利し,インド洋の制海権を確保し,さらに東進したポルトガル人は,1541年～1543年には,日本へもやってきた。ポルトガル人の到来をきっかけにして,日本では南蛮貿易が始まり,織田信長などの有力大名の保護もあって南蛮文化が栄えた。
　1549年,キリスト教布教のために,イエズス会のフランシスコ・ザビエ

ル（Francisco de Xavier）神父（スペイン人）が，来日した。以来，多くのポルトガル人や宣教師がやってきた。その時から鎖国までの，「キリシタンの世紀」と呼ばれる1世紀の間に，日本人は，ポルトガル人宣教師を介して，キリスト教をはじめ，当時の先進的な技術や知識に接し，それらを学んだ。

そのような関係で，多くのポルトガル語が，今日，日本語となっている。たとえば，パン（pão），タバコ（tabaco），カルタ（carta），コップ（copo），オルガン（órgão）など，数え上げれば切りがない。

2　ポルトガル王国の盛衰

先史時代や「ローマの平和」（pax romana）といわれる時代などのことは，さて措く。

711年，イベリア半島は，イスラム遠征軍によって制圧された。以来，イベリア半島をキリスト教徒の手に奪回する戦い，レコンキスタ（reconquista）が続けられた。1143年，カスティリア（スペイン）王国の宗主下で成立したポルトガル王国は，1149年，十字軍の助けを得てリスボンを解放。1249年には，レコンキスタは完了した。1385年，ポルトガルは，カスティリア（スペイン）から独立した。

以後，エンリケ航海王子（1394年～1460年）を中心として，ポルトガルの海外進出が本格化した。1500年には，ペドロ・アルヴァレス・カブラルが，ブラジルを発見し，ポルトガルによるアメリカ大陸の植民地化が進んだ。ブラジルは，ポルトガルに巨万の富をもたらした。こうして，ポルトガルは，全世界に広大な植民地を獲得した。

しかし，16世紀後半以降から，ポルトガルは徐々に衰退を始め，1580年，スペイン帝国に併合された。1640年，スペインから独立。

1815年，ブラジルが王国に昇格。ついで，1822年，ブラジル帝国が独立した。ブラジルの独立後，ポルトガルでは，国内の自由主義者と保守主義との間で，1832年から1834年まで内戦が続いた。結局，自由主義者の勝利に帰した。しかし，権力層による大土地所有制の拡大が進むにつれて，余剰労働力が増加し，その結果，19世紀後半から20世紀後半まで，ポルトガ

ル人は，ブラジルや西ヨーロッパの先進国に移住することになった。

　1910年10月，ポルトガルでは共和主義者による革命が成功。ポルトガルは共和政に移行した。翌1911年には，急進的な憲法が制定された。その後，幾度かのクーデターと内閣崩壊をくり返した後，1926年5月のクーデターにより，軍事政権が成立。その軍事政権の下で，1932年に首相に就任したサラザール（Antonio de Oliveira Salazar）は，1933年，新憲法を制定し，独裁を開始した。

　サラザールは，第2次世界大戦には，親連合国的な中立政策で乗り切り，「新国家」（Estado nuovo）を維持した。サラザールの独裁体制に対しては，抵抗運動が続けられたが，サラザールは，これらの運動を徹底的に弾圧した。

3　カーネーション革命

　第2次大戦後，世界は，脱植民地化時代に突入した。英国からのインド独立は，その代表的なものである。ポルトガルも，国外に所有していた植民地を次々に失った。

　1973年9月，ポルトガル領ギニアで勤務していた中堅将校により始められた民主化運動は，翌1974年3月，全軍を包括する「国軍運動」（Movimento Forças Armadas＝MFA）に再編された。

　1974年4月25日，国軍運動の実戦部隊が，突如，反旗をひるがえした。反乱軍に加わった民衆は，ヨーロッパ史上最強といわれた独裁体制を打倒し，無血のうちに‘カーネーション革命’（Carnation Revolution）が達成された。

　1976年4月，「階級なき社会」への移行と社会主義の建設を標榜した急進的な憲法が制定された(1)。その後，左派の大統領と右派の首相が併存するコアビタシオン（cohabitation, 保革共存）体制が成立し，1982年，急進的な1976年憲法が一部改正された(2)。しかし，このコアビタシオンは，1996年の大統領選挙で社会党が勝利したことによって，崩壊した。2002年の議会選挙では，社会民主党が第1党となった。同年，名目上，ポルトガルの植民

地であった東ティモールが独立を果たした。

こうした歴史の変遷によって，1415年の大航海時代の始まりと共に生まれた'ポルトガル帝国'は，名実共にその歴史を終えて消滅した。

憲法は，1976年の制定以降，たびたび一部改正されている。その中で，重要な意義をもつのは，1982年の第1次改正と1989年の第2次改正である。最近の一部改正は，2005年6月2日，EU憲章との適合性を図るために憲法条文を修正するものであった。[3]

本稿で引用する憲法の条文は，2005年の一部改正を織り込んだ現行規定である。

(1) この1976年憲法は，その後，1982年，1989年，1992年，1997年，2001年，2004年および2005年に一部改正をほどこされているが，基本的には，これが現行憲法となっている。
(2) 1982年の第1次一部改正は，政治体制に適合させることを目ざすものであった。なお，1982年改正により，違憲審査権をもつ憲法裁判所が創設された。
(3) http://en.wikipedia.org/wiki/Constitution of Portugal, 2012, p 2. The European Union Constitution. The ratification process in Portugal. http://www.proyectos.cchs.csic.es/euroconstitution/Treaties/Treaty-Const-Rat-porutogal.htm., 2012, p. 1.

第2節　ポルトガルの刑法

1　近代的刑法典の歩み

ポルトガルの近代的な刑法典（Código Penal）は，1852年制定のものに始まる。この刑法典は，1810年のフランス刑法典の影響を強く受けたものであった。それは，前節で概観したとおり，内戦の結果，自由主義陣営が勝利を収めた後，制定されたものであった。

次いで，20世紀に制定されたのは，1982年9月に公布され，翌1983年1月1日から施行された刑法典である。この刑法は，フランス，ドイツ，イ

タリアおよびスイスから範を取り，法治国思想を基本とするものであった[4]。この1982年刑法（以下「旧刑法」という。）は，時あたかも急進的な1976年憲法の一部改正を反映したものであった。

旧刑法は，制定当時から改正が検討されていた。それは，1974年の無血革命（'カーネーション革命' とも 'リスボンの春' ともいわれる）以降，不安定な政権交替をくり返してきたポルトガルが，1985年に社会民主党（PSD）を率いるシルバ首相の下で長期の政権を維持したこと，1986年にEC（欧州共同体）に加盟して以来，年平均4.6％の実質的経済成長を続けたことなどを背景とするであろう。

こうして，旧刑法に代わるものとして，1995年2月17日公布，同年10月10日1日施行の新刑法典が誕生した。

新刑法は，1976年憲法の精神により良く適合させ，かつ，刑事立法政策の見地から法治国思想を実現することをめざした。具体的には，罪刑法定主義と保安処分法定主義の確立，憲法的価値秩序への適合原則の実現，責任主義，人間の尊厳の不可侵主義，人道主義などを具体化することが基本原則とされている[5]。

(4) 森下「ポルトガルの新刑法典」判例時報1651号（1998.11.21）14頁。
(5) Figueiredo Dias, Das portugiesische Strafgesetzbuch von 1982, in der Bewahrung, ZStW Bd. 1056, S. 77.

2　1995年刑法における基本原則と刑の体系

〔Ⅰ〕　刑法の基本原則

新刑法は，第1部「総則」（1条〜130条）と第2部「各則」（131条〜386条）とから成る。

新刑法について注目されるのは，新法は「犯罪」（crime）の処罰のみを対象としており，違警罪にあたるものが排除されていることである。犯罪を重罪と軽罪に分けることは，行われていない。

フランス法における違警罪（contravention）にあたるものは，秩序違反

(contra-ordenação) とされ，秩序違反に対しては非刑罰的ないし準刑罰的性格をもつ金銭的制裁である違反金 (coima) が科せられている。これは，ドイツ法において秩序違反 (Ordnungswidrigkeit) に対して秩序違反金 (Geldbuße) が科せられているのに相応する。[6]

新刑法は，犯罪に対する制裁として「刑」(penas) と「保安処分」(medidas de segurança) との二元主義を採る。そのゆえもあって，第1条（法定主義）(Principio de legalidade) では，罪刑法定主義（1項）と保安処分法定主義（2項）とを明記している。

このほか，犯罪の形態 (formas de crime)，違法性阻却事由，責任阻却事由等については，ほぼ大陸法系諸国の刑法におけるのと共通する規定を設けている。くわしくは，別の拙稿を参照されたい。[7]

(6) 森下・注(4)前掲論文14頁。
(7) 森下・注(4)前掲論文15頁。

〔II〕 刑の体系
A 2種類の主刑

刑 (penas) は，主刑 (penas principais) と付加刑 (penas acessórias) とに分かれる。

主刑は，拘禁刑 (pena de prisão) と罰金 (pena de multa) の2種類のみである。死刑 (pena de morte) は，つとに廃止されている。憲法24条（生命権）は，①「人の生命は，不可侵である」（1項）に続いて，②「いかなる場合にも，死刑は行われない。(Em caso algum haverá pena de morte.)」（2項）と明記して，死刑廃止を宣言している。

拘禁刑は，原則として1月以上20年以下であるが（41条1項），法律で定める場合には，最高25年とされ（2項），いかなる場合にも25年を超えることはできない（3項）。

無期自由刑 (life imprisonment) は，認められない。憲法30条（刑罰及び保安処分の限度）は，その第1項において，「いかなる刑罰も保安処分も，無

期の性格をもつ(9)，又は無期限もしくは不確定の自由剥奪又は自由制限であってはならない。」と明記することにより，無期刑を廃止しているのである。文献によれば，ポルトガルは，つとに1884年，世界のいずれの国にも先がけて無期刑を廃止したのである(8)。

比較法的に見れば，これは，1つの驚きである。立法例にあっては，死刑と並んで無期刑をも廃止している国は存在するが，それらの国の中には，有期刑の最高限度を——法律の明文規定がある場合に——40年にまで至ることができる旨，規定している国が存在するからである。

B 短期自由刑の特則

新刑法は，犯罪者処遇に関する新しい国際的動向を取り入れて，短期自由刑について新しい執行形態を規定している。

(a) 6月未満の拘禁刑は，再犯防止のために必要な場合を除いて，罰金またはその他の自由制限刑をもって代替することができる（44条）。ここにいわゆる「その他の自由制限刑」（outra pena não privativa da liberdade）とは，社会奉仕作業（prestação de trabalho a favor da cummunidade）（58条）とか，職業執行の停止（suspensão do exercício de função）（67条）などであろう。

(b) 3月未満の拘禁刑は，裁判所が定める形態の**休日拘禁**（prisão por dias livres）(10)で執行する（45条1項）。休日拘禁は，18回を超えない週末拘禁に相当する期間の自由剥奪を内容とする（2項）。1回の拘禁は，36時間以上48時以下とし，継続した5日の拘禁に相当するものとする（3項）。

(c) 3月未満の刑は，受刑者が同意する場合，**半拘禁**（semidetenção）(11)の制度で執行することができる（46条1項）。ここで「半拘禁」というのは，外部通勤(12)・外部通学のことであって，しかも，受刑者の通常の職業活動または通学を許すものである（2項参照）。半拘禁は，受刑の当初から許される。この種の施設は，普通，英語で，'halfway-house' と呼ばれている。

C 罰　金

　罰金は，すべて日数罰金（dias-multa）とされ，その期間は，原則として10日以上360日以下である（47条1項）。日額（uma quantia）は，5ユーロ以上500ユーロ以下の間で，裁判所が被告人の経済状況や債務を考慮して，これを定める（2項）。

　罰金を完納しないときは，換役処分として刑事施設内における労働をもって罰金に代替する（48条）。

　ところで，2007年9月4日法律59号によって，法人（団体，企業）の刑事責任が問われうることになった。法人に科せられる主刑として，罰金および解散（dissolução）がある（90条-A）。

　法人に対する罰金も，日数罰金である。日額は，100ユーロ以上1万ユーロ以下である。裁判所は，罰金の量定に当たり，当該企業の財政状況と並んで，従業員に支給すべき金額を考慮することができる。

　適用される罰金が240日以下である場合には，その企業を単純戒告（simple admonition, admonestação）をもってこれに代えることができる。

　これに対し，適用される罰金が600日以下であるときは，裁判所は，1,000ユーロ以上100万ユーロ以下の善行保証（good behaviour caution）をもって，これに代えることができる。この保証金は，1年以上5年以下の間，裁判所に供託しなければならない。この期間に，その法人が同様の罪を犯したときは，保証金は，国庫に帰することになる。さらに，適用される罰金が600日以下である場合には，裁判所は，1年以上5年以下の期間，当該法人を司法監視（vigilância judiciária）に付することによって，罰金に代えることができる（90条E）。この措置がとられるときは，司法監視の期間中，法人の活動を監視する責任を負う者（a person responsible to monitor）（モニター　monitor）が任命される。

D　法人（団体，組織体）の意義

　2007年法律59号は，法人に対する刑事責任を認めた。

　刑法90条Aによれば，法人を指す言葉として「組織体」（pessoas colectivas）および「団体」（pessoas entidades）が用いられている。なぜ，法人

（possea jurídica）という言葉が条文で用いられないのかは，明らかでない。推測するところ，法人格をもたない組織体または団体についても刑事責任を問うことができる，とするためであろう。というのは，刑法12条（他人の名における実行）が，「団体，協会（asociedade）もしくは事実上の単なる協会又は他人の法律上もしくは任意の代表として，機関（órgão）の名において故意で罪を犯した者は，罰せられる。」と規定しているからである。

第90条Ａの見出しは，「団体に適用される刑」（Penas aplicáveis às pessoas colectivas）となっているのであるが，以下，便宜のため，「団体」に代えて「法人」という表現を用いる。

(8) Life imprisonment. From Wikipedia, the free encyclopedia. http://en.wikipedia.org/wiki/Life-imprisonment, 2012, p. 1.
(9) 「無期の性格をもつ」（com carácter perpétuo）自由刑というのは，無期自由刑の意味である。
(10) 休日拘禁とは，土・日曜日が休日の場合，そのほか休暇期間に刑事施設に拘禁する執行形態である。この場合には，刑の言渡しを受けた者は，職業に就くこと，または勉学を続けることを妨げられない。森下・刑事政策大網（新版）(1993年，成文堂）57頁，228頁をみよ。
(11) 半拘禁につき，森下・注(10)前掲書57頁，58頁，226頁をみよ。
(12) 外部通勤は，昼間は施設外の作業場で働き，夜間および休日を刑事施設で過ごす執行形態である。森下・注(10)前掲書226頁，236頁をみよ。
(13) **日数罰金**は，すでに多くの国で採用されている制度である。day-fine（英），jours amendes（仏），días-multa（西），Tagessatz（独）などと呼ばれている。この方式では，判決文は，「被告人を罰金○○日に処する。日額を○○ドル（○○マルク）とする。」という表現になる。日数に日額を掛けて算出された額が，罰金額となる。森下・注(10)前掲書77頁以下をみよ。
(14) かつてポルトガルの通貨は，エスクード（escudo）であった。しかし，ポルトガルは，1999年1月，ヨーロッパの共通通貨であるユーロ（euro）に加入し，2002年1月1日からユーロが通用している。
(15) Lex Mundi Publication. Criminal Liability of Companies, Portugal, Copyright Lex Mundi Ltd. 2008, p. 2.
(16) Lex Mundi Publication, op. cit, p. 2. 刑法60条（戒告）による。
(17) Lex Mundi Publication, loc. cit.

(18) Lex Mundi Publication, loc. cit.

3　付　加　刑

総則第3編第3章「付加刑及び刑の効果」では，付加刑（penas acessórias）として，次のものが規定されている。

第65条（原則）
1．いかなる刑も，その必然的な効果として，身分的，職業的又は政治的権利の喪失を含まない。
2．一定の犯罪については，法律で特定の権利又は職業遂行の禁止を定めることができる。

〔Ⅰ〕　自然人に対する付加刑
付加刑として，次の3種類が規定されている。
1．職業禁止（Proibição do exercício de função）（66条）
これは，罪を犯して3年以上の自由刑に処せられた公務員につき，2年以上5年以下の期間，その職務執行を禁止する刑である。
2．職業執行の停止（suspensão do exercício de função）（67条）
これは，自由刑に処せられた公務員につき，刑の執行中，職務の執行を停止する刑である。
3．運転免許の禁止（Proibição de conduzir veículos com motor）（69条）
これは，道路交通法の重大な違反などを犯した者につき，3月以上3年以下の期間，車両の運転免許を禁止する刑である。

〔Ⅱ〕　法人に対する付加刑
第90条Aは，次の6種類の付加刑を規定している（2項）。
a）　司法命令（injunção judiciária）
b）　活動の禁止（interdição do exercício de actividade）
c）　特定の団体と契約を結ぶことの禁止

d） 助成金又は補助金を受ける権利の剥奪
e） 事業所の閉鎖（encerramento de estabelecimento）
f） 判決の公示（publicidade da decisão condenatória）

刑法は，これらの付加刑が科せられるべき特別の法的要件を定めていない。それゆえ，上記の付加刑は，各事案の状況に応じて法人に対する刑事訴訟においてこれを適用することができる。[19]

(19) Lex Mundi Publication, supra note 15, p. 3.

第 3 節　刑法における贈収賄

各則第 5 編第 4 章「公務の執行に際して犯した罪」の第 1 節「汚職」（Da corrupção）は，公務員に係る贈収賄等の罪を規定している。

第 372 条（利益の不正収受）
1　公務員が職務の執行又は義務の履行に当たり，自身で，又はその同意もしくは承認の下で仲介者により，自己又は他人のために，財産的又は非財産的利益を要求し，又は収受したときは，その利益が正当なものであると否とを問わず，5 年以下の拘禁刑又は 360 日以下の罰金に処する。
2　何人を問わず，公務員の職務の執行又は義務の履行に当たり，正当なものでないことを認識しながら財産的又は非財産的利益を供与し，又は約束した者は，3 年以下の拘禁刑又は 360 日以下の罰金に処する。
3　社会的に相当であって慣習に従った行為については，前 2 条の規定は適用しない。
　　　（本条は，2010 年法 32 号により改正）

第 373 条（収賄）
1　公務員がその職務上の義務に反する行為を行い，又は義務に反して行為をしないことに関し，自身で又はその同意もしくは承認の下に仲介者により，自己又は他人のために，財産的又は非財産的利益を要求し，又は収受したときは，その作為又は不作為が要求又は収受の前であっても，1 年以上 8 年以下の拘禁刑に処する。

2　前項の作為又は不作為が職務上の義務に違反しない場合であっても，その利益が正当なものでないときは，行為者は，1年以上5年以下の拘禁刑に処する。
　　　（本条は，2010年法32号により改正）

第374条（贈賄）
1　何人を問わず，自身で，又はその同意もしくは承認の下で仲介者により，第373条第1項に規定する財産的又は非財産的利益であることを認識して，その利益を公務員又は第三者に供与し，又は約束した者は，1年以上5年以下の拘禁刑に処する。
2　第373条第2項に規定する場合には，行為者は，3年以下の拘禁刑又は360日以下の罰金に処する。
　　　（本条は，2010年法32号により改正）

第374条のA（加重事情）
1　第372条から第374条までに規定する利益が高価（valo elevado）であるときは，行為は，それぞれの罪につき法定刑を4分の1加重した刑に処する。
　　　（訳注）　ここで「法定刑」と訳したのは，原文では「刑の下限及び上限」（nos seus limites minimo e maximo）となっている。
2　第372条から第374条までに規定する利益が著しく高価（valor consideravelmente elevado）であるときは，行為者は，それぞれの罪につき法定刑を3分の1加重した刑に処する。
3　前数条の規定については，第202条a号及びb号の規定を準用する。
　　　（訳注）　第202条a号によれば，「高価」（valor elevado）とは，行為の時に評価された額の50単位（unidades）を超える額をいう。第202条b号によれば，「著しく高価」（valor consideravelmente elevado）とは，行為の時に評価された額の200単位を超える額をいう。
4　第11条の規定の適用を妨げることなく，行為が第12条の要件を充たしたときは，それぞれの罪につき法定刑を3分の1加重した刑を適用する。
　　　（訳注）　第12条は，「他人の名による実行」の規定である。
　　　（本条は，2011年法4号により改正）

第 374 条 B（刑の免除又は減軽）
1　次に掲げる場合には，行為者につき刑を免除する。
　　a）　行為を実行した日から 30 日以内であって，刑事手続が開始されるまでの間に自首したとき。
　　b）　実行行為の前に自己の意思により，犯行から得た物又はその価値を受け取る申込み又は約束を拒否し，又は利益を返却したとき。
　　c）　実行行為の前に，約束を撤回し，利益の申込みを拒否し，又は利益の返済を要求したとき。
2　次に掲げる場合には，特別に刑を減軽する。
　　a）　第一審の裁判が終結するまでに，他の犯罪者を特定するため又は逮捕するために決定的な証拠の収集又は提供を具体的に援助したとき。
　　b）直接又は仲介者を通して，公務員の要請に応ずる行為をしたとき。
　　（本条は，2010 年法 32 号により改正）

〔Ⅰ〕　用語の意義

A　公務員

　刑法で用いられている「公務員」（funcionário）の範囲は，実に広い。たとえば，わが国でいわゆる'公務員'のほか，ポルトガルの公益企業（public companies）や国が過半数の株式を保有する企業の支配人（managers）や取締役（members of supervisory bodies）のみならず，欧州連合に属する裁判官，それに準ずる職員，ポルトガルが加盟している公的国際機関の職員をも含む。[20]これらの者については，罪がポルトガル国内で犯されたかどうかを問わない。[21]欧州連合の各種裁判所の裁判官などが内国公務員と同視される扱いを受けているのは，1997 年 5 月 26 日の EU の「欧州共同体の職員及び欧州連合加盟国の職員を含む汚職防止条約」をポルトガルが批准していることの結果であろう。
　なお，2010 年 9 月 2 日法律 32 号により，調停委員，陪審員および鑑定人も「公務員」概念に含められた。

B　賄賂

　賄賂罪の客体である「財産的利益」（vantagem patrimonial）が，具体的に

いくら以上の金銭的価値のあるものを指すかは，法律上の規定は存在しない。裁判所が'賄賂'に当たるかどうかを判断するに当たっては，当該利益の財産的価値，利益の供与と公務員による行動との間の期間，贈賄者と収賄者との間の社会的関係のほか，公務員が秘密裡に行動したかどうかを考慮することとしている[22]。

公務員への賄賂が社会的に相当な（socialmente adequada）ないし社会的に許容されうる（socially acceptable）と判断される価値の範囲は，どちらかと言えば，狭くて厳格であることが指摘されている。ただし，その判断に当たっては，社会的慣行と礼儀（social convention and courtesy），（たとえば，クリスマスの贈物など）に従うこととされている[23]。

なお，一般世論に従えば，公務員への賄賂が社会的に許容されない（socially unacceptable）と判断される基準は，民間部門における贈収賄の基準に比べて低い[24]。この点は，ヨーロッパ諸国において一般的に認められているところと同じである，ということができる。

(20) Cardigos & Capela, in：Gruetzner, Hommel & Moosmayer, Anti-Bribery Risk Assessment, 2011, Beck, Hart & Nomos, p. 287.
(21) 第372条では，行為の主体は単に'funcionário'となっているが，章の見出しが「公務の執行」（funções públicas）に際して犯された罪」となっていることからして，「公務員」を指すと解される。なお，条文の英訳では，'public official'となっている。
(22) Cardigos & Capela, op. cit., p. 287.
(23) Cardigos & Capela, op. cit., p. 287.
(24) Cardigos & Capela, op. cit., p. 288.

〔Ⅱ〕 条文についての若干の解説
A 第372条（利益の不正収受）
2010年法律32号による改正前には，第372条は，不正行為に係る収賄を罰していた。すなわち，公務員がその義務に違反した行為をし，または義務に違反して行為をしなかったことに関する収賄を罰していた（1年以

上 8 年以下の拘禁刑)。

　そして，改正前の 373 条は，正当行為に係る収賄をより軽い刑（2 年以下の拘禁刑または 240 日以下の罰金）で罰していた。

　しかるに，改正法は，上記 2 つの類型，すなわち，不正行為に係る収賄（372 条）と正当行為に係る収賄（373 条）との区別を廃止した。[25] 公務員がした行為が職務上の義務に違反したものであるかどうかを問わないで，利益の不正収受それ自体を罰することとしたのである。罰金が選択刑として科せられているのは，具体的事案に応じた量刑をなしうるように，との観点によるものであろう。

　B　第 373 条（収賄）

　本条 1 項は，公務員の事前収賄および事後収賄を罰する規定である。

　第 2 項では，公務員のした行為（作為または不作為）が義務違反を伴わない場合でも，収賄の対象とされる利益が正当なものでないときを罰している。この点，注目される。

　C　第 374 条（贈賄）

　第 1 項の罪の主体は，特に限定されていない。普通，予想されるのは，民間人である。

　ところで，改正前の 374 条 3 項は，「第 364 条 b 号の規定を準用する。」と規定していた。364 条（刑の特別減軽及び免除）は，その 2 項において，配偶者または 2 親等内の親族等が行為をしたときに刑の特別減軽または免除をすることができる旨を規定していた。ここでは，期待可能性の理論が立法に際して考慮されたものと解される。しかるに，改正法は，この準用規定を受け継いでいない。これは，改正法が汚職犯罪に対してきびしい立場を採っているためであろう。

　(25)　Steps taken to implement and enforce the OECD Convention on Combating Bribery. Portugal（Informations as of 20 may 2010），p. 1.

〔Ⅲ〕 未　遂

　未遂（tentativa）は，特別の規定のある場合を除いて，3年を超える自由刑にあたる罪についてのみ，可罰的である（刑23条）。それゆえ，上記の諸条文に定める法定刑に照らして，未遂が処罰される場合を判断していただきたい。

　なお，中止犯（desistência）（24条）の要件が充たされる場合には，刑は免除される。[26]

(26)　Global Intergrity. Portugal：Anti-Corruption Mechanisms and Rule of Law.-http://back.globalintegrity.org./reports/2004/2004/scores97ea., p. 1. 2012, p. 1.

〔Ⅳ〕　その他の関連犯罪

　刑法には，上記のほかに汚職に関連する犯罪が，いくつも規定されている。それらのうち，読者に関心があると思われるものとして，次の犯罪を紹介しよう。

第335条（あっせん収賄）
1　何人を問わず，自身で又はその同意もしくは承認の下で仲介者により，なんらかの公共団体に係る現実的又は仮想の影響力を濫用することに関し，自己又は他人のために，財産的又は非財産的利益を要求し，もしくは収受し，又はその約束をした者は，次の区別に従って罰する。
　a）　なんらかの違法で有利な決定を得る目的である場合において，より重い刑が他の法令により科せられないときは，6月以上5年以下の拘禁刑
　b）　なんらかの適法で有利な決定を得る目的である場合において，より重い刑が他の法令により科せられないときは，6月以下の拘禁刑又は60日以下の罰金
2　何人を問わず，自身で又はその同意もしくは承認の下で仲介者により，a）号に規定する目的で，財産的又は非財産的利益を前項に規定する者に供与し，又は約束した者は，3年以下の拘禁刑又は罰金に処する。

本条の見出しは，"tráfico de influência" となっている。これを直訳すれば，"影響力下の取引" とでもなるであろうが，内容に照らせば，日本刑法197条の4の罪（あっせん収賄）を指す。行為の主体は，何人を問わず（quem）とされているので，公務員に限らない。

本条は，賄賂を要求，収受または約束することによって直ちに成立する。収賄者が第三者（公務員，公共団体の関係者）へ影響力を行使したこと（言いかえると，あっせんをしたこと）は必要ではなく，また，当該第三者が依頼にもとづいて不正な行為をしたことも必要ではない。

なお，本条は，1988年法律によって改正された規定を，その後の一部改正により，上記のとおり，よりくわしい規定としたものである（2012年3月の現行規定である）。

第4節　国際取引および民間部門における贈収賄

2008年4月21日法律20号は，国際商取引および民間部門における贈収賄を制圧するための犯罪化を行った。これは，2003年6月22日のEU枠組み決定（EU Framework Decision no. 568/JHA）に適合させるためのものであった。[27]

(27) Steps taken to implement and enforce the OECD Convention, Supra note 25, p. 1.

1　国際取引における贈賄

第7条（国際取引を害する贈賄）
　　自身で又はその同意もしくは承認の下に仲介者により，国際取引における交渉もしくは契約を成立させ，又はその他不正な利益を得る目的で，外国の公務員，国際機関の職員，内国もしくは外国の政治家又は他人に対し，正当なものでないことを知りながら，財産的又は非財産的利益を供与し，又は約束した者は，1年以上8年以下の拘禁刑に処する。

(注) 外国公務員等の定義は，本法2条（定義）にくわしい定義がなされている。

　本条は，1997年のOECDの外国公務員贈賄防止条約1条（外国公務員への贈賄）[28]および1997年のEU汚職防止条約[29]の趣旨にかんがみ，外国公務員，国際機関の職員等への贈賄を犯罪化したものである。
　この罪については，特に国外犯規定の適用（3条参照）が重要な意味をもつ。それについては，後述する（263頁）。

(28)　森下・国際汚職の防止（2012年，成文堂）51頁以下をみよ。
(29)　森下・注(28)前掲書24頁，48頁。

2　民間部門における贈収賄

　1999年の，欧州評議会の汚職に関する刑事条約（略称 CE 刑事条約）は，民間部門における贈賄（7条）および収賄（8条）をも犯罪化すべき旨を規定している。[30]ポルトガルは，この条約を批准するため，本法（2008年法律20号）において，次のとおり，民間部門における贈収賄を犯罪化している。なお，本法に規定する罪については，法人（団体）も刑事責任を問われる（4条）。

第8条（民間部門における収賄）
1　民間部門における雇用主（trabalhador）が，自身で又はその同意もしくは承認の下で仲介者により，自己又は他人のために，自己の義務違反となるなんらかの作為又は不作為に関し，不正であることを知りながら，財産的又は非財産的利益を要求し，もしくは収受し，又はその約束をしたときは，2年以下の拘禁刑又は罰金に処する。
2　前項の作為又は不作為が，競争の不均衡（distorção）又は他人に財産上の損害を生じさせる可能性のあるものであった場合には，行為者は，5年以下の拘禁刑又は600日以下の罰金に処する。

第 9 条（民間部門における贈賄）
1 　自身で，又はその同意もしくは承認の下で仲介者により，前条に記載する者又は他人に対し，前条に記載する目的を達成するために，不正な財産的又は非財産的利益を供与し，又は約束した者は，1 年以下の拘禁刑又は罰金に処する。
2 　前項に規定する行為が競争の不均衡又は他人に財産上の損害を生じさせる目的でなされ，又は生じさせる可能性のあった場合には，行為は，3 年以下の拘禁刑又は罰金に処する。
　　　（訳注）　　第 2 項中，「生じさせる可能性のあった」という文言は，'for idónea a causar' の訳である。ニュアンスとしては，「生じさせるに適した」という意味である。

(30)　森下・注(28)前掲書 115 頁以下をみよ。

3 　本法の場所的適用範囲

　刑法は，第 4 条以下において，刑法の場所的適用範囲についての原則規定を設けている。すなわち，第 4 条（場所における適用──一般原則）は属地主義を規定し，第 5 条（国外で行われた犯罪）は，保護主義，能動的属人主義，受動的属人主義を規定する。ここで注意すべきは，ポルトガル国内に営業所等を有する団体（法人等）も，ポルトガル国民と同視されることである（5 条 1 項 g 号）。それゆえ，ポルトガルに進出して支店等を設けている日本企業も，属人主義により刑法の適用を受けることになる。なお，一般論としてであるが，国際条約にもとづいてポルトガルが裁判権を有する場合には，条約の定めに従うことになる（5 条 1 項）。
　ところで，2008 年法律 20 号は，「刑法適用の一般原則の適用を妨げることなく」という前提条件の下で，国際取引に際して犯された汚職および民間部門における贈収賄に関する場所的適用法として，次の規定を設けている。

第3条（場所的適用）
　国際司法協力に関する事柄についての刑法適用の一般原則を妨げることなく，本法は，次に記載する場合にも適用する。
　　a）　第7条に規定する罪の場合には，犯罪地のいかんを問わず，ポルトガル国民又はポルトガルとつながりを有する（encontrados）外国人によって行われた行為
　　b）　第8条及び第9条に規定する罪の場合には，犯罪地のいかんにかかわらず，ポルトガル国籍を有する内国公務員又は内国の政治家であると国際機関の職員であるとを問わず，何人かが利益を供与し，約束し，要求し，又は収受したとき。

　本法についての解説をした文献を入手していないので，正確を期しがたいが，以下，著者の見解を若干述べる。
　第3条a号にいわゆる「ポルトガルとつながりを有する外国人」というのは，刑法5条（ポルトガル国外で犯された罪）において，能動的属人主義および受動的属人主義の適用を受ける者としてポルトガル国民のみならず，「ポルトガルとつながりを有する行為者」(os agentes forem encontrados em Portugal) も含まれている（1項e号i）ところからして，例えば，ポルトガルに営業所等を置いている日本企業も，これに該当すると解される。

第5節　法人の法的責任

1　刑法上の原則

　ポルトガル刑法は，大陸法の伝統に従って，「法人は罪を犯すことができない」(Societas delinquere non potest.) の原則を維持してきた。この原則的立場は，第11条（個人及び団体の責任）第1項の規定に現れている。

　　第1項　以下の各号の規定及び法律の特段の規定を除いて，個人 (pessoas singulares) は，刑事責任を問われない。

2　2007年法律59号による刑法改正

　2007年9月4日法律59号は，刑法11条2項を追加することにより，法人の刑事責任を問うことができるとした。それによれば，国，その他の公共団体および公法上の国際機関を除いて，集団の人（pessoas colectivas）および団体（entidades colectivas）は，同項に規定する多くの罪[31]について，責任を問われることとなった。それらの罪の中には，汚職関連の罪も含まれている。

　法人の雇用主および従業員は，法律の明文があれば個人的に刑事責任を問われる。それは，自明のことである。

　汚職の罪については，その罪が法人の利益のために管理者またはその監督下にある雇用主（幹部 employees）によって犯された場合には，法人は刑事責任を問われることがある。これらの者は，汚職の罪に因り法人に科せられた罰金を支払うべき責を負うことがある[32]。

　法人それ自体に科せられる制裁としては，とりわけ，戒告，課徴金，財産の没収，公的入札手続への参加禁止などがある[33]。

(31)　刑法11条2項は，約55種類の犯罪につき団体の責任を問う旨，規定している。例えば，152条A（虐待），159条（奴隷化），160条（人身売買），163条（性的強要），164条（強姦），168条（不同意の人工妊娠），217条から222条まで（詐欺など），240条（人種差別等），256条〜283条（文書偽造，通貨偽造等），299条（犯罪的結社），363条（買収），372条から374条まで（汚職）などが，それである。
(32)　Cardigos & Capela, supra note 20, p. 289.
(33)　Cardigos & Capela, loc. cit.

3　法人が刑事責任を問われないために

〔I〕　まえがき

　汚職防止のため，ヨーロッパの諸国は，さまざまな方策によってその効果を挙げるべく秘策を講じている。その中で，最先端を行くのは，英国（United Kingdom）である。英国は，Bribery Act 2010（2010年の贈収賄法）

(2011年7月1日施行)を制定することにより,それを実現した。

英国の Bribery Act 2010 (以下,**UKBA** と略す。) は,「世界中で最も苛酷な (the most draconian) の贈収賄法の1つである」といわれている。[34]

UKBA は,世界の贈収賄法の中で,'先例のない新犯罪'(a new crime without precedent)といわれる「商業団体の贈賄不防止罪」(Failure of commercial organisations to prevent bribery) を設けた (第7条)。この罪は,商業団体の関係者が商取引を獲得するなどの目的で他人に贈賄したとき,関連する商業団体 (a relevant commercial organisation) を贈賄不防止の罪により有罪とするものである。[36]

ところで,UKBA は,ポルトガルの刑法改正にも大きな影響を及ぼした。ポルトガルは,2008年法律20号による刑法の一部改正によって,特定の団体 (organização) において指導的立場にある者がその団体のために不正な利益の供与等をしたときに,その刑事責任を問うことができることとしたのである (刑法12条)。

実は,ポルトガルの2008年法律20号による刑法の一部改正は,EU 理事会 (European Council) が2003年7月22日に発した枠組み決定 (Framework Decision 2003/568/JHA) の線に沿ったものであった。この決定は,民間部門における贈収賄を犯罪化し,法人のために犯した行為につき法人の刑事責任を問うために必要な措置をとることを要請したものであった。英国は,この枠組み決定の線を越えてヨーロッパにおける最前線を行く立法政策を講じたのであった。[37]これに対し,ポルトガルは,EU 理事会の枠組み決定の線に沿う刑法改正をしたとはいえ,英国の"ドラコンの血法"にたとえられる UKBA に比べれば大いに控え目な立法にとどめた。

(34) 森下「英国の贈収賄法」同・国際汚職の防止 (2012年,成文堂) 206頁。
(35) 森下・注(34)前掲書226頁をみよ。
(36) 森下・注(34)前掲書226頁。
(37) ポルトガルの PLMJ, Sociedade de Advogados, RL.-Anti-Corruption Best Practice Manual, 2012, p. 4.

〔Ⅱ〕 英国の贈収賄法における「適正な手続」の抗弁

UKBA 7 条 2 項は,商業団体が贈収行為を防止するため「適正な手続」(adequate procedures) をとっていたことを立証すれば,抗弁（defence）となる旨,規定している。すなわち,商業団体が贈賄行為を防止するための「適正な手続」をとっていたことを立証すれば,商業団体は刑事責任を免れることができる,とされているのである。

この「適正な手続」の内容は,英国司法省から 2011 年 3 月 30 日,「商業団体の贈賄防止に関する指針」(Guidance about commercial organisations preventing bribery) として公表されている。この「指針」には,贈賄行為防止のための「6 つの基本原則」(The six principles) が付されている。それは,次に掲げるものである。[38]

原則 1　均衡のとれた手続 (Proportionate procedures)
原則 2　経営陣による関与 (Top-level commitment)
原則 3　リスク評価 (Risk assessment)
原則 4　誠意ある配慮 (Due diligence)
原則 5　（研修を含む）伝達 (Communication (including training))
原則 6　監視と見直し (Monitoring and review)

ここに掲げた「指針」は,規範的な効力を有するものではないし,また,すべてに当てはまる文書でもない。商業団体の規模はさまざまであるので,特定の事実および情況を考慮に入れた上で,その事業遂行に際して生じうるリスクに見合ったものでなければならないことが,指摘されている。[39]

(38) O'Shea, The Bribery Act 2010. A Practical Guide Jordans, 2011, p. 383. なお,森下・注(28)前掲書 231 頁をみよ。
(39) 森下・注(28)前掲書 231 頁以下。

〔Ⅲ〕 汚職リスクを防止するための内部対策

1　ポルトガル刑法の立場

刑法 12 条（他人の名による実行）は,会社およびそれと同様な団体につき

刑事責任を問うことのできる要件として，その団体の従業員が当該企業の指導的立場にある者の明示の命令または指示に反して行為したことを規定している。言いかえると，団体は，従業員が上司の明示の命令または指示に反して行為したときに限り刑事責任を問われない。[40]

そこで，企業が贈賄の罪に問われないためには，従業員が贈賄行為をしないように，特定の命令または指示を通じた予防メカニズム（prevention mechanisms）を確立する必要がある。そのために，ポルトガルでは，いかにして汚職を回避するかにつき，企業内の文書で明示の指示をするルール（内部文書によるルール作り）を実行することが求められる。このことは，企業の幹部がポルトガル国内にいると否とを問わない。この点，注意を要する。[41]

(40) PLMJ, supra note 30, pp. 9-10.
(41) PLMJ, op. cit., p. 10.

2　企業内の対策の実行

PLMJ（ポルトガル最大の法律事務所）の作成にかかる『汚職防止の最善の実務手引き』（Anti-Corruption Best Practice Manual）（2012年）は，第5章「どのようにして，ポルトガル法及び英国 Bribery Act 2010 の要求を満たす汚職リスクを回避するための内部政策を実行するか」において，次に掲げる5つの項目について具体策をくわしく記述している。[42]

A　リスク評価（Risk assessment）
B　汚職防止の最善実務の文書化
C　社内汚職防止対策の公表
D　正確な記録の維持
E　汚職リスクの監視および統制

以上の5項目につき，英国司法省が公表した上記「商業団体の贈賄防止に関する指針」とほぼ同様の基本的立場に立って，実務的観点からの提案，アドヴァイスなどが，具体的に詳述されている。その中で，特にくり返し強調されていることは，"due diligence"（誠意ある配慮），汚職防止対策プ

ログラムの文書化,全社員への周知徹底,新入社員への説明,それに伴い,新入社員につきそれを了解したことの文書に署名をさせること,企業の業務内容の変化および企業活動地域の変化に伴って絶えず,企業内のコンプライアンス・プログラムの再検討を継続することなどが,詳細に記述されている。[43]

ところで,このPLMJ文書の第7章「結論」においては,注目すべきことが述べられている。例えば,次の2点が注目される。
1.汚職の罪につき企業の法的責任を問うことは,今やヨーロッパで最重要の課題となっていること。
2.英国のBribery Act 2010は,汚職防止法制の最前線を行くものであるが,やがてこの立法は,世界的規模にまで拡大される可能性があること。特に,南ヨーロッパ諸国への影響が大きいこと。

(42) PLMJ, supra note 30, p. pp. 10-12.
(43) PLMJ, op. cit., p. 19.

第6節　批准した関係条約

1　ポルトガルが批准した条約

ポルトガルは,汚職防止に関係のある条約として,次のものを批准している。
(1) 1997年のOECD条約(OECDの国際商取引における外国公務員への贈賄防止条約)　2000年11月21日,批准
(2) 1999年のCE刑事条約(欧州評議会の汚職に関する刑事条約)
　　 2002年5月10日,批准
(3) 2003年のCE刑事条約の追加議定書(欧州評議会の汚職に関する刑事条約の追加議定書)
(4) 2003年の国連汚職防止条約　2004年5月10日,批准

(5) 1999年のCE民事条約（欧州評議会の汚職に関する民事条約）

2 批准のために整備した国内法

これらの条約を批准するため，次のとおり，それぞれ必要な国内法の整備が行われている。
(1) 1984年1月20日の委任政令第28号。この委任政令第41条-Aにより，国際取引における贈賄罪が規定された。
(2) **2007年9月4日法律59号**により刑法の一部改正。法人の刑事責任を問うことが可能とされた。
(3) 2008年4月21日法律20号により，国際取引および民間部門における贈収賄を犯罪化した。
(4) 2008年4月21日法律19号。これは，内部告発者 (whistleblower) の保護に関する法律である。
(5) 2009年8月31日法律88号。これは，EU理事会の枠組み決定に従って，「没収命令の（国際的）相互承認の原則」(principle of mutual recognition to confiscation orders) の適用を可能とした。
(6) 2009年9月1日法律93号。この法律は，「財産刑の（国際的）相互承認の原則」(principle of mutual recognition to financial penalties) の適用を可能とした。
(7) 2010年8月30日法律26号。刑事訴訟法の改正。
(8) 2010年9月2日法律36号。刑法372条と373条とによる収賄の区別の廃止（既述），汚職犯罪の公訴時効を15年に延長。調停委員，陪審員および鑑定人を"公務員"に含めることとする改正法である。
(9) 2011年法律4号による刑法の一部改正。これにより，贈収賄における賄賂の不正収受の場合につき法定刑の引上げをした。

あとがき

ポルトガルの汚職防止法制は，隣国スペインの汚職防止法制と多くの点

で類似している。両国が情報を交換しながら立法作業を進めたであろうと推測される。

　この意味で，スペインの汚職防止法制について述べた本書第11章の叙述を併わせて参照していただければ，幸いである。

第11章 スペインの汚職防止法制

第1節 スペイン刑法の歴史
第2節 法人の刑事責任
第3節 刑法における汚職犯罪
第4節 その他の関連犯罪
あとがき

第1節 スペインの新刑法

1 スペイン刑法の歴史

〔Ⅰ〕 旧刑法の誕生まで

　スペインの近代的な刑法典は，1822年に制定された刑法典に始まる。これは，1810年のナポレオン刑法典に範を取ったものであった。以来，たびたび刑法典の全面的改正が行われた。

　1937年にフランコ（Francisco Franco）が総統となり，1939年8月以来，フランコ独裁体制が樹立され，1944年の刑法典（旧刑法）が制定された。森下訳の『スペイン刑法典』（法務資料383号，1963年）は，1960年までの一部改正を織り込んだ邦訳である。

〔Ⅱ〕 1995年刑法典

　1975年11月22日にフランコ将軍が死ぬと，その遺言により，ファン・カルロス王子が王座に就き，王政復古が実現された。カルロス国王は専制支配を継続せず，1978年に新憲法が制定されて民主化が実現し，スペイン

王国は，制限君主制国家となった。

民主化されたスペインは，1982年にNATOに加入し，1986年にはヨーロッパ共同体（現在の欧州連合）に加入。1992年には，バルセロナ・オリンピックを開催した。

こうした政治情勢の下で，数次にわたる刑法の一部改正を経て，1995年，新しい刑法典（Código Penal）が公布された。この刑法典は，1978年新憲法の条項に適合させて犯罪者の社会復帰を促進するための制度を導入したほか，基本的人権の尊重などを基本理念とする諸規定を盛り込んだものである[1]。

(1) 森下「スペインの1995年新刑法典」㊤㊦判例時報1584号，1587号（1997年1月，2月）。

〔Ⅲ〕 その後の重要な一部改正

新刑法典の公布後，一方では，世紀の転換期を迎えて変わり行く国際情勢に対処するため，他方では，新法典の運用に伴って浮かび上がった問題点を解決するため，1998年当時，刑法典の体系的・統一的な一部改正をする必要性が認識されるに至った。

こうした情況の下で，2003年1月25日法律15号により，刑法の一部改正法が公布され，2004年1月1日に施行された。この一部改正法は，実に重要な内容を含んでいる[2]。例えば，(1)国際刑事裁判所（ICC, CPI）の設立条約（ICC規程，ローマ規程）に対応するため，「人道に対する罪」を新設したこと（607条の2），(2)「性的自由に対する罪」の重罰化を図ったこと（178条以下），(3)知的財産権に対する罪の重罰化（273条以下），(4)環境破壊にかかる新類型の犯罪化，重罰化（325条以下）などが，それである。

ところで，1995年刑法は，汚職犯罪の制圧に関しては，「法人は罪を犯すことができない」（Societas delinquere non potest.）という，大陸法の伝統的立場を採っていた。この立場にあっては，OECD条約や国連の汚職防止条約に従い法人に対して刑事制裁または非刑事制裁のうち，いずれかを科す

るとする場合，法人に対しても刑罰を科しうるように法改正をするか，法人に対する非刑事制裁を新設するか，の選択を迫られることになる。

スペインは，前者の途を選択した。すなわち，2010年6月22日の法律第5号（Lei Organica 5/2010, de 22 de junio）によって1995年刑法典に重要な改正をほどこしたのである。これについては，後にくわしく述べる。

2010年法律第5号は，法人の刑事責任（responsabilidad penal de las personas jurídicas）を認めることとした。この法律は，刑（penas）の体系と種類につき重要な改正をしたほか，法人が刑事責任を問われることとなる犯罪の範囲を拡大しているので，それに伴い，各則に多くの改正をしている（本書285頁をみよ）。このことは，注目すべきである。

スペイン刑法の現行規定については，スペイン司法省から全条文につき，2011年に英訳のCriminal Codeが公刊されている。以下の叙述においては，法律用語につき，適当な場合，司法省の英訳で用いられている表現をスペイン語と並んで記載する。

(2) Código Penal y Legislación Complementaria, 38 ed., Thomson, 2012.

2 犯罪と刑罰の分類

〔Ⅰ〕 犯罪の分類

第1部第1編「犯罪」（De la infracción penal）の第1章「重罪及び軽罪」は，犯罪を「重罪」（delitos, fenonies）と「軽罪」（faltas, misdemeanours）とに分類する体系を採用している。これに対して，刑罰は，次のように分けられる（刑33条）。

重い刑（penas graves；severe penalties）

これは，重罪に対して科せられる。例えば，謀殺，故殺（かなり重い傷害または脅迫を伴う），一定の状況下で価値のある財産に対する侵害，国の安全に対する罪，麻薬取引など。

刑の内容としては，次の10種類が含まれる（代表的なものを掲げる）（2項）。

5年を超えない自由刑（懲役）（prisión；imprisonment）

絶対的資格制限（inhabilitación absoluta）

5年を超える期間の特別資格制限（inhabilitación especial）

8年を超える期間，運転免許の剥奪

親権の剥奪

重くない刑（penas menos graves；less serious penalties）[3]

　この刑は，過失致死，一定の状況下である程度の価額の窃盗，麻薬またはアルコールの影響下での車両の運転などに科せられる。

　刑の内容としては，13種類がある（3項）。代表的なものは，次のとおり。

3月以上5年以下の自由刑

5年以下の期間の特別資格制限

1年以上8年以下の期間，運転免許の剥奪

2月以上の罰金

31日以上180日以下の社会奉仕作業

軽い刑（penas leves；minimum penalties）

　この刑は，軽微犯罪または軽微な軽罪（例えば，財産価値が300ユーロを超える窃盗）に適用される。

　刑の内容としては，8種類がある（4項）。代表的なものは，次のとおり。

10日以上2月以下の罰金

1日以上30日以下の社会奉仕作業

〔Ⅱ〕　刑罰の分類

A　主刑と付加刑

　刑罰としては，自由刑（penas privativas de libertad）としての'prisión'（imprisonment），権利制限刑（penas privativas de derechos）（直訳すれば，権利剥奪刑となる）および罰金（pena de multa）がある（32条）。自由刑と罰金は，主刑である（併科されることあり）。権利制限刑は，付加刑である。

死刑は，1978年憲法15条によって廃止された（ただし，戦時軍刑法に規定する場合を除く）。

自由刑の期間は，3月以上20年以下。ただし，刑法に特別の定めがある場合を除く（36条1項）。特別の定めがある場合には，30年にまで至ることができる（例。テロリストに対する重罪の場合，572条）。

注目すべきは，無期刑がつとに廃止されていることである。そのため，犯罪人引渡しおよび国際刑事司法共助に関し，わが国との間で困難な問題が生ずることがある。[4]

ついでながら，刑の執行猶予が許されうるのは，2年以下の自由刑の言渡しに際してであり（80条1項），また，仮釈放が許されうるのは，刑期の4分の3を経過した場合である（90条1項）。

注目すべきは，短期自由刑について，それに代わるもの（代替物）が規定されていることである。裁判所は，1年以下の自由刑を罰金または社会奉仕作業（trabajos en beneficio de la comunidad）に代えることができる。また，6月以下の自由刑については，これを居住制限（localización permanente；permanent traceability）をもって代えることができる（88条1項）。

B　権利制限刑

(1)　付加刑としての2つの場合

権利制限刑は，付加刑（penas accessorias）ではあるが，それには法的性質に照らして次の2のカテゴリーがある。

(a)　必要的付加刑　　10年以上の自由刑の場合には，同一の期間，法律上当然に絶対的資格制限を伴う。ただし，その資格制限が主刑として規定されている場合は，除く（55条）。

(b)　任意的付加刑　　10年未満の自由刑の場合，裁判所は，犯罪の重大性を考慮して，公職禁止等を科することができる（56条）。

(2)　権利制限刑の種類

次の10種類がある（39条）。

　a）絶対的資格制限
　b）公職，職業，取引その他刑法で定める活動の禁止

c）公職に就くことの禁止（公職禁止）

d）車両運転の禁止

e）武器の所持・携行の禁止

f）特定場所での居住，立入りの禁止

g）被害者，その親族，その他裁判所が指定する者への接近の禁止

h）前号(g)に記載する者との通信・交流の禁止

i）社会奉仕作業

j）親権の剥奪（注　2010年法5号により追加）

C　罰　金

(1)　日数罰金の制度

　罰金は，**日数罰金**（dia-multa；day-fine）の方式による。つまり，罰金日数に日額（1日あたりの金額）(cuota diaria；daily quota)を掛けて算出された金額を罰金額とする方式である[5]。

　罰金の日額は，自然人の場合は2ユーロ以上400ユーロ以下であり，法人の場合は30ユーロ以上5,000ユーロ以下である（50条4項[6]）。

　日数罰金にあっては，日数は，被告人の刑事責任に相応して量定されるのであるが，日額の量定については，多くの困難を伴う。刑法は，被告人の収入，家族の扶養義務その他の負担，その他被告人の財産に係る個人的諸事情から推計される財政状態のみを考慮に入れるべき旨を規定している（50条5項）。裁判所は，判決後，諸般の情況の変化を考慮して，日額を変更することができる（51条）。

(2)　法人に対する罰金

　法人に対する罰金に関する規定は，2010年法律5号で追加された。

　法人に対する罰金は，法律に特別の定めがない限り，最高5年とすることができる（50条2項）。日額は，30ユーロ以上5,000ユーロ以下である（同条4項）。

　ところで，日額の算定には，しばしば困難を伴う。改正法は，これにつき次のような規定を設けた（52条4項）。

　得られた利益，生じた損害，目的物の価格，不正または欺罔して得た金

額に比例して日額を算定すべきところ，その計算が可能でないときは，裁判所は，罰金を次のように訂正することができる。

　a）自然人が5年を超える刑にあたる罪を犯したときは，2年以上5年以下の罰金
　b）自然人が2年を超える刑にあたる罪を犯したときは，1年以上3年以下の罰金
　c）その他の場合には，6月以上2年以下の罰金

　法人に科せられた罰金は，5年までの期間にわたって分納することが認められる（53条5項）。罰金不完納の場合[7]，裁判所は，法人が完納するまで法人への介入（監査などを指すであろう）を命ずることができる（同条5項）。

(3)　重くない刑（penas menos graves）とは，「比較的重くない刑」という意味である（形容詞の比較級は，原語よりも意味がゆるめられるので）。1つの訳語としては，「重い刑」（penas graves）を'最重刑'と訳し，「重くない刑」を'重刑'と訳すことも可能である。
(4)　例えば，死刑または無期刑の言渡しまたは執行をしないとの十分な保証のない限り請求を拒むのが，それである。司法共助についても，同様の問題が起こりうる。これにつき，森下「国際刑事司法共助と死刑・無期刑」同・国際刑法の新しい地平（2011年，成文堂）261頁以下をみよ。
(5)　この制度につき，森下・刑事政策大綱〔新版〕（1993年，成文堂）77頁以下をみよ。
(6)　日数が月または年で宣告された場合には，1月は30日，1年は360日として計算する（50条4項）。
(7)　自然人については，滞納留置（罰金2日ごとに1日）の処分がなされるのであるが（53条1項），裁判所は，滞納留置に代えて社会奉仕作業をもってこれに代えることを命ずることができる（同条2項）。

3　刑事責任の主体

〔Ⅰ〕　共犯と未遂の類型

　1995年刑法は，刑事責任の主体につき，1944年刑法の立場を承継して，正犯者（autores）の範囲を拡大している[8]。すなわち，共同正犯および間接正

犯のみならず，教唆犯をも「正犯」としている（28条）。これに対し，正犯行為に先立って，または正犯行為と同時に正犯者の実行を助ける者は「共犯者」(complices)〔幇助犯〕とされる（29条）。共犯者には，正犯の刑に照らして軽い段階の刑が科せられる（63条）。

未遂の類型には，注目すべき点がある。

未遂（tentativa）の概念は，16条により明確に規定されている（16条）[9]。未遂は，刑法の各本条により定める場合に限り罰せられる（64条）。未遂は，既遂の場合よりも1ないし2段階軽い刑で罰せられる（62条）。

ところで注意すべきは，1995年刑法が1944年刑法と同じく，共謀（conspiración），発議（proposición）および煽動（provocación）を罰していることである。共謀は，2人以上の者が犯罪の遂行について相談をし，かつ犯罪遂行の合意をしたときに成立する（17条1項）。発議は，犯罪を行う決意をした者が，犯罪を行うべく1人または数人を勧誘したときに成立する（17条2項）。共謀も発議も，法律が明文で規定するときに限り，罰せられる（17条3項）。

われわれとしては，汚職犯罪についても共謀または発議が罰せられているかどうかが，関心事となる。刑法で罰する個々の犯罪について見たところ，共謀と発議が罰せられているのは，殺人（141条），傷害（151条），逮捕監禁（168条），損害（269条），公共の健康に対する罪（373条），反逆（477条），王室に対する罪（488条），暴動（519条），公務執行妨害（553条）などの場合に限られている。要するに，**汚職犯罪の共謀も発議も，それ自体では罰せられていない**。

2003年の国連汚職防止条約は，汚職犯罪に関連して資金洗浄の共謀（conspiracy）をも犯罪化すべきことを規定しており（23条）[10]，また，米国および英国が汚職犯罪についても広く共謀を罰していることと照らし合わせると，スペインの法制は，刑法における謙抑主義の理念を維持している，と言うことができる。

(8) 森下「スペインの1995年新刑法典」判例時報1584号38頁。

(9) 第16条第1項「人が，意図した結果が客観的に生ずるまであろう行為の全部又は一部となる外部行為により犯罪の実行に着手したが，それにもかかわらず，正犯の意思とは独立の原因により，その結果が生じなかったときは，未遂となる。」
(10) 締約国は，「自国の国内法の基本原則に従い」というガード付きで「必要な立法その他の措置をとる」べき義務を負う。

〔Ⅱ〕 法人管理者の責任

1995年刑法は，当初，伝統的刑法の立場を維持して，法人の刑事責任を認めない立場を採った。しかし，法人管理者（administrador）については，次のとおり，その個人的責任を負うとの明文規定を設けていた。

第31条〔法人管理者の責任〕
 1．法人の事業もしくは権利の管理者として，又は法人の名において，もしくは法律上もしくは任意の代表者として行為した者は，重罪又は軽罪を構成する要件，資格又は関係が自身には備わっていないときでも，その名において又は代表者として行為する団体（entidad）もしくは人の側に備わっておれば，個人的に責任を負う。
 2．前項の場合において，判決で罰金刑が言い渡されたときは，その名において又はその者のために，法人は，直接かつ連帯して納付する責を負う。
 　（注　2010年法5号により本項削除）

この規定において，法理論的問題があるのは，第2項の規定である。第2項によれば，法人は罰金に関する限り，直接かつ連帯して（de manera directa y solidaria）納付の責を負う（responsable）のであるが，罰金については法人も刑事責任の主体となりうることを認めることになる。これは，法人については，自然人に対するのと同様に自由刑を科することはできないので，1種の妥協的立場が採られていることを物語る[11]。
ところが，こうした妥協的立場は，次に述べるように国際的動向に従って転換することになった。2010年法律5号による刑法の一部改正が，この立場を転換したことにより，法人の刑事責任は，明白に承認された。それ

に伴い，上記の刑法31条のうち，第2項は削除された。

(11) わが国では，行政罰法規における両罰規定という形で，行為者のほか，法人又は人に対して罰金刑を科する方式が採用されている。スペインの1995年刑法の当初の立場は，この両罰規定と軌を一にするものと解される。

第2節　法人の刑事責任

1　国際的動向

スペインが法人の刑事責任を正面から認める立場へと方向転換したのには，2つの背景がある。

その1は，比較法的に見て，法人の刑事責任を認める刑事法制を採用する国が増加する動向があることである。この動向の先頭を行くものは，1992年のフランス新刑法（1994年施行）である。事実，フランス新刑法は，その後，大陸法系の国の刑事立法に影響を与えている。

その2は，汚職防止に関する多国間条約や国際条約が20世紀末のころから相次いで締結されるに至ったことである。代表的なものとして，1997年のOECD条約（OECD Convention），1999年の欧州評議会の汚職に関する刑事条約（CE刑事条約），2003年の国連汚職防止条約（UNCAC）である。これらの条約は，いずれも法人の責任を問うこととしている。そこでは，**「法人の責任」**は，法人の刑事責任とは限らないのであるが，汚職犯罪の責任を問われる法人に対しては，刑事制裁でなければ非刑事制裁を科すべきことが，締約国に義務づけられている。これらの条約を批准するために締約国は，国内法を整備しなければならない。スペインは，ヨーロッパでは汚職防止法を改正する最後の国となった。実は，その背景には，21世紀に入って相次いでスペインで発覚した大規模な汚職事件が，「汚職をきびしく罰せよ」という世論を沸き立たせた，という事情がある。

もう1つ，特記すべきことがある。それは，憲法96条1項が，「有効に

批准され，スペインで公布された国際条約は，国内法（ordenamiento interno）の一部を形成する。」と規定していることである。これは，スペインが批准した国際条約は国内法の一部となり，それゆえ直接に適用される，と解されている。ただし，上記の諸条約は，「法人の責任」を問うことを義務づけているにとどまるので，法人の刑事責任を問うこととしたのは，スペインが選択した立法措置である。

(12) スペインの 2010 年 6 月 23 日官報は，2010 年法律 5 号を掲載して公布しているのであるが，その序文Ⅶに，このことが述べられている。
(13) 森下「フランスの汚職防止法制」本書第 7 章をみよ。
(14) OECD 条約 2 条，CE 刑事条約 18 条，国連条約 26 条が，それである。
(15) Spain：Law Reform Reflects Wider Changes in Attitude to Corruption, April 2011, p. 1.
(16) その中には，5 億 1,200 万ユーロに達する贈収賄事件も含まれている。cf. Spain：Law reform, op. cit, p. 2.
(17) CAC/COSP/IRG/2011/CRP. 4, Implementation Review Group. Criminalisation and Law Enforcement., 2011, p. 1.

2　刑法 31 条の 2

〔Ⅰ〕　法人の刑事責任

2010 年法律 5 号による刑法の一部改正のうち最も重要なものは，第 31 条 bis（31 条の 2）を追加したことである。参考のため，その規定を掲げる。

第 31 条の 2〔法人の刑事責任〕
1．本法に規定する場合には，法人は，その名において又はその負担において，かつその利益のために，その法的代表者及び事実上又は法律上の管理者が犯した重罪につき刑事責任を負う。
　　法人は，同様の場合において，社会的活動を行い，かつ法人の計算において及びその利益のために，前段に記載する自然人が行為するに当たり，その行為につき適切な統制をすることができたにもかかわらず，その具体的事情を考慮してその自然人に対して統制をしなかったときにも，刑

事責任を負う。
2．法人の職務を行う者又は前項に記載する義務を負う者が犯したに違いないという犯罪の記録があるときは，特定の自然人を個人的に識別することができず，又はその者を訴追することが可能でなかったときでも，つねに法人の刑事責任を問うことができる。同一の行為の結果として法人及び自然人に罰金が科せられる場合には，裁判所は，その犯罪の重大性との関連において不均衡が生じないように両者の罰金額を調整する。
3．実質的にその行為を行った者又は適切な統制を行わなかったために行為を可能にした者につき，被告人の責任に影響を及ぼしもしくは加重する事情の競合，又はそれらの者が死亡し，もしくは司法権の行使を免れた事実は，法人の刑事責任を免除せず，軽減もしない。ただし，第4項の規定の適用を妨げない。
4．法人の刑事責任を軽減する事情は，行為者が当該重罪を犯した後，その法的代理人を通じて次に掲げる行為をしたときに限り，考慮することができる。
　a）その者に対する司法手続が開始される前に，その者が当局に自首したこと。
　b）手続の時期のいかんを問わず，事件から生じる刑事責任を明確にするにつき，新規の，かつ決定的な証拠を提出することにより，犯罪捜査に協力したこと。
　c）手続のどの段階にあるかを問わず，かつ公判開始の前に，その罪により生じた損害を賠償し，又は減少したこと。
　d）公判開始前に，法人を通じて又は法人の助けを借りて，将来犯される可能性のある重罪を予防し，かつ発見するために効果的な措置をとったこと。
5．法人の刑事責任に関する規定は，国，地域公共団体，規制団体（Organismos Reguladores），公的会社及び団体（Agencias y Entidades Públicas），政治団体，労働組合，国際公法上の機関には適用せず，さらに，国の行政権を行使する団体にも，また，公的政策を行い又は経済的公共利益に係る業務を行う国営企業に関する団体にも適用しない。
　　司法機関は，この場合において，それらの団体が問わるれことのありうる刑事責任を免れる目的で，その支援者，設立者，管理者又は代表者によって設立された合法を装う団体であると認めるときは，刑事責任ありとの

宣告をすることができる。

　これが，追加された第31条の2の全条文である。この規定については，スペインでは，刑事責任を免れる団体の範囲が広すぎる，という批判がなされている。

〔Ⅱ〕　法人が刑事責任を問われる前提条件
　2010年法律5号による刑法改正は，スペイン刑法の犯罪論を根本的に修正するものではなく，法人の刑事責任を導入した後も，刑法の犯罪成立要件である故意（dolo）または過失（imprudencia）が必要であるとする基本的立場（5条，10条）は維持されている。そこで，第31条の2の新設による法人の刑事責任は，自然人の犯罪行為が認められた場合に限り，追及が可能となる。したがって，刑法の責任論は修正されたことにはならない。
　この意味において，法人の刑事責任は，自然人の刑事責任に従属する形になる。[18]

　　(18)　この点は，スペインの弁護士として活躍中の中平雅子博士が著者にあてた書面で指摘しているところである。

〔Ⅲ〕　法人以外の団体への刑事措置
　2010年法律5号は，法的に認められた法人以外の団体に対しても行為者に科せられる刑の付加措置（consecuencias accesorias）を規定している。それは，「法人」でないため刑法31条の2の適用を受けない団体と共同して，またはその団体を通じて重罪または軽罪を犯した場合は，法人格をもたない団体に対して事業所の閉鎖（刑33条7項c号），労働者等の権利を擁護するため裁判所の介入（同項9号）を付加することができる。裁判所は，すべての活動（適法なものを含む）を禁止することができる（129条1項）。
　予審判事は，事業所等の一時閉鎖，団体活動の停止等を仮処分として命ずることができる（同条3項）。

3　法人に適用される刑罰

法人の刑事責任を認めるとして，どのような種類の刑罰を科するか。これは，興味のある，重要な問題点である。

2010年法律5号は，刑法33条〔刑の種類〕において，**法人に適用される刑**として次の刑を掲げている（同条7項）。

- a　罰金　これは，得た利益等に比例して科せられるので，比例罰金（multa proportional）と呼ばれる。
- b　法人の解散（disolución de la persona jurídica）
- c　5年以下の事業所閉鎖
- d　犯罪に関係した活動の永久的または一時的（15年以下）の停止
- f　公的助成金の受給資格，公共契約への参入資格等の，15年以下の剥奪
- g　5年以下の期間，労働者または債権者の保護のため，裁判所の介入（intervención judicial）　裁判所は，団体の全部または一部について行うことができる。

これらの刑罰の中では，罰金のみが法人処罰の可能な犯罪について科せられており，その他の刑は，実際には，状況によって科せられる。

4　刑罰以外の法的制裁

一事不再理の原則に反しない限り，非刑事制裁，特に民事制裁（損害賠償など）が法人に対して適用されるのは，当然である。

また，刑法によって責任を問われることがなくても，その他の分野の法律，行政法，商法，労働法などによる制裁も，これまでどおり科せられる。

5　法人が刑事責任を問われる犯罪

法人が刑事責任を問われるのは，罪刑法定主義（刑1条，2条）に照らして，法律の明文規定のある場合に限る。

2010年法律5号によって法人の刑事責任を問いうることとされた犯罪

は，次のとおりである。

犯　罪　名	刑法条項
違法臓器取引	156 条の 2
人身売買	177 条の 2
売春関連罪および未成年者への不正行為	189 条の 2
プライバシー侵害，コンピューター侵入犯罪	197 条
詐欺と脱税，第 251 条関連	251 条の 2
破産罪	261 条の 2
コンピューター犯罪	264 条
知的・商業的財産権，金融および消費者に対する犯罪	288 条
マネー・ロンダリング	302 条
税務署と社会保障制度に対する犯罪	310 条の 2
外国人の権利に対する犯罪	318 条の 2
建設，建築または土地計画に対する犯罪	319 条
環境犯罪	327 条, 328 条
核エネルギーと放射能関連犯罪	343 条
爆発物による危険犯罪	369 条の 2
カードおよび小切手偽造	399 条の 2
賄賂罪	427 条
あっせん収賄罪	430 条
外国公務員への贈賄	445 条
テロリズムへの金銭補助	576 条の 2

　このように，2010 年法律 5 号は多くの犯罪について法人の刑事責任を問うことができるとするため，刑法の多数の条項を一部改正または追加している。そのため，2010 年法律 5 号の条項は膨大なものであって，まさに刑法の大改正ともいうべき内容のものとなっている。

　ところで，ここで 1 つ気の付くことがある。それは，交通運輸，食品・薬品製造等に関連する業務上過失致死傷に関して法人の刑事責任を問う規定が見当たらないことである。[19]

(19) スランス刑法221-7条は，221-6条〔過失致死〕の罪につき，法人の刑事責任を問うことができる旨，規定している。

第3節　刑法における汚職犯罪

1　内国公務員に係る贈収賄

〔I〕　公務員の加重収賄

内国公務員の収賄は，第419条から第423条までに規定されている。

第419条〔公務員の加重収賄〕
　　公務員（autoridad o funcionario público）が，その職務を行うに当たり，職務上の義務に反する行為を行ったこと，又は行うべき行為を行わず，もしくは遅らせたことに関し，自己又は他人のために，直接又は他人を介して，贈物，便宜（favor）又は報酬を収受し，又はその要求もしくは約束をしたときは，3年以上6年以下の自由刑，12月以上24月以下の罰金及び7年以上12年以下の期間，公職に関する特別資格制限に処する。ただし，その行為が重罪を構成するときは，謝礼のゆえに行い，もしくは行わなかった行為又は遅延させた行為に係る処罰を妨げない。

A　公務員の意義

本条の罪の主体は，条文では"autoridad o funcionario público"となっている。これを直訳すれば，「官憲又は一般公務員」とでもいうべきかもしれないが，理解を容易にするため，これを単に「公務員」と訳した。

刑法24条〔公務員の定義〕は，次のように規定している。

"autoridad"〔官憲，上級公務員〕とは，次の者をいう（1項）。国会議員，自治州の立法議会議，欧州議会の議員，funcionarios del Ministero Fiscal（会計検査官）も，autoridadとみなされる。

"funcionario público"（英訳では，civil servant）とは，法律の規定にもと

づき，又は選挙により，もしくは権限のある当局により任命されて公務を行う者をいう（2項）。

これによれば，"autoridad"（英訳では authoriy）は別格に偉い人ということになる。だが，条文の訳では，「公務員」という言葉に包含することにする。なお，刑法 423 条は，陪審員，調停委員，鑑定人，裁判所が任命する管理人，その他の公的義務を履行するすべての者も，収賄罪の主体として扱われる旨，規定している。

このほか，政府管理企業の職員も，公行政上の義務を履行すべき義務を負うている場合には，公務員とみなされる。ただし，その企業の従業員が個々の場合になすべき行為につき判断されることになる。[20]

このようにして，収賄罪の主体となりうる「公務員」の範囲は，非常に広い。

B 職務上の義務違反

本条の収賄（cohecho passivo）の罪は，公務員が職務上の義務違反にあたる作為，不作為または遅延をしたことを成立要件としている（第 420 条の収賄罪と対比せよ）。最高裁の判例（1995 年 4 月 29 日判決）は，汚職（cohecho）の罪をもって，公務の威信と効率を保護し，公務員の清廉性と公正性を保証することを保護法益とする旨を判示している。2010 年法律 5 号は，この判例の趣旨に沿ってか，法定刑を引き上げている。[21] 法定刑中，自由刑の下限が 2 年から 3 年に引き上げられたのは，執行猶予を認めないためであると考えられる。[22]

(19) cf. Pedraza & Masso, Spain：in：Gruetzner, Hommel & Moosmayer, Anti-Bribery Assessment, 2011, Beck, Hart & Nomos, p. 351.
(20) Pedraza & Masso, op. cit., p. 352.
(21) 法定刑は，1995 年法では，2 年以上 6 年以下の自由刑，賄賂の価額の 3 倍の罰金および 7 年以上 12 年以下の公職禁止の特別資格制限であった。
(22) 執行猶予は，2 年以下の自由刑について言い渡すことができる（刑 80 条 1 項）。

〔Ⅱ〕 公務員の収賄
　第 420 条〔公務員の収賄〕
　　公務員が，その職務を行うに当たり，自己又は他人のために，直接又は他人を介して，種類のいかんを問わず，贈物，便宜又は報酬を収受し，もしくは要求し，又はその約束をしたときは，2 年以上 4 年以下の自由刑，12 月以上 24 月以下の罰金及び 3 年以上 7 年以下の公職禁止の特別資格制限に処する。

本条の罪は，公務員が適法に職務を行う場合であっても，収受等の行為を処罰するものである。

　第 421 条〔報酬も賄賂〕
　　前数条に規定する刑は，各個別の場合において，前数条に規定する行為の報酬（recompensa）として公務員が収受し又は要求した贈物，便宜又は謝礼であるときにも，これを科する。
　第 422 条〔贈物の容認〕
　　公務員が，その職務に関して提供された贈物（dádiva o regalo）を自己又は他人のために，直接又は他人を介して容認したときは，6 月以上 1 年以下の自由刑及び 1 年以上 3 年以下の公職停止に処する。
　第 423 条〔陪審員等への適用〕
　　前数条の規定は，陪審員（jurados）[23]，仲裁人，裁判所から任命された管理人又は検査官（interventores）その他公務の執行に関与する者にも適用する。

(23)　陪審員につき，森下「スペインの陪審制度」(上)(中)(下)，判例時報 2095 号，2098 号，2101 号（いずれも 2011 年）を参照されたい。

〔Ⅲ〕 内国公務員への贈賄
内国公務員への贈賄に関する 3 か条を次に掲げる。

第3節　刑法における汚職犯罪　*289*

第424条〔私人による贈賄〕
1．公務員又は公務に関与する者に対し，その公務員が職務上の義務又は職務上なすべき行為に違反する行為をしたこと，又はその職務上行うべき行為を行わず，もしくは遅らせたことに関し，種類のいかんを問わず，贈物又は謝礼を申し込み，又は供与した者は，収賄をした公務員と同一の自由刑及び罰金に処する。
2．公務員又は公務に関与する者の請託を受けて贈物又は謝礼を供与した者は，収受した者と同一の自由刑及び罰金に処する。
3．公務員が達成し又は企図した行為が，公共団体によって主催される契約手続，補助金又は入札に関する場合には，自然人を罰する。また，その場合には，当該の会社，団体又は組織に対して，公的部門の機関，主体又は団体と契約を締結すること及び租税及び社会保障の恩恵にあずかることにつき，3年以上7年以下の期間，資格制限に処する。

第425条〔親族等による贈賄〕
　　贈賄が，刑事事件において，被告人の利益のために，配偶者その他同様の愛情のある関係で結ばれた者により，又は尊属，卑属，血がつながっているか[24]，もしくは養子関係の兄弟姉妹又は同様の親等にある者によって行われた場合には，贈賄者は，6月以上又は1年以下の自由刑に処する。

第426条〔自然人に対する刑の免除〕
　　公務員が贈物その他の報酬を請託するに際し，たまたまそれを容認した者が，刑事手続が開始される前であって，収賄の日から2箇月以内に，訴追の義務を負う当局に収賄を通報したときは，収賄の罪につき刑を免除する。

　以上の規定の中では，贈賄者は収賄をした公務員と同一の刑に処せられる点（424条1項）が，注目される。立法例の中には，贈賄者に対する刑は，収賄者に対する刑よりも軽いものが多く見受けられる。スペイン刑法の立場は，テロリストや麻薬犯罪の犯人が贈賄者になることが多いことを考慮したものであろう，と推察される。
　第425条は，期待可能性の思想を反映して，軽い法定刑を定めた規定として注目される[25]。

(24) 血がつながっている（por naturaleza）というのは，嫡出であると非嫡出であるとを問わない，という意味である。
(25) スペイン刑法学にあっては，ドイツ刑法学の影響を受けて期待可能性の思想が取り入れられている。

2 外国公務員等に係る贈収賄

　スペインは，1997年のOECD条約，1999年の欧州評議会の汚職防止刑事条約（CE刑事条約），および2003年の国連汚職防止条約の当事者となるべく，国内法を整備した。これら3条約は，いずれも外国公務員への贈賄を罰している。

　これら3条約の中では，CE刑事条約（ETS 173）5条（外国公務員に係る贈収賄）(26)および6条（外国議会の議員に係る贈収賄）(27)が，外国公務員等に係る贈収賄の犯罪化を義務づけている。スペインは，2010年4月28日，このCE刑事条約を批准した。同条約は，2010年8月1日，スペインについて効力を発生した。なお，スペインは，CE刑事条約の追加議定書（ETS 191）(28)を2011年1月1日批准した。同議定書は，2011年5月1日，スペインについて効力を発生した。

　本稿で'外国公務員等'というのは，EUの職員，EU加盟国の国民である公務員を指す（427条1項）。参考のため，スペイン刑法の新427条の規定を掲げる。

第427条〔EU職員等への拡大適用〕
1　前数条の規定は，行為が欧州連合の職員又は欧州連合の加盟国の職員に係るときにも適用する。これにつき，欧州連合の職員とは，次の者にまで拡大される。
　1°　欧州共同体職員規程又はその他欧州連合の職員に適用される規程に従って契約した職員又は従業員
　2°　欧州連合加盟国又は欧州連合の職員もしくは従業員が行使するのと同様な職員を行う公的又は私的団体によって欧州連合に配属された者
　3°　欧州連合設立条約に従って設立された団体の職員，並びに欧州連合

職員規程が欧州連合のその他の職員に適用されない限りにおいて，その他の機関の職員

なお，欧州連合加盟国の内国公務員に対しては，当該加盟国の刑法の適用について上記の規定は拡大される。
2 　第31条の2の規定に従い，法人は，次に掲げる刑を科せられる場合には，本章に規定する罪の責任を問われる。
　　a ）2年以上5年以下の罰金，又は自然人の犯した罪が5年を超える自由刑にあたるときには，法人の活動から得た利益の3倍の罰金
　　b ）1年以上3年以下の罰金，又は自然人が前号に含まれない2年以上の自由剝奪にあたる罪を犯したときは，法人の活動から得た利益の2倍以上4倍以下の罰金
　　c ）6月以上2年以下の罰金，又は上記以外の場合において法人活動から得た利益の2倍以上3倍以下の罰金
　　第66条の2に定めるところに従い，裁判所は，第33条第7項b号からg号までの刑を科することもできる。[29]

(26) これにつき，森下・国際汚職の防止（2012年，成文堂）113頁をみよ。
(27) これにつき，森下・前掲書115頁をみよ。
(28) 森下・注(26)前掲書143頁以下をみよ。
(29) 法人の解散などを指す。本書284頁をみよ。

3 　国際商取引における汚職犯罪

　刑法第19編第10章は，「国際商取引における汚職犯罪」という名称の1章を特に設けている。その規定は，次に掲げる第445条のみである。

第445条〔外国公務員等への贈賄〕
1 　国際経済活動に関連して，外国公務員又は国際機関の職員に対し，契約の締結又は維持その他不正の利益を得る目的で，職務行為を行うこと又は行わないことに関し，金銭その他の不正の利益を申し込み，約束し，又は供与することにより，贈賄し，又はそれを企図した者は，2年以上6年以下の自由刑及び12月以上24月以下の罰金に処する。ただし，得た利益が上記の額を超えるときは，得た利益の額の2倍の罰金とする。

前段に規定するほか，公的部門との契約禁止の刑並びに財政上及び社会保障の利益又は便宜を受ける権利の喪失，公的補助もしくは助成金を得る可能性の喪失及び7年以上12年以下の期間，公的に有利な商取引に参入することの禁止に処する。

前2段に規定する刑は，取引の対象が人道的財産もしくは業務又はその他の基本的必要に関するものであるときは，2分の1以上〔上限以下〕とする。

2 本法第31条の2に規定するところに従い，法人はこの罪につき2年以上5年以下の罰金又は得た金額がより多額であるときは，得た利益の3倍以上5倍以下の罰金に処する。

第66条の2に規定するところに従い，裁判所は，第33条第7項b)からg)までに定める刑にも処することができる。

3 本条に関しては，公務員とは，次に掲げる者をいう。
 a）任命又は選挙により，外国のために立法，行政又は司法の職務に就いている者
 b）公的組織又は公的企業を含む，外国のために公務を執行する者
 c）公的国際機関の職員又は従業員

この条文については，第2項で法人についても刑事責任を問うことが明記された点が，注目すべきである[30]。

なお，外国公務員および公的国際機関の職員の収賄は，本条3項に用いられている拡大された定義が収賄に係る一般規定（刑419条，420条）にも直接適用されることによって，カバーされている[31]。

(30) CAC/COSP/RG/2011/CRP. 4, Implementation Review Group, 2nd session, Executive summary：Spain, 2012, p. 2.
(31) CAC, op. cit., p. 2.

4 あっせん贈収賄

第6章の章名は，"Dei Tráfico de influencias"，"On influence peddling"（英）となっている。これは，'顔が利くことを売り物にする'というような

ニュアンスのある言葉といえるであろう。法律的に言えば，'顔を利かせてあっせんする' というような意味になるであろう。

　第6章は，第428条から第431条までの4か条から成る。そのうち，前2者は，公務員に対してあっせん行為（影響力を及ぼす行為）を罰するものであり，第430条は，あっせん贈収賄の罪を規定している。第428条および第429条は，立法例にも珍しい規定であるように見える。この2か条の罪は，行為者があっせん行為に係る不正な利益の要求または収受をしたことを成立要件としていない。その意味で，国連条約18条1項よりも処罰範囲が広くなっている(32)。

　なお，第428条から第430条までの罪の対象物（賄賂）は，没収される（431条）。

第428条〔公務員による影響力の行使〕
　　公務員が，自己又は他人について，直接又は間接に経済的利益が生じることのある決定を行わせるために，他の公務員に対し，自己の職権を行使したとき，又は個人的もしくは公務員に対する上下関係から生ずるその他の状況を利用して影響力を行使したときは，6月以上2年以下の自由刑及び得ようとした利益又は現に得た利益の2倍の罰金並びに3年以上6年以下の公職禁止の特別資格制限に処する。得ようとした利益が得られたときは，これらの刑は，2分の1加重する。

第429条〔私人による影響力の行使〕
　　直接又は間接に，自己又は他人につき経済的利益が生じることのある決定を行わせるために，公務員に対し，個人的関係又は当該公務員との関係に由来する状況を利用して影響力を行使した者は，6月以上2年以下の自由刑及び得ようとした利益又は現に得た利益の2倍の罰金に処する。得ようとした利益が得られたときは，これらの刑は，2分の1加重する。

　本罪の主体は，公務員に限らない。英語では，whoever（何人を問わず）が主体とされている。実際に本罪の主体となりうるのは，退職した，かつての上司とか，郷里または母校の先輩とかであろう。

第430条〔あっせん贈収賄〕

　前数条に規定する方法で，行動することを申し出て，贈物その他他人からの報酬を要求し，又はその収受もしくは約束をした者は，6月以上1年以下の自由刑に処する。

　本法第31条の2の規定に従い，法人が本章の罪の責を問われるときは，6月以上2年以下の罰金に処する。

　第66条の2に定めるところに従い，裁判所は，第33条第7項b号からg号までに規定する刑に処する。

(32)　ただし，スペイン刑法428条および429条の罪は，経済的利益を得る目的で行われたことを要する（国連条約には，その要件は取り入れられていない）。cf. CAC, supra note 25, p. 2.

第4節　その他の関連犯罪

1　公務員による職権濫用

　刑法には，公務員の職権濫用に係る一連の行為を処罰する規定がある。公金横領（432条），公金の不正使用（433条），公的財産の不正な管理（434条），不当課税（436条）等が，それである。これらの罪は，いずれの国の刑法でも処罰されているものであるので，説明は略す。

　興味のあるのは，公務員が自己または配偶者その他の親族のために他人に対して性的サービスを要求する罪（443条1項）である。矯正職員がその監視下におかれている被収容者に性的サービスを要求する罪（434条2項）も規定されている。ちなみに，第1項の罪の法定刑は，1年以上2年以下の自由刑および6年以上12年以下の絶対的資格制限であり，第2項の罪の場合は，1年以上4年以下の自由刑および6年以上12年以下の絶対的資格制限である。

2　不正蓄財

不正蓄財（illicit enrichment）の罪は，規定されていない。国連条約20条は，締約国に対し，「自国の憲法及び法制の基本原則に従い」不正蓄財を犯罪化することを「考慮する」旨，規定している。

スペイン刑法が不正蓄財の罪を規定していないのは，憲法24条2項が「無罪の推定」（presunción de inocencia）を基本的人権として保障していることにかんがみ，無罪推定の原則と相容れないと考えたからである。[33]

(33) CAC, supra note 25, p. 3.

3　民間部門における贈収賄

スペイン刑法は，**民間部門における贈収賄を罰していない**。欧州評議会の汚職刑事条約（CE刑事条約）は，第7条で民間部門における贈賄を，また，第8条で民間部門における収賄を犯罪化すべき旨，規定している。ただし，同条約37条（留保）は，締約国が犯罪化しないことを宣言する途を設けている。

しかるに，スペインは，2010年4月28日にCE刑事条約を批准するに当たり，条約37条に基づく留保の宣言をしていない。その理由として，次の2つが考えられる。

その1。民間部門における商取引または契約締結に当たっては，商業上の秘密掲示等の行為があれば，他の規定で処罰されることがある。ましてや，商取引において脅迫，詐欺等によって自由な商取引の価格に影響を及ばさせるなどの場合には，それぞれ別の罰条の適用を受けることになる。[34]

しかし，この理由は，不十分なものものである。

その2。近年，スペインは，ひどい経済危機に見舞われており，政府も国会も，高い失業率，緊縮財政に対する国民の抵抗，相次ぐ大規模デモへの対策などに追われていて，民間部門における汚職犯罪に関する立法措置をとる余裕がない。これが，大きな理由と考えられる。

(34) CAC, supra note 25, p. 3.

あとがき

　一般的な犯罪捜査の機関と並んで,「汚職及び組織犯罪に関する特別捜査局」が,設けられている。この捜査局は,警察庁に設けられている。一般の警察当局も,汚職犯罪,経済事犯の捜査を担当する。

　スペインでは,起訴法定主義が採用されている[35]。それゆえ,情状によって起訴猶予にすることはありえない。ただし,どれだけの証拠がそろったときに起訴するのか,文献では明らかでない。

　2010年法律5号は同年12月23日に施行されたばかりであるので,この法律による刑法改正の成果がどれだけ得られたかは,現在入手しうる文献では明らかにすることができない。

　内部告発者(whistleblower)を保護する法律は,まだ制定されていないようである。

(35) CAC/cosp/IRO/2011/CRP. 4. Implementation Review Group, Executive summary：Spain, p. 4.

第 3 部

その他の諸国

第12章　アルゼンチンの汚職防止法制

　　　第1節　アルゼンチンの国土，歴史，財政
　　　第2節　アルゼンチン刑法
　　　第3節　刑法における贈収賄
　　　第4節　条約との関係
　　　第5節　最近における汚職防止のプロフィール
　　　あとがき

第1節　アルゼンチンの國土，歴史，財政

1　国土と歴史

　アルゼンチンは，南米ではブラジルに次いで2番目に広い国土をもっている。その面積は，日本の約7.5倍。人口は約4,200万人強（2012年）。首都ブエノス・アイレス（Buenos Aires）は，その近郊を含めて，1,300万人を超えるメガ都市（巨大都市）である。このことからして，首都への人口集中ぶりが理解されるであろう。

　ブエノス・アイレス市は，1580年から恒久的な建設が始められた。その街並みは，実に合理的に設計された堂々たるものである。市の中央を南北に貫く幅144メートルの「7月9日通」（Av. Nueve de Julio）は，まさに世界一広い大通りである。

　アルゼンチンは，かつてはスペインの植民地であった。1810年，アルゼンチンの人々は，彼らの手による独自の政府を熱望して，総督を失脚させ，5月25日，連合政府を樹立した。ついで，1816年7月9日，サン・マルティ

ン將軍によって独立の基礎を固めたアルゼンチンは，ペルー，ボリヴィア，チリの独立を支援するとともに，スペイン王の支配から脱却する独立宣言を行った。

この独立記念日を祝って，首都ブエノス・アイレスの中央を南北に貫く大通りは，「7月9日通」と名づけられている。美しい街並みのブエノス・アイレスは，「南米のパリ」といわれている。

2　財政悪化とその克服

アルゼンチンは，1980年代後半，財政の悪化に因り，超インフレに見舞われた。

2001年12月，アルゼンチンは，政府債務を返済できなくなり，債務不履行（デフォルト）を宣言して，破綻した。そのため，倒産や解雇が相次いだ。2002年の失業率は約30％にまで上昇し，GDP（国内総生産）の伸び率は，前年比でマイナス11％に落ち込んだ。

2010年には，アルゼンチンの経済状況は，回復に向かった。豊富な資源をかかえるアルゼンチンは，現在，ブラジルを軸とするラテン・アメリカ統合の主要国として，影響力を保っている。今後，日本からの投資は進むであろうと見込まれている。

第2節　アルゼンチン刑法

1　刑法の歴史

アルゼンチンの最初の刑法典は，1886年12月7日に公布され，翌年3月1日に施行された。1890年以降，改正作業が続けられ，1921年10月29日に新刑法典が制定され，翌年4月29日，新法は施行された。これが，現行のアルゼンチン刑法典（Código Penal de la Nación Argentina）である[1]。

とはいうものの，同法典は，施行後，数十回もの一部改正をほどこされている。それは，アルゼンチンの激動の歴史を反映するものであった。

1982年には，かのフォークランド紛争[2]の敗北があり，83年12月，軍政から7年半ぶりに民政移管となった。軍政時代には，15,000人を超える行方不明者を出した左翼弾圧が行われた。それは，1976年以降，チリの軍事政権と共同して遂行した，コンドル作戦（Operación Cóndor）[3]と名づけられた作戦であった。これにより，民主化を求める国民に対する共同的抹殺，拷問，拉致などが行われた[4]。その行き過ぎた人権弾圧に対する批判は，当然，民政移管の後，刑事法の改革へとつながったはずである。

(1) 森下「アルゼンチンの刑事司法」判例時報1220号27頁。
(2) アルゼンチン沖のフォークランド諸島（Falkland Islands）の領有権をめぐって，1982年4月2日～6月14日，アルゼンチン軍がこれらの島に侵攻し，これに対して英国が海軍を派遣し，奪還した。これが，フォークランド紛争（Falkland Conflict）と呼ばれている。
(3) 森下・犯罪人引渡法の研究（2004年，成文堂）160頁。
(4) コンドル作戦には，被拉致者を航空機に乗せ，上空から海に投下することも含まれていた。

2　刑事制裁の体系

〔I〕　刑罰の種類

まず，死刑は規定されていない。

刑（las penas）としては，懲役（reclusión），禁固（prisión），罰金（multa）および資格制限（inhabilitación）の4種類が規定されている（刑5条）。

懲役は，無期または有期とし，作業の義務を負う（6条）。

禁固は，無期または有期とし，作業の義務を負う（9条）（作業の義務を負うので，わが国の禁錮〔刑法13条〕とは異なる）[5]。6月以下の禁固刑は，善良な女性及び60歳以下の者又は虚弱な者の場合，その自宅で執行（自宅拘禁）することができる（10条）。

3年以上の懲役または禁固には内在的なもの（当然に伴う処分）として，絶対的資格制限が，言い渡された刑の期間，科せられる（12条）。

絶対的資格制限（inhabilitación absoluta）には，次のものが含まれる（19

条）。

1）公職に就くことの禁止（公職禁止）
2）選挙権の剥奪
3）公的業務，雇用又は公的な職務に就くことの資格喪失
4）すべての恩給，年金の受給停止

特別資格制限（inhabilitación especial）には，言い渡された刑の期間，同種類の罪を犯す可能性のある業務，任務，職務または権利の剥奪および罪を犯す可能性のある同種の仕事に就くことの資格制限を含む（20 条）。

このほか，特別資格制限には，法律に明文の規定がないときでも，6 月以上 10 年以下の期間，次のものを含めることができる（20 条の 2）。

1）公的業務からの排除
2）親権，養子縁組，後見人または財産管理人となることの資格の停止
3）公的許可・免許・資格にもとづいて行う職業または活動の禁止

仮釈放（libertad condicional）は，無期刑の受刑者については 35 年を経過した後，また，有期刑の受刑者については，刑期の 3 分の 2 を経過した後，許されることがある（13 条）。しかし，累犯者については，仮釈放は許されない（14 条）。

刑の執行猶予（condenación condicional）は，初犯者に対して 3 年以下の禁固の言渡しをする際に認めることができる（26 条 1 項）。罰金または資格制限については，執行猶予は認められない（26 条 3 項）。

なお，有罪判決の場合には，⑴被害者，その家族または第三者に生じた有形的および無形的な損害の賠償，⑵犯罪から得た物の返還，⑶費用の支払いを命ずることができる（29 条）。

ところで，刑法典には，有期刑の下限および上限を定める明文の定めが見当たらない。そこで，参考までに各則の規定を紹介する。

普通殺人の刑は，8 年以上 25 年以下の懲役または禁固（79 条）。ただし，尊属，卑属，それらの配偶者などを殺したときは，無期の懲役または禁固に処する（80 条）。

大逆罪（traición）を犯した者は，10 年以上 25 年以下の懲役もしくは禁

固,または無期の懲役もしくは禁固(214条)。
　併合罪(concurso de delitos)の場合において同一種類の刑に処せられるべきときは,同一の法定の最高限までの刑を科することができる(54条)。

(5)　'reclusión'を「重懲役」と訳し,'prisión'を「軽懲役」と訳すのも一案である。しかし,「重懲役」という言葉は,重労働を伴う懲役と誤解されかねないので,用いないこととした。
　　禁固については,執行猶予が認められることがある(26条1項)が,懲役については執行猶予は認められない。このような違いが存在する。

〔Ⅱ〕　法人の刑事責任

　アルゼンチンの刑事立法では,法人の刑事責任は認められていない。これは,アルゼンチンが大陸法の伝統的立場を受け継いでいることによる。法人については,その代表者または従業員が汚職犯罪について個別的に刑事責任を問われることがあるにとどまる。
　しかしながら,民間の法人が犯罪を行ったことにつき直接刑事責任を問われることがないにせよ,その従業員が刑事法に違反したときには,法人に対して他の法的制裁がとられることがある。それは,罰金並びに犯罪供用物件および犯罪取得物件の没収(decomiso)である。没収については,刑法23条にくわしく規定されている。
　ところで,2003年の国連汚職防止条約第26条(法人の責任)は,「締約国は,自国の法的原則に従い,この条約に従って定められる犯罪への関与について法人の責任を確立するため,必要な措置をとる。」と規定し(1項),刑事上,民事上または行政上の制裁を確保するものとしている(2項~4項)。アルゼンチンは,2006年8月28日,この国連条約を批准した。法人の責任を問うための刑事的または非刑事的制裁を設けることは,締約国の「法的原則に従い」とされているにとどまり,法人の刑事責任を問うことが締約国に義務づけられている訳ではない。ただ,今後,アルゼンチンが民事上または行政上の制裁を設けるであろうことは,予想される。

(6) 没収の客体および要件は，日本刑法 19 条に定めるものとほぼ同じである。ただし，アルゼンチンでは，差し押えられた物件が公共施設にとって有益であり，または文化的価値があるときは，その物件をそれらの施設に引き渡すよう，判決で命ずることができる（23 条 5 項）。

第 3 節　刑法における贈収賄

1　収　　賄

〔Ⅰ〕　公務員の収賄
第 256 条〔公務員の収賄〕
　　公務員が，その職務に係る行為をし，遅らせ，又は行為しないことに関し，自身で又は仲介者を通して金銭もしくはその他の贈物を収受し，又は直接もしくは間接にその約束をしたときは，1 年以上 6 年以下の懲役又は禁固及び絶対的資格制限に処する。

A　公務員の意義

　刑法 77 条〔用語の定義〕は，公務員（funcionario público）の定義をしている（4 項）。それによれば，刑法で用いられている「公務員」とは，——「公務従業員」（empleado público）と同様に—— 公の選挙又は権限のある当局による任命の結果として，臨時に又は常勤として，公務（funciones públicas）の執行にたずさわる者をいう[7]。
　なお，政府管理下の企業の従業員も，公務員とみなされるであろう[8]。

B　金銭，贈物の意義

　金銭（dinero）と贈物（dádiva）については，どれくらいの金額以上のものが"賄賂"として処罰の対象となるかが，問題となる。刑法その他の法律にも，これにつき基準を定めたものは存在しない。
　社会的に容認される限度のものは，法的に問題にならない利益として受け容れられている[9]。これは，いずれの国にあっても承認されているところ

である。

　いわゆる"facilitation payments"（円滑化支払い）(10)の概念は，アルゼンチンでは知られていない。それゆえ，理論的には，この種の支払い（チップ，心付け）も"わいろ"に該たる可能性がある。それにもかかわらず，特別法では，少額の贈物（minor gifts）は許容されるものとされている(11)。

　このように文献には記述されている。しかしながら，著者が南米で体験したところでは，'propina'（チップ，心付け）の習慣は，日本よりも比較にならないほどひどいものであって，先方から露骨に要求されることが少なくない。

　最近（2012年7月），internetで検索した文献によれば，商取引にあっては，平均的企業の売上げの0.8％程度までの非公的な支払いは，facilitation paymentsとして容認されるようである(12)。

(7)　公務員（funcionario público, public official）と公務従業員（empleado público, civil servant）との間にどのような区別があるかは，刑法7条の規定からは明らかでない。収賄罪の主体となりうるのは，「公務員」だけである。
(8)　Vicente de Palacios y Manrique, Argentina, in：Gruetzner, Hommel & Moosmayer, Anti-Bribery Risk Assessment, 2011, Beck-Hart-Nomos, p. 2.
(9)　Palacios y Manque, supra note 8, p. 2.
(10)　森下・国際汚職の防止・国際刑法研究第13巻（2012年，成文堂）12頁，14頁など。
(11)　Palacios y Manque, supra note 8, p. 2.
(12)　TrustLaw Connect, A global hub for free assistance, July 2012. —cf. http://www.trust.org/trustlaw/country-profiles/good-governance.

2　民間部門における収賄

　アルゼンチンの法律では，**民間部門（private sector）における贈収賄は罰せられない**。公務員に係る贈収賄は罰せられるのであるが，民間部門，特に民間における商取引に関連する贈収賄をも罰することは，アルゼンチンでは，それには及ばない，と考えられているのである。

国連条約 12 条 1 項は，締約国に対し，「自国の国内法の基本原則に従い」，民間部門の汚職防止のため民事上，行政上または刑事上の罰則を定めるための措置をとることを規定している。それにもかかわらず，アルゼンチンが民間部門における贈収賄につき法的制裁を設けていないのは，立法措置を講ずることの必要性および効果性について消極的な判断があるからであろう。

このようにして，アルゼンチンでは，民間の企業になんらかの贈物，利益，便益を与えることは，社会的に容認されている。[13]

(13) Palacios y Manque, supra note 8, p. 3.

3 司法官の収賄

第 257 条〔司法官の収賄〕
　裁判官又は検察官が，その権限に属する事柄についてなんらかの決定，判決又は判断をし，遅らせ，又は行わないことに関し，自身でもしくは仲介者を通じて金銭もしくはその他の贈物を収受し，又は直接もしくは間接に収受の約束をしたときは，4 年以上 12 年以下の懲役又は禁固及び絶対的資格制限に処する。

本条は，第 256 条の罪（公務員の収賄）の特別加重類型である。重い刑が科せられていることが，注目される。言うまでもなく，裁判官（magistrado del Poder Judicial）および検察官（Ministero Público）は，"正義の最後の拠り所"であるので，それらの者による収賄が，一般公務員のそれに比して重く処罰されるべきは，当然である。反面から言えば，このような特別類型を設けざるをえなかったことは，外国の文献に見られる「**司法界における汚職**」（corruption in the judiciary）が存在することを裏書きするものではなかろうか。[14]

(14) 第 10 回国際汚職防止会議では，司法官の汚職が論ぜられている。cf. 10th IACC, The corruption in the Judiciary and its Defining and Delimitation and Elimination,

by Shpopoy, p. 1. なお，森下「国内汚職の犯罪学」判例時報 2165 号（2012. 12. 21）40 頁以下を見よ。

4 あっせん収賄

第 256 条 b〔あっせん収賄〕
① 何人を問わず，公務員が義務に関する行為を行い，遅らせ，又は行わないようにさせる目的で，その公務員に不正な影響力を行使することに関し，自身でもしくは仲介者を介して金銭もしくはその他の贈物を要求し，もしくは収受し，又は直接もしくは間接に収受の約束をした者は，1 年以上 6 年以下の懲役又は禁固及びすべての公務に関して絶対的資格制限に処する。
② 前項の行為が，裁判官又は検察官の権限に属する事柄に関するなんらかの決定，判決又は判断をそれらの者に行わせ，遅らせ，又は行わせないようにする目的で，なんらかの影響力を不正に行使する目的でなされたときは，刑の長期を 12 年とする。

　本条 1 項は，一般公務員に対して影響力を有する者が，その公務員へのあっせんをすることに関して賄賂の収受等をする，いわゆるあっせん収賄を罰する規定である。収賄者は，公務員であると否とを問わない。

　あっせん収賄にあっては，権限を有する公務員（いわゆる第三者）に対して影響力を有すると称する者（収賄者）が，影響力を有するとの口実の下にあっせんを依頼する者（贈賄者）から賄賂の収受等をするという，いわゆる三者構造が特徴的である。

　本条 2 項は，この三者構造におけるいわゆる第三者が裁判官または検察官である点に，刑の加重事由が存在する。裁判官または検察官が賄賂を収受したかどうかは，本条の成立に関係がない。第 2 項の規定も，終局的には司法官の汚職をきびしく罰することを目的とすることにつながるものであろう。

5　贈賄罪

第258条〔贈賄〕
　何人を問わず，第256条及び第256条b第1項に規定するいずれかの行為をしてもらう目的で，自身で又は仲介者を介して贈物を供与し，又は申し込んだ者は，1年以上6年以下の禁固に処する。その贈物が第256条b第2項及び第257条に記載する行為をしてもらう目的で供与され，又は申し込まれたときは，2年以上6年以下の禁固に処する。行為者が公務員であるときは，第1文の場合には2年以上6年以下の特別資格制限に処し，かつ，第2文の場合には，3年以上10年以下の特別資格制限に処する。

　本条は，贈賄罪の規定である。行為者は，第1文および第2文の場合には，法文には「何人を問わず」とあるので，民間人が想定されている。行為者が公務員である場合（第3文の場合）には，刑が加重される。

6　外国公務員への贈賄

第258条（b）〔外国公務員への贈賄〕
　外国の公務員又は公的国際機関の公務員に対し，その者の職務に関する行為をし，もしくは行為をさせない目的で，又はその者が経済上，財政上もしくは商業上の取引に基づく職務から生ずる影響力を行使させる目的で，自身で又は仲介者を介して，自己又は他人の利益のために，金銭，金銭的価値のある物，又は贈物，有利な取扱い，約束もしくは恩恵のごときその他の利益を申し込み，又は供与した者は，1年以上6年以下の懲役及びすべての公務の執行に関する終身の特別資格制限に処する。

　本条は，1997年のOECD外国公務員贈賄防止条約[15]および2003年の国連の汚職防止条約16条[16]に従って犯罪化した規定である。それゆえ，国連条約をいまだに批准していないわが国の法制に比して，アルゼンチンが行った犯罪化の範囲は，かなり広い。

(15) この条約につき，森下「OECD外国公務員贈賄防止条約」同・国際汚職の防止，注(10)前掲書45頁以下を見よ。なお，アルゼンチンは，この条約の当事国となっている。
(16) 国連条約16条は，外国公務員および公的国際機関の職員に係る贈収賄を犯罪化することを締約国に義務づけている。

7 勤務中の贈収賄

第259条〔勤務中の贈収賄〕
① 職務に従事している間に，職務を理由とする贈物を収受した公務員は，1月以上2年以下の禁固及び1年以上6年以下の完全な資格制限に処する。
② 贈物を供与し，又は申し込んだ者は，1月以上1年以下の禁固に処する。

本条は，勤務中になんらかの贈物 (any gift) を収受した公務員を第256条の罪の場合よりも軽く罰することとし，それに対応する形で，なんらかの贈物を供与し，または申し込んだ者を第258条第1項の罪よりも軽く罰することとしている。恐らく，勤務中に行われる収賄は，勤務外で内密に行われる贈収賄に比して，一般的に贈物の価値が低いなど，情状の軽いことが考慮されているのであろうか。

8 不正蓄財の罪

各則第9章の2「公務員の不正蓄財」には，次の罪が追加されている。

第266条の1〔情報等の不正使用〕
利得の目的で，職務上知り得て保持している情報又は資料を自己又は他人のために使用した公務員は，第256条〔収賄〕の刑に処する。
第266条の2〔不正蓄財〕
正当に要求を受けたにもかかわらず，就任から退職2年後までの間に偽装して行った高額の蓄財の過程を正当化することのできなかった者は，2年以上6年以下の懲役又は禁固及びその蓄財価額の5,000倍以上1万

倍以下の罰金並びに無期の絶対的資格制限に処する。

　ここでは，第266条の2〔不正蓄財〕の罪が注目される。この罪は，1996年の汎米汚職防止条約（IACAC）第9条（不法な高額収入[17]）および2003年の国連汚職防止条約第20条（不正な蓄財[18]）にならって，不正蓄財（illicit enrichment）の行為を犯罪化したものである。中南米では，麻薬犯罪，密輸出入，組織犯罪の制圧がかねてから犯罪対策上の重要な課題とされている。事実，税関吏，国境監視員，犯罪捜査員らが秘密裡または暗黙裡にこれらの犯罪者集団と情を通じて情報（たとえば，警察の取締りに関するもの）を不正に流したり，または不法行為（たとえば，密輸，不正な国境通過など）を見逃がしてやる見返りとして賄賂を受け取っており，その金額は莫大なものになることがある，と報ぜられている。そのような事実にかんがみ，その対策として不正蓄財が犯罪化されているのである。

　不正蓄財の罪について重要な意味をもつのは，高額所得の過程を立証すべき責任が被告人の側に転換されていることである。

(17)　森下「汎米汚職防止条約」同・国際汚職の防止（2012年，成文堂）167頁以下，179頁。
(18)　**国連条約20条（不正な蓄財）**
　　　締約国は，自国の憲法及び法制の基本原則に従い，不正な蓄財（自己の合法的な収入との関係において合理的に説明することのできない公務員の財産の蓍しい増加をいう。）が故意に行われることを犯罪とするため，必要な立法その他の措置をとることを考慮する。

9　刑法の場所的適用

　刑法は，刑法の場所的適用に関して第1条〔刑法の適用〕を設けているにすぎない。

　同条によれば，刑法は，次に掲げる罪について適用される。

(1)　アルゼンチン国内またはアルゼンチンの裁判権に服する地域において犯された罪，またはその結果が発生するはずであった罪[19]

(2) アルゼンチンの公務員が，国外においてその職務の執行中に犯した罪

これによれば，前記(1)の場合は，属地主義を採用したものと解され，また，(2)の場合は，自国の公務員による国外犯についてのみ，能動的属人主義を規定したものと解される。これについては，格別の問題はない。

疑問に思われるのは，保護主義，受動的属人主義および世界主義に関する規定が見当たらないことである。

(19) 「その結果が国内で発生するはずであった」(cuyos efectos deban producirse) とは，結果が発生した場合はもちろん，結果が発生するはずであった場合を指す，と解される。たとえば，日本企業の幹部が，日本国内から，その企業のアルゼンチン支店にいる社員に向けて，アルゼンチン公務員へ贈賄する資金を送る場合が，これに当たる。しかし，日本企業の幹部が日本国内からアルゼンチン支店の社員に電話，Fax，テレックス等により，アルゼンチン公務員への贈賄を指示した場合までこれに含まれるかどうかは，疑問である。厳格解釈の立場からは，消極に解すべきであろう。

第4節 条約との関係

1 中南米の特殊事情

中南米諸国は，1つの大陸の中で陸続きの国であって，いずれも米州機構 (OAS = Organization of American States) を構成している。しかも，歴史的事情からブラジル（ポルトガル語を国語とする）を除いて，すべての国がスペイン語を国語としている。

そのような事情のゆえに，スペインとの結び付きが強く，法制面でもその傾向が顕著である。汚職防止法制を検討するについては，スペインの法制をも照らし合わせて見ることが望まれる。中南米諸国の中には，第2次世界大戦後，共産主義国，特にソ連の影響下に置かれた国があって，それらの国では苛烈な民主化闘争が展開された。

そうした事情は，権力者，それに同調する者らによるきびしい管理体制を招来した。一般庶民は苦しい生活を強いられた。そこに，汚職がまん延する原因があった。「中南米では，汚職は風土病的になっている」と言われるのは，そうした事情によるであろう。そうした政治的・社会的構造から脱却するためには，なお年月を要するであろう。

とは言うものの，中南米諸国は，近時，いずれも経済的にも立ち直りつつあり，豊富な資源をかかえていることと相まって，健実に開発を進めている。日本企業の進出が相次いでいる現今，中南米の国情および法制面の研究が重要性を帯びてきている。

2 汎米汚職防止条約

1996年3月，汎米汚職防止条約（Inter-American Convention against Corruption＝IACAC）が締結された（1997年3月，発効）。

この条約については，拙稿「汎米汚職防止条約」[20]においてくわしく紹介した。この条約において注目すべきは，中南米における特殊事情，たとえば，麻薬犯罪・組織犯罪が汚職の大きな原因の1つとなっている現状にかんがみ，汚職防止のための強力な方策が織り込まれていることである。具体的には，汚職行為の拡大である（6条, 11条）。そこでは，共謀(conspiracy)への参加も犯罪化の対象とされていること[21]（6条e），国越的汚職（transnational bribery）を国内法上の汚職行為とみなすべきこと（8条），汚職防止のための国際協力が義務づけられていること（13条, 14条）などが注目される。

問題は，この条約の締約国において，条約の規定がどこまで現実に取り入れられ，実施されているか，である。アルゼンチンの法制と対策を検討するに当たってその点に注意したのであるが，参照しうる文献が限られているせいもあって，十分な解明をすることができなかった。反面から言えば，今後，汚職防止のための立法的・行政的施策は絶えず続けられると思われる。アルゼンチンを含めて中南米に進出する企業およびそれに関係する人びとが，これらの点に注意されることを望みたい。

(20) 森下「汎米汚職防止条約」同・国際汚職の防止（2012年，成文堂）167頁以下。
(21) **共謀の犯罪化**が条約に盛り込まれていることは，1つにはIACAC（汎米汚職防止条約）の締結につき米国が重要な役割を果たしていること，もう1つには，中南米では麻薬犯罪との闘争が重要な課題となっており，その取締りのキー・ポイントとして共謀の犯罪化が必要とされることによるであろう。

3　OECD条約との関係

OECD条約の締約国（現在，38か国）の中に，中南米諸国の中では，アルゼンチン，ブラジル，チリおよびメキシコが含まれている。そのほか，コロンビアは，国際商取引における贈賄に関するOECDのWG（Working Group）として参加しているので，OECD条約に加入する可能性がある。

第5節　最近における汚職防止におけるプロフィール

1　1990年代後半以降

2012年8月のインターネットTrustLawの"Anti-Corruption profile Argentina"[22]に最近のアルゼンチンにおける汚職防止対策の制度とその実情が載っている。有益な内容を含んでいるので，その要点を紹介する。

(22) TrustLaw Country Profiles. Anti-Corruption profile-Argentina. cf. http://www.trust.org/trustlaw./country profiles/good-governance. dot? id., July 2012.

〔I〕　**1990年後半以降の経済発展と汚職防止策**
アルゼンチンは，1990年代の後半に，一時期，ひどい経済不況に見舞われたため，2001年末には3,000パーセントに及ぶ超インフレを経験した。しかし，その後，経済危機は克服され，現在では，堅調な経済を維持しており，外国からの投資が積極的に進められている。
アルゼンチンでは，汚職防止をめざす諸施策が整備されていることは広

く認められている。しかしながら，それらの諸施策の遂行は，不十分であり，必ずしも効果を挙げていない。そこで，Cristina Kirchner 大統領は，最高裁裁判所判事の任命手続を改正するのを初めとして，司法職における politicisation（政治化されること。政治的風土化すること）と汚職（corruption within the judiciary）とを改善する各種の方策を打ち出した。これは，司法における透明性と中立性（transparency and neutrality within the judiciary）を図る積極的な施策と見られている。[23]

このことは，わが国ではおよそ考えられないことである。しかしながら，正義の最後の拠り所ともいうべき司法官・司法職員の腐敗・汚職ということは，独裁政権の国，共産権の国，開発の遅れた国では，しばしば見られるところである。アルゼンチンは，最近，堅実な経済的発展を続けているとはいえ，政治的透明性（political transparency）をいまだ確立するに至っていないようである。

文献によれば，アルゼンチンでは，自由競争と財産権の保護は，司法界における汚職と並んで裁判官に対する政治的圧力（political pressure on judges）によって妨げられている。[24]こういう次第であるから，アルゼンチンで商工業活動を行う企業は，税関吏との交渉，税関における諸手続の促進について，しばしば贈賄に直面している。税関は，かねてから汚職に満ちているからである。ただし，そのような情況は，徐々に改善されつつあるとのことである。[25]

(23) TrustLaw Country files, supra note 22, p. 2.
(24) TrustLaw, supra note 22, p. 2.
(25) TrustLaw, supra note 22, p. 2.

〔Ⅱ〕 **各層に滲み込んだ汚職体質**

アルゼンチンでは，最近，経済発展が持続的に維持されていることと相まって，外国からの投資が活発に行われている。Cristina Kirchner 大統領による着実な汚職防止対策は，一般国民の支持を得ているようである。し

かしながら，それらの施策の効果は，politicised judiciary（政治の圧力を受けた司法）のような，問題多き要因によって著しく妨げられている[26]。政治家による職権濫用は，通常，処罰されることはないのである。そして，政治や行政の組織は，全体として透明性，効率性および中立性を欠いている[27]。このよう次第で，Kirchner 大統領の率いる政党は，2009 年 6 月以降，安定多数を欠くに至っている。

多年にわたり根強く滲み込んだ汚職体質からの脱出は，なかなか難しいようである。ちなみに，アルゼンチンの CPI（透明性認識指数）は，2010 年に 2.9 であって，調査対象 180 か国中，ランキングは 105 位となっている。世論調査によれば，汚職対策が効果を挙げつつあると考えている国民は，ごく僅かである[28]。世論調査によれば，アルゼンチンでは公務員の 76％が汚職をやっていると言われている[29]。

このような政治状況の下で経済活動を行う企業は，公的部門（public sector）と民間部門（private sector）との双方から影響を受けている，と報ぜられている。世界銀行（World Bank）および IFC（国際金融公社[30]）の Enterprise Surveys 2006 が行った調査では，調査を受けた企業の 19％が'頼み事をする'（to get things done）するためには賄賂が必要だ，と回答している。

いわゆる facilitation payments（円滑化支払い。便宜支払い）については，平均的な会社にとっては売上げ高の 0.8％程度のものは，アルゼンチンで商業活動をするについてはやむを得ないもの（a major constraint）と受け取られている[31]。

最近では，世界経済フォーラム（World Economic Forum = WEF[32]）が発表した Global Competitiveness Report 2009-2010 にあっても，アルゼンチンで商業活動を行う企業は，その活動を遂行するための第 3 番目に最も重要な課題として「汚職」を挙げている[33]。ちなみに，この WEF の上記報告書では，アルゼンチンにおいて企業が商業活動をする際に第 1 番に問題とされる要因は政治的安定である，と述べられている[34]。

さらに，注意すべきことがある。それは，上記の WEF（世界経済フォー

ラム)の Global Competitiveness Report 2009-2010 によれば,アルゼンチンの司法界がひどく政治によって影響されている(severely politicised)ことである。同様に米国司法省も,2009 年の報告書において,アルゼンチンでは司法についての国民の信頼性は低いことを指摘している。

(26) TrustLaw, supra note 22, p. 3.
(27) TrustLaw, op. cit., p. 3.
(28) TrustLaw, op. cit., p. 3.
(29) TrustLaw, op. cit., p. 3.
(30) International Finance Corporation. 1956 年に設立された国連機関である。
(31) TrustLaw, op. cit., p. 3.
(32) WEF は,スイスに本部を置く独立の国際的非営利財団である。1971 年にスイスの経済学者クラウス・シュワブによって設立された。
(33) TrustLaw, op. cit., p. 3.
(34) TrustLaw, op. cit., p. 4.
(35) TrustLaw, op. cit., p. 4.
(36) TrustLaw, op. cit., pp. 4-5.

〔Ⅲ〕 汚職防止法制

汚職犯罪は,刑法で処罰の対象とするところである。アルゼンチンは,すでに OECD 条約,汎米汚職防止条約および国連条約の当事国となっているのであるが,それらの条約が立法化を義務づけている犯罪化その他の措置並びに裁量的に立法化を促している犯罪化その他の措置を国内法に取入れること (implementation) は,いまだ不十分であるといわれている。

汚職防止に関する機関としては,次のものがある。

Oficina Anticorrupción (スペイン語),Anti-Corruption Agency (英)〔汚職防止庁〕

この役所 (1999 年法 2.233 により設置) は,汚職防止策を準備すること,および汚職防止政策と汚職捜査との調和を図ることを任務としている。ただ,独立性が欠如している上に捜査権をもたない点において,成果を挙げるに至っていない。

オンブズマン（Ombudsman；Defensor del Pueblo de la acción）は，1993年，国民の人権その他権利および利益を保護するために設置された機関であって，政治的干渉から保護されている。しかし，現実にこのオンブズマンが成果を挙げているかどうか，不明である。

公益通報（whistle-blowering）　内部告発の権利を保障し，かつ内部告発者を保護することに関する法律は，まだアルゼンチンでは制定されていない。汚職がまん延しているといわれるアルゼンチンでは内部告発者保護法ないし公益通報者保護法は汚職防止に大いに役立つはずであるが，まだ制定されていないところから見れば，国民の意識がまだ低いか，あるいは政治家側からの圧力が強いことを反映したものであろうか。

(37)　TrustLaw, supra note 22, p. 6.
(38)　TrustLaw, loc. cit.

あとがき

本章で述べたところは，著者が2012年8月現在で入手しえた文献を参照してまとめたものである。それらの文献に表れたアルゼンチンの諸事情は，同国の政治的安定と経済発展に伴って良い方向に進んでいると考えられる。特に法制面では，関係法令の改正が進められていると思われる。

もう一つ留意すべきは，法制面では一応の整備がなされていても，実際面における運用は所期のねらいどおりには進んでいない，ということもありうる。

それゆえ，法の運用の実態を調査・研究することが望まれる。

第13章　オーストラリアの汚職防止法制

　　　第1節　序　　説
　　　第2節　連 邦 刑 法
　　　第3節　連邦刑法における汚職犯罪
　　　第4節　企業の刑事責任
　　　第5節　オーストラリア刑法の特色
　　　第6節　訴 追 活 動

第1節　序　　説

1　国の構成，面積，人口

　オーストラリア連邦（Commonwealth of Australia）は，1901年，6つの州から成る連邦国家として成立した。1931年，ウエストミンスター法により，イギリス連邦内の自治領となって今日に及んでいる。連邦総監は，イギリス国王によって任命される。

　現在，6つの州と2つのterritory（特別地域）から成る。これら合計8つの区域は，それぞれ立法権をもっている。

　オーストラリアは，世界で6番目に広い面積をもつ大陸の国であって，その面積は，日本の約20倍に及ぶ。しかるに，人口は，約2,280万人（2012年の統計による）にすぎない。

　オーストラリアにとっては，日本は，最大の輸出国となっている。鉄鉱石，石灰，牛肉などが，日本に輸出されている。資源に乏しい日本にとっては，オーストラリアは，資源の輸出国として，日本にとってますます重

要な貿易相手国として親密度を深めてゆくであろう。日本からは，自動車，電子機器などの工業製品がオーストラリアに輸出されている。

政治面でも，オーストラリアは，アジア大平洋地域における重要なパートナーになっている。

2 オーストラリアが批准した条約

〔Ⅰ〕 OECD 条約

オーストラリアは，OECD 条約（国際商取引における外国公務員への贈賄防止条約）を 1999 年 10 月 18 日，批准した。OECD 条約は，オーストラリアについて 1999 年 12 月 18 日に発効した。

この条約を批准するため，オーストラリアは，1995 年制定の刑法の一部を改正した[1]。これについては，後述する。

〔Ⅱ〕 国 連 条 約

オーストラリアは，2003 年の国連汚職防止条約（UNCAC）を，2003 年 12 月 9 日に署名し，2005 年 12 月 7 日に批准した（同条約は，2003 年 12 月 14 日，オーストラリアについて効力を発生）。

国連条約は，OECD 条約に比して，はるかに広い範囲で汚職犯罪およびその関連犯罪を制圧の対象としており，それと並んで，締約国における捜査協力，司法共助および犯罪人引渡しについて規定している。オーストラリアは，国内法の原則に従ってかなり広い範囲にわたって国連条約を国内法に受け入れている。それゆえ，OECD 条約が規制する範囲よりも広く，かつきびしい制裁が規定されていることにつき留意する必要がある。

ただし，法令上きびしい規制が行われているとしても，その現実の法執行はかなり寛大であるようにも感ぜられる。それは，恐らく，オーストラリアが広い国土に豊かな資源をもち，白豪主義の伝統とも相まって，汚職の少ない国であることに因るであろう。

ちなみに，TI (Transparency International) が 2012 年に発表した CPI（透明性認識指数）が 8.5 であって，調査対象とされた 174 か国中，第 7 位にラ

ンキングされている。⁽²⁾

(1) この一部改正は，OECD条約がオーストラリアについて発効する日に施行された。
(2) CPIによって示される数字がどこまで正確で信用性があるものかについては議論があるが，一応の参考資料にはなるであろう。ちなみに，日本のCPIは，7.8であって，ランキングは，17位である（2012年）。

第2節　連邦刑法

1　1995年のCriminal Code

〔Ⅰ〕　基本的性格

　1995年のオーストラリア刑法典（Australian Criminal Code Act）は，連邦統一刑法典であって，**ACT**と略称されている。⁽³⁾

　この刑法は，オーストラリアが久しく英国の植民地であったという歴史的事情と相まって，コモン・ローの伝統を受け継いでいる。それゆえ，civil law（大陸法）系に属する日本のわれわれにとっては，とまどうことも少なくない。たとえば，犯罪の成立要素についてはコンスピラシー（conspiracy，共謀）がかなり広く適用されていること（11.5条。後述参照），厳格責任（strict liability）や絶対的責任（absolute liability）が問われること（6.1条，6.2条），企業の刑事責任（corporate criminal responsibilty）（12.1条）などに，その端的な例が見られる（後述）。

(3) ACTとActとは混同されやすいので，注意を要する。

〔Ⅱ〕　刑　罰

　死刑は，英国の植民地時代および19世紀になってからも，オーストラリア刑法では，重要な刑罰としての地位を占めていた。強盗，羊の窃盗，通貨偽造，強姦，謀殺・故殺などにつき，死刑が多く用いられていて，19世

紀には毎年約80件の死刑執行（絞首刑）が行われた(4)。

しかし，1922年に最初にQueensland州で死刑が廃止され，第2次大戦後，他の諸州も死刑廃止にふみ切るに至り，ついに1973年の死刑廃止法（Death Penalty Abolition Act 1973）により，連邦全部で死刑が廃止されるに至った(5)。その結果，1973年以降，どの州でも死刑は執行されていない(6)。

死刑に代わるものとしてlife imprisonment(7)が，最も重い刑として創設された。

(4) Punishment in Australia, in：Wikipedia, the free encyclopedia, http：//en.wikipedia.org/wiki./Punishment-in-Australia., p. 2012/08/17, p. 1.
(5) 死刑は，連邦刑法（ACT）では1983年に廃止され，最後の州として，New South Walesが1985年に廃止した。
(6) Punishment in Australia, op. cit., p. 1.
(7) 無期刑の場合と終身刑の場合との，2つの法的性格を兼ねている（本書331頁）。

〔Ⅲ〕 刑事司法制度

オーストラリアでは，6つの州および特別区域（territory）があたかも主権国家のごとく'jurisdiction'（立法権，裁判権，行政権）をもっている。それゆえ，各州および特別地域がそれぞれ独自の警察，検察庁，裁判所，矯正施設（刑事施設，少年院など）を有し，その権限を行使している(8)。

それゆえ，連邦刑法が適用の対象とする犯罪は，連邦法違反の犯罪のみである，ということになる。このことは，連邦刑法第1.1条（Codification）が明記するところである。そうなると，オーストラリアに進出する企業，あるいはオーストラリアに事業所をかまえる企業等と契約を行い，事業活動等をする企業，その社員らは，オーストラリアの連邦法と当該州の法制とをよく研究する必要があるであろう。

(8) Australian Institute of Criminology, Criminal justice system, ―cf. http：//www.aic.gov.au/criminal justice system. aspx, 2012, p. 1.

第3節　連邦刑法における汚職犯罪

1　外国公務員への贈賄

〔Ⅰ〕　連邦刑法の規定

　1995年の連邦刑法（Criminal Code 1995）第70.2条は，OECD条約に対応して，外国公務員への賄賂（利益 benefit）を申し込み，もしくは供与し，又は供与の約束をした者を処罰する規定である。ここには，注意すべき点が，2つある。

　第1は，OECD条約とは異なって，国際商取引を行うに当たって行為がなされることは要件とされていないことである。

　第2は，行為者である「人」（person）には**自然人のみならず法人も含まれる**ことである(9)。この点を明確にするために，2001年，法人の刑事責任（criminal liability of bodies corporate）を問うことのできる規定（刑法12.1条〜12.6条）が設けられた(10)。それによれば，企業の経営者，役員または職員がその業務を行うに当たり，その業務の現実的または明白な範囲内で，明白にまたは暗黙に罪を犯す目的で行為したとき，企業が刑事責任を問われることになる(11)。

　この場合，取引または取引上の利益が現実に得られたかどうか，また，外国公務員に影響を及ぼす目的または意図が達成されたかどうかは，問うところでない。これに関して重要なことは，利益を供与する者の意図である(12)。

---

(9)　Cohen & Marriott, International Corruption, 2010, Sweet & Maxwell, p. 102.
(10)　Cohen & Marriott, loc. cit.
(11)　Cohen & Marriott, loc. cit.
(12)　刑法70.2条2項。cf. Cohen & Marriott, loc. cit.

〔Ⅱ〕 2種類の抗弁

外国公務員への贈賄については，贈賄罪を不成立とする2種類の抗弁（defence）が認められている。

A　外国の成文法で承認されている場合

刑法70.3条は，行為地である外国の成文法（written law）により，利益の提供が許容されている11種類の場合を掲げている。その3種類は，Cohen & Marriott, International Corruption, 2010（注9に前掲）104〜106頁において，「適法行為の抗弁」（Defence of lawful conduct）と題する表として明白に掲げられている[13]。その1例を挙げれば，「外国政府機関の従業員又は職員がその政府機関の中央官庁の所在地において，その地で現行の成文法に従って行為した場合」（第1類型）である。

11の類型すべてについて共通するのは，「当該行為が行われた地における現行の成文法に従って行為した」場合という要件である。これは，いわば当然のことであろう。なぜなら，外国における外国公務員への贈賄を罰するとすれば，能動的属人主義（principle of active personality）の適用がある場合に限られるのであるが，その場合には具体的双方可罰性（double criminality *in concreto*）の存在が要件とされるからである[14]。

B　円滑化支払いの抗弁

刑法70.4条は，いわゆる"facilitation payments"（円滑化支払い。便宜支払い）[15]の抗弁を規定する。円滑化支払いとは，「軽微な性質の日常的な行政的行為（a routine government action of a minor nature）の片づけまたは確保をもっぱらの目的または主たる目的としてなされる場合であって，提供される利益が「軽微な性質」のものであるときに認められる抗弁である[16]。挙証責任は，被疑者・被告人の側にある。

ここにいわゆる"日常的な行政的行為"とは，たとえば，許認可を与えること，visaまたは労働許可証の交付などを指す（刑法70.4条2項(a)〜(b)）。

オーストラリアのIncome Tax Assessment Act（1977）第26.52条によれば，円滑化支払いは，税金控除の対象とされ，賄賂には該当しない[17]。

このように言っても，オーストラリア人または企業において，どの程度

までの支払いが"合法的な円滑化支払い"（legitimate facilitation payments）であるかを，事前に知りえないという問題がある。

この問題は，事柄の性質上，微妙であって，しかも被告人側に挙証責任を負わせるべきものではないように考えられる。オーストラリアでは，オーストラリア法の立場から判断すべきものとしているようである[18]。

いずれにせよ，OECD条約の注釈も'facilitation payments'の合法性を明記しているのであるから[19]，「円滑化支払い」の抗弁は認められるべきである。

C 刑法の場所的適用

刑法70.5条1項は，刑法の場所的適用，すなわち，裁判権（jurisdiction）に関する規定である。そこでは属地主義が原則とされ，それを補う形で能動的属人主義にもとづいて，刑法の場所的適用が規定されている。さらに，特に注意すべきは，**拡大された属人主義**が採用されていることである。そこでは，犯罪行為が次に掲げる者によってオーストラリア国外で行われた場合にまで，裁判権の拡大された場所的適用（extended geographical jurisdiction）がなされているのである[20]。

(a) 行為者がオーストラリア国民であるとき。

(b) 行為者がオーストラリアの居住者（resident）であるとき。

(c) 行為者がオーストラリアの連邦法，州法またはTerritory（特別地域）の法律にもとづいて設立された法人（body corporate）であるとき。

これによると，無制限の能動的属人主義が採用されていることになる。これによれば，日本企業の子会社がオーストラリア法にもとづいてオーストラリアで設立されたとして，その子会社がオーストラリア国外においてオーストラリア法に違反する罪を犯した場合にまで，オーストラリアの裁判権が及ぶことになる[21]。

(13) この書で掲げられている適法行為の抗弁（Defence of lawful conduct）は，刑法70.3条の規定を完全に再現したものである。

(14) 森下・刑法適用法の理論（2005年，成文堂）125頁以下。

(15) 森下・注(14)前掲書52頁，81頁。

(16) Cohen & Marriott, supra note 9, p. 107.
(17) Cohen & Marriott, loc. cit.
(18) Cohen & Marriott, supra note 9, p. 108.
(19) Commentaries relatifs à la OECD Convention, para 9.
(20) Criminal Code Act 1995, Commonwealth Consolidated Acts には，Part 2.7 Geographical jurisdiction において，Division 14-Standard geographical jurisdiction と並んで，Division 15-Extended geographical jurisdiction に詳細な規定が設けられている。
(21) ただし，国外犯の場合には，実際に十分な証拠を取得できるか，という問題がある。

〔III〕 刑　　罰
　A　自然人に対する刑罰
　(a)　外国公務員への贈賄
　外国公務員へ贈賄した自然人は，10 年以下の拘禁刑（imprisonment）もしくは 1 万単位（units）の罰金（オーストラリア・ドル AUD 66,000 ドル）[22]または両者の併科に処せられる（刑 70.2 条 4 項）。ただし，簡易裁判（summary trial）[23]の場合には，2 年以下の拘禁刑もしくは 300 単位の罰金（AUD 13,200 ドル）または両者の併科に処せられる。
　このほか，Corporations Act 2001 によれば，自然人は，自動的に 5 年以下の期間，業務活動の停止に処せられ，その結果，個人的に financial services licence を剥奪される（同法 206B 条，915B 条）。この業務停止の処分は，その適用を受ける自然人が有罪判決を受けたことを要しない。ただし，現実には，法定刑の上限が科せられたときに，この処分が行われる[24]。
　(b)　民間部門における贈収賄
　オーストラリアの**首都特別地域（Capital Territory）の 2002 年刑法**（Criminal Code 2002）は，Part 3.7 Bribery and related offences において，民間部門における贈収賄を罰している。
　それによれば，an agent or someone else への贈賄（すなわち，利益の供与もしくは申込み，または供与の約束）を 100 罰金単位（penalty units），5 年以

下の拘禁刑に処することとし（357条1項），また，an agent or someone else による収賄（すなわち，収受，要求，または収受の約束）を同じ刑に処している（2項）。

参考までに説明。この2002年刑法にあっては，1罰金単位（a penalty unit）とは，自然人については AUD 110 ドルと定められ，法人については AUD 550 ドルと定められている。[25][26]

B 没 収

上記のほか，裁判所は，行為者が正式起訴犯罪（indictable offences）により有罪判決を言い渡される場合には，"汚れた財産"（tained property）を没収することができる。ここにいわゆる"汚れた財産"とは，犯行の用に供された物，または犯行に関連して，もしくは犯行から得た物（proceeds of the offence）をいう。[27]

外国公務員への贈賄に用い，または贈賄に関連して用いられた財物は，通常，金銭，有価証券等である。しかし，それらは外国公務員にすでに届いているので，それらの賄賂がオーストラリア国外に所在する場合には，オーストラリアの裁判権は外国には及ばないので，── 条約による特別取決めがある場合を除いて ── それらを没収することはできない。

(22) インターネットの，Behan Legal, Australian Anti-Corruption & Bribery Law によれば，2011年11月現在，自然人に対する罰金は，AUD 110万ドルに引き上げられている。2012年12月現在，1 AUD は，邦貨約88円である。

(23) 'summary trial' は，わが国の略式裁判とは異なって，正式起訴（indictment）による裁判に対する裁判である。

(24) Cohen & Marriott, supra note 9, p. 109.

(25) インターネット（注22参照）によれば，法人に対する罰金は，AUD 1,100万ドル以下に引き上げられている。

(26) インターネット（注22参照）によれば，AUD 1,100ドルの罰金は，次の額の罰金と選択的に科せられることがある。すなわち，その贈賄から合理的に得られる利益の3倍までの罰金，またはその犯罪後の12か月における総取引高の10％の罰金が，それである。

(27) Criminal Code 2002, A2002-51. Republication No 23 の最初のページの，About

this republication, Penalties の欄にこの説明がなされている。

2　内国公務員に係る贈収賄

〔Ⅰ〕　内国公務員の定義

1995年の刑法は，公務員（public official）とは公務員としての権限，義務，職務（function）または power 有する者をいう，と定義している。そのほか，Public Adimimistration Act（Victoria 州）は，公的部門の従業員（public sector employee）などもこれに当たるとされ，また，Queensland 州の Public Sector Ethics Act 1994 では，public sector entity の職員または従業員なども公務員に含まれる，と規定している。要するに，連邦法と州法により公権力または公的機関で職務・業務を行う者は，広く公務員とされているようである。

(28)　public sector entity には，議会業務に従事する者，裁判所職員，県，地方行政機関，公的基金の援助を受けることが法令等で規定されている団体等が含まれる。── internet 'Behan Legal. Australian Anti-Corruption & Bribery Law, から引用。

〔Ⅱ〕　贈賄罪と収賄罪

刑法 141.1 条 1 項は，連邦公務員への贈賄に関する規定を設けており，また，刑法 142.1 条 3 項は，収賄に関する規定を設けている。刑罰は，前述したとおりのようである。

注目すべきことに，2009 年まで，オーストラリアでは，外国公務員への贈賄の罪で起訴された自然人も法人もなかった。しかし，最近では，China of Rio Tinto の従業員に係る事件や Australian Wheat Board an HIH を含む事件について捜査が開始されているので，有罪判決が出される可能性ありと報ぜられている。

(29)　Cohen & Marriott, supra note 9, p. 112.
(30)　Cohen & Marriott, op. cit., p. 112. インターネットでも，このことは報ぜられて

いる。注(22)のインターネット（2011 年 11 月）による。なお，Australian Wheat Board（AWB）事件については，次の文献にくわしい叙述がなされている。cf. Cohen & Marriott, supra note 9, p. 117 et seq.

第 4 節　企業の刑事責任

1　基本原則

オーストラリア法では，法人（legal entity）のことを "**body corporate**" と呼んでいる（刑法 12.1 以下）。

刑法 12.1 条は，次のとおり規定している。

第 12.1 条（原則）
① この法律は，個人（individuals）に適用するのと同じ方法で，法人（bodies corporates）に適用する。この法律は，この部〔Part 2.5〕に定められている修正，並びに刑事責任が個人よりもむしろ企業に課せられている事実によって必要とされているその他の修正をほどこして，適用する。
② すべての企業は，拘禁刑が科せられている犯罪を含むすべての犯罪につき有罪とされることがある。

　(注)　Crimes Act 1914 の第 4 条 B は，刑として拘禁刑（imprisonment）を特定しているにすぎない犯罪については罰金が科せられるべきことを可能としている。

この規定によれば，法人（企業）も個人と同一の条件で刑事責任を負うことが，原則とされている。ただし，法人が拘禁刑に処せられることはありえないので，法定刑が「拘禁刑又は（及び）罰金」と定められているときは，罰金を科するのであるが，法定刑が「拘禁刑」のみに処するとなっているときには，罰金を科することができる旨，上記の 1914 年法で明記されたことになる。

では，企業は，犯罪成立要件をどのようにして充足するのか。刑法の規定の要点を掲げれば，次のとおりである。

刑法 12.2　有形的要素（Physical elements）
　犯罪の有形的要素が，企業の従業員，agent 又は幹部（officer）により，その者の業務の現実的もしくは明白な範囲内の行為又はその者の現実的もしくは明白な職権の範囲の行為によって行われたときは，有形的要素は，その企業にも帰せられなければならない。

刑法 12.3　negligence 以外の fault elements（心理的要素）
刑法 12.4　negligence
ここにいわゆる "fault elements" は，故意（intention），認識（knowledge）または不注意（recklessness）を指す（12.2 条）。なお 'negligence' の適当な訳語は見いだしがたいが，ここでは，認識なき過失，recklessness 以外の怠慢，過失を指すとでも解されるであろう[31]。

文献によれば，法人が刑事責任を問われうるのは，オーストラリア法人 Australian corporation の従業員，幹部または agent が，贈賄規定に違反した行動をした場合において，当該企業が明示的に，暗黙に，または言外に（impliededly）にその犯罪を行う権限を与え，または許可したとき，である[32]。

では，上記の権限の付与（authorisation）または許可（permission）が行われたことは，どのようにして立証されるか。文献には，次のように説明されている[33]。

　a）企業の取締役会（board og directors）または支配人（a high managerial agent）が，
　　aa）故意に，認識して，または不注意でそれに関連する行動をしたこと。
　　bb）明示的に，暗黙にまたは言外にその犯罪を行うことの権限を与え，または許可したこと。
　b）その企業内に，その犯罪に係る法令の不順守を奨励し，黙認し，ま

たは不順守へ導くような企業文化（corporate culture）が存在したこと。
c）その犯罪に関する法令順守を要求する企業文化を創り，かつ維持すること。

これらのことが立証されたときは，上記の権限付与または許可があったと認定されることになるようである。

なお，上記の記述中に「**企業文化**」（corporate culture）という言葉が，法令用語として登場している。これにつき，1995 年刑法 12（定義）の第 12.3 条の(6)は，次のとおり定義している。

「企業文化」とは，当該活動が行われる企業の全部又は一部に存在する an attitude, policy, rule, course of conduct or practice をいう。

(31) コモン・ローの過失概念は，civil law（大陸法）のそれとは異なるので，適当な訳語を見つけることは困難である。
(32) Alex Wolff, Australia, in：Gruetzner, Hommel & Moosmayer, Anti-Bribery Risk Assessment., 2011, Beck, Hart, Nomos, p. 10.
(33) Wolff, supra note 32, p. 10.

第 5 節　オーストラリア刑法の特色

〔Ⅰ〕　刑事責任の拡大

コモン・ロー系の国であるオーストラリアの刑法は，civil law（大陸法）系の刑法とは，その犯罪論の構造において多くの異なる点をもっている。

連邦刑法 Part 2.4「刑事責任の拡大」（Extensions of criminal responsibility）について，その一端を見よう。

ここでは，Division 11 において，未遂（11.1 条），共犯および共同目的（11.2 条），共同犯行（11.2A 条），代理犯行（Commission by proxy）（11.3 条），煽動（Incitement）（11.4 条）に続いて，共謀（11.5 条）が規定されている。

これらの規定を通じて受ける印象は，処罰範囲が余りにも拡大されてい

ることである。たとえば，意図した犯罪が不可能であった場合でも未遂の責を問われることがあること（11.1第4項），さらに，煽動に係る犯罪が不可能であるときでも，煽動の責を問われることがある（11.4条3項）[34]などが，それである。

このように条文からうかがうところでは，危険性に着眼して刑事責任を問う姿勢が顕著である。刑法2.1条（目的）では，罪刑法定主義が明記されているとはいえ，無期刑について，裁判所は，「決して仮釈放されない」(the person is "never to be released")と判決することができるというのも，厳罰主義の現れであるように思われる。[35]

(34) 煽動罪の刑は，煽動に係る罪が無期刑であるときは，10年以下の拘禁刑というように，少し軽く法定されている。
(35) Punishment in Australia, supra note 4, p. 1.

〔II〕 共　謀

連邦刑法11.5条（共謀）(Conspiracy)は，コンスピラシーの罪について詳細な規定を設けている。汚職犯罪の処罰に当たっては，共謀罪の適用が考えられるので，参考のため，11.5条（共謀）の全文を次に掲げる。

第11.5（共謀）
① 12箇月以上の拘禁刑又は200単位以上の罰金にあたる罪を犯すことを他の者と共謀した者は，その罪を犯す共謀の罪に問われて，共謀に係る罪が行われたときと同様に罰せられる。
　　(注) 単位罰金は，1914年Crimes Act 4AA条に定められている。
② 罪に問われる人となるのは，次のことをした者である。
　(a) その人が，1人以上の者と合意したこと（have entered into an agreement）。
　(b) その者及び合意に加わった1人以上の者が，ある罪がその合意に従って行われるであろうことを意図したこと。
　(c) その者が合意に加わった1人以上の者が，その合意に従って外部行為（an over act）を行ったこと。

②A　第2項は，第7項Aに従って効果を生ずる。
③　次に掲げるいずれかの場合でも，罪を犯す共謀の罪に問うことができる。
　(a)　その罪を犯すことが不可能であるとき。
　(b)　合意に加わったただ1人の他の者が法人（body corporate）であるとき。
　(c)　合意に加わったいずれかの他の者が，少なくとも次に掲げるいずれかの者であるとき。
　　(i)　刑事責任を問われない者
　　(ii)　その罪がある者の利益又は保護のために行われる場合の当該者
　(d)　第4項(a)に従って，その合意に加わったその他すべての者が，共謀の罪につき無罪とされたとき。
④　次に掲げるいずれかの場合には，罪を犯す共謀の罪に問うことはできない。
　(a)　合意に加わった他のすべての者が共謀の罪につき無罪とされ，かつ，有罪であるとすること（a finding of guilt）がそれらの者の無罪と相容れないであろうとき。
　(b)　その者が，その罪がある者の利益又は保護のために行われる場合の当該者であるとき。
⑤　合意に従って外部行為を犯す前に，その者が次の行為をしたときは，罪を犯す共謀の罪に問われることはない。
　(a)　合意を撤回したとき。
　(b)　犯行を防止するためあらゆる合理的措置をとったとき。
⑥　裁判所は，司法の利益が要求すると認めるときは，共謀の公訴を棄却することができる。
⑦　犯罪に適用されるあらゆる抗弁，手続，制限又は資格を与える規定（qualifying provisions）は，共謀罪にも適用する。
⑦A　犯罪に適用されるすべての特別責任規定（any special liability provisions）は，共謀罪にも適用する。
⑧　共謀罪の刑事手続は，Director of Public Prosecutions（検事正）[36]の同意を得ないで開始してはならない。ただし，必要な同意が得られる前に，共謀罪に関して人を逮捕し，訴追し，又は勾留することができる。

オーストラリアでは，各州がそれぞれ独自に立法権を行使することができるのであるが，各州刑法典におけるコンスピラシーの規定は，連邦刑法のそれにならったものであろう，と推察される。現に，Capital Territory（首都特別地域）の Criminal Code 2002 第 48 条は，連邦刑法と同様に詳細な Conspiracy 規定を設けている。

オーストラリア刑法の上記条文（仮訳）は，実に詳細な内容となっている。これほど詳細な共謀罪規定を設けた立法例は，他に見当たらないのではなかろうか。

ともあれ，オーストラリアに進出する日本企業の関係者らは，コンスピラシー（共謀）の罪につき十分注意する必要があるように思われる。

(36) 田中英夫編・英米法辞典（東大出版会，1991 年）によれば，Attorney General（法務総裁）の下で，一定の重要な事件の刑事訴追などにたずさわる者をいう。大陸法系の検事総長とは異なる。本稿では，仮に「検事正」と訳した（適訳ではないかも知れない）。

第 6 節　訴 追 活 動

1　汚職の少ない国

オーストラリアは，TI（Transparency International）が発表した 2012 年の CPI（透明性認識指数）は，8.5 で，調査対象となった約 174 か国中，第 7 位にランク付けされている。この CPI がどれだけ正確であるかは別として，有意義な参考材料となる。言いかえると，オーストラリアでは，汚職は深刻な問題とはなっていないようである。そのゆえか，オーストラリアは，OECD 条約をあまり誠実に実施していない国として，OECD の WG（作業部会）から指摘されている。

文献によれば，オーストラリアでは，2009 年に至るまで，外国公務員への贈賄罪の関係では，1 件も起訴されていない。[37]

汚職犯罪の捜査は，オーストラリア連邦警察（Australian Federal Police＝AFP）が，連邦法違反事件につき担当して行う。外国公務員への贈賄事件の捜査を担当するのは，AFPである。というのは，各州および特別地域ごとにそれらの事件の捜査を担当する特別部局を設置するには，莫大な予算を必要とするからである。その他の汚職事件の捜査は，各州および特別地域の管轄に属する。

汚職防止独立委員会法（1998年）により，汚職犯罪の訴追のために**汚職防止独立委員会**（Independent Commission Against Corruption）が設置されている。

(37) Cohen & Marriott, supra note 9, p. 112.
(38) Cohen & Marriott, op. cit., p. 113.
(39) Cohen & Marriott, op. cit., pp. 115-116.

2 内部告発

オーストラリアは，公益通報者保護法（Whistleblower Protection Act）を各州ごとに制定していて，その内容は，比較法的に見て大いに参考になるものである。ただし，州によって法の内容には大きな差異が存在している。州によっては公益通報者の保護が不十分であると，NGOによって指摘されている。

(40) Cohen & Marriott, op. cit., p. 116.

第14章　ブラジルの汚職防止法制

　　　第1節　序　　説
　　　第2節　刑法における汚職罪
　　　第3節　新しい汚職防止法

第1節　序　　説

1　まえがき

　いま，ブラジルが熱い。ブリックス（BRICs）（ブラジル，ロシア，インド，中国）の先頭を切るかのごとく，経済成長に沸き立っている。

　ごく最近まで，ブラジルの治安は乱れていた。例えば，1999年6月，サン・パウロ州の拘置所正門から350人が集団逃走し，同年12月，銃で武装した数人のグループが刑務所を襲撃し，受刑者100人余りが逃走した。2001年2月，サン・パウロ州の24の刑務所で，受刑者約2万人が携帯電話で連絡を取り合い，一斉に反乱を起こし，約3千人を人質に取り，刑務所を占拠した。2006年には，サン・パウロで麻薬密売組織が警察署を一斉襲撃し，刑務所暴動が発生した。それ以前には，年2500％という，信じられない超インフレに見舞われ，そのため，ブラジルは経済危機に苦しんだ。

　だが，それは，昔の物語となった。今，ブラジルは，国中が好景気に沸き立っており，まさに資源大国ブラジルは，活気にあふれている。日本の23倍の面積を有するブラジルは，世界有数の資源大国である。人口は，約2億人に近い。中間層が人口の半分を占めており，国の経済成長に乗って

買物を始めとして，内需主導の成長路線は着実に進んでいる。

　先進国は，一斉にブラジル進出を始めている。豊富な資源開発のほか，インフラ整備，自動車の輸出，現地生産などにおいて，まさにブラジルの存在感が高まっている。かつて多くの日本人が海を渡ってブラジルに移民し，孜々営々として働き，苦しい生活の中で「子どもたちに教育を！」との合い言葉の下に生活し，今では150万人を超える日系人は，政治家，学者，医師，技術者としてもブラジル国民の尊敬を集めている。なによりうれしいことは，「正直者で勤勉な日系人」という評判が，国中で定着していることである。

　さて，日本企業も，ブラジルの開発事業に参入しているほか，資源の購入などの分野で，ブラジルの関係当局から許認可を得たり，民間会社等との間で契約を締結するなどの必要に迫られることが多くなっていると察せられる。そこには，言葉（国語は，ポルトガル語）の壁があるほか，法制度の相違，社会習慣の違いから生ずるさまざまな問題があるであろう。

(1)　森下「ブラジルの憲法，刑法，犯罪人引渡し」判例時報1980号50頁，1983号54頁。

2　ブラジル社会の腐敗構造

　ブラジルの社会には，かねてから根深い腐敗・汚職の構造が存在するといわれる。学術論文に現れた限りで，その一端を紹介する。ブラジル社会の腐敗には，大別して次の**3つの歴史的事情**が影響しているといわれる。

　第1は，政治的・経済的理由である。政治的には，ポピュリズム（populism）（1930年代のG. ヴァルガス政権ほか）の影響により，また，経済的にはケインズ理論等の影響により「大きな政府」，福祉国家を指向してきた。ところが，一般に，福祉国家は腐敗国家に陥りやすい。

　第2に，地方では，地方名望家の支配が残っている。これは，大土地所有制が解体されていないという歴史的事情と表裏一体であって，そのため，地方政治の透明性が乏しくなりがちである。

第 3 に，家族の結束や義理人情を重視する文化が縁故採用や親和性をもってしまうことのほか，「ブラジルは腐敗している。それがブラジルだ」という，あきらめムードが腐敗に影響しているようである。

以上のほか，次の2つの事情を紹介しておきたい。

- その1．ブラジルの司法は，透明性に欠けていて，社会の弱者に背を向けている。しかも，上級裁判所の判決が下級裁判所の判断を拘束するという制度が採用されていないため，裁判が長期化して，ごね得の傾向がある。
- その2．公務員と民間部門との癒着という現象があり，そのゆえか，脱税がひどいようである。企業の脱税と個人の脱税とを合計すると，年間の脱税額は GDP の 30％にのぼるといわれる。

近時，いちじるしい経済発展をとげているブラジルではあるが，上記のような腐敗・汚職の体質はなかなか改善されないようであって，政治家や公務員の側における透明性の低さが指摘されている。ブラジルに進出する日本企業の関係者としては，ブラジルにおける行政や社会の実情をよく知る必要があるであろう。

(2)　山崎圭一「維持可能な発展視点からブラジル経済の腐敗に関する一考察」横浜国際社会科学研究 14 巻 3 号（2009 年 9 月）6 頁以下。
(3)　山崎・注(2)前掲論文 10 頁。
(4)　山崎・前掲論文 3 頁，5 頁以下。なお，サン・パウロで発行されている新聞（Jop Jornal do Nikkey）（2007 年 4 月 4 日号）は，「下層社会にまん延した犯罪システムは，政治家の汚職システムを頂点にして，ブラジル全体に力の倫理として定着している」と報じている。

3　ブラジルが締結した汚職防止条約

ブラジルは，汚職防止に関する 3 つの条約を批准している。

〔Ⅰ〕　汎米汚職防止条約（IACAC）

最初に批准したのは，米州機構（OAS＝Organization of American States）

の加盟国の間で締結された「汎米汚職防止条約」(Inter-American Convention against Corruption＝IACAC) である。この条約は，1996年3月29日，ヴェネゼラの首都カラカスで締結され，1997年3月7日，発効した。2011年7月18日現在，署名国は34か国，批准したのは33か国である。

この条約は，第6条（汚職行為　Acts of corruption）において，次のように広い範囲にわたる汚職行為につき立法その他の措置をとるべき義務を締約国に課している点で，大きな特徴をもっている。すなわち，

(a)公務員（政府役人および公的職務を行う者）による収賄，(b)公務員への贈賄，(c)公務員が不正に利益を得る目的で義務に反して作為または不作為に出ること，(d)汚職犯罪に由来する収益の隠匿，詐取，(e)共犯，共同正犯，教唆犯，幇助犯を罰するほか，未遂または共謀を罰すること[5]。

第8条（国越的汚職　Transnational bribery）では，自国民，常居者および自国内に所在する企業（businessess）が商取引に関連して行う贈賄を処罰すること（義務づけられている）。

そのほか，不法な高額所得（illicit enrichment）(9条)，情報の不法使用，財産の不法使用，不正な権限の行使または不行使，公金の横領（11条）において，汚職行為の拡大（progressive development）がなされている。

(5) **共謀（conspiracy）** までも処罰の対象とされていることが，注目される。このことは，米国の法制が中南米諸国にまで影響を及ぼしていることを示唆するであろう。

〔Ⅱ〕　OECD条約

OECDの「国際商取引における外国公務員への贈賄防止条約」[6]は，1997年11月21日，パリで開かれた交渉会議で採択された。署名は，同年12月17日。この日，ブラジルも，この条約に署名した。この条約は，1999年2月15日発効した。ブラジルについては，この条約は，2000年6月15日，発効した。2012年現在，当事国は38か国に達している。

OECD条約は，外国公務員につき広い定義をするとともに，国越的な公

的活動（transnational public activities）につきくわしい規定を設けている。さらに、この条約は、公的国際機関（international public organisations）の職員（agents）に関する広い定義を含んでいる。

　OECD条約2条（法人の責任）は、締約国の法原則に従って（in accordance with its legal principles）法人の責任（liability of legal persons）を問うべき旨を規定している。ここにいわゆる「責任」は、刑事責任を必ずしも意味するものではない。[7]いずれにせよ、ブラジルには、法人の刑事責任を認める規定は、まれにしか存在しない。[8]

(6)　森下・国際汚職の防止（2012年、成文堂）第3章「OECD条約」を見よ。
(7)　Commentaires relatifs à la OECD Convention, para 20.
(8)　Cohen & Marrioott, International Corruption, 2010, Sweet & Maxwell, p. 152.

〔Ⅲ〕　**国連の汚職防止条約（UNCAC）**

　国連の汚職防止条約（United Nations Convention against Corruption）は、2003年10月31日、国連総会において採択され、同年12月9日から11日までメキシコのメリダ（Merida）において開催された署名会議で、署名が行われた。ブラジルでは、2006年のLegislative Decree 348により、同年1月31日、この条約は公布された。[9]

　ともあれ、国連条約で注目すべきことは、民間部門（private sector）における贈収賄と並んで（21条）、財産の横領（embezzlement of property）（22条）をも処罰すべしている点である。民間部門における贈収賄をも罰するようにすべきことは、1999年の欧州評議会の汚職に関する刑事条約（Convention pénale sur la corruption du Conseil de l'Europe）（略称CE刑事条約）[10]7条・8条で規定するところである。しかし、ブラジルは、CE刑事条約の当事国とはなっていないので、国連条約21条・22条の規定は、裁判権の著しい拡大という印象を与えるであろう。

　さらに、国連条約が第4章「国際協力」において、犯罪人引渡し（44条）、受刑者の移送（45条）、司法共助（46条）、刑事訴追の移管（47条）、法執行

協力（48条），特別捜査手法（special investigative techniques）を導入すべきこととしている点は，締約国にとって大きな課題となっている。[11]

(9) 「公布された」（was promulgated）という意味は明らかでない（Cohen & Marriott, op. cit., p. 15）。おそらく，ブラジルについて発効したという意味であろう。
(10) 森下・注(6)前掲書115頁以下。
(11) 国連条約50条（特別捜査手法）は，「締約国の法制度の基本原則によって許容される限度において，かつ，その国内法に定める条件に従って」……必要な措置をとるべき旨を規定している。それゆえ，個々の締約国がどのような範囲および条件の下で「特別捜査手法」を導入しているかが，大きな関心事となる。

第2節 刑法における汚職罪

〔I〕 まえがき

ブラジルの歴史は，1500年，ペドロ・アルバレス・カブラルが北東部に上陸したことに始まる。彼は，ポルトガル領を宣言し，ベラ・クルーズ（真の十字架）と命名。その後，サンタ・クルーズ（Santa Cruz）（聖十字架）と改められた。

1822年，Don Pedro 王子が，ブラジル独立を宣言。1825年，ポルトガルが，ブラジルの独立を承認した。1890年に憲法を制定。その後，1934年に第2次の憲法を制定，ついで1937年，独裁的な憲法制定を経て，1945年，連邦共和制を採用する第4次憲法が制定され，ブラジル合衆国（Estados Unidos do Brasil）となった。

最初の刑法典（Código Penal）は，1831年に制定された。それは，1810年のフランス刑法および1819年のナポリ刑法の影響を受けたものであった。その後，1934年憲法によって第2共和制が成立するや，1940年，ドイツ刑法の影響を受けた新刑法典（いわゆるアルカンタラ法典 Código Alcantara Machado）が公布された。ところが，1964年，軍がクーデターで政権を奪取し，1969年憲法の影響を受けた1969年刑法（407か条から成る）が制定された。しかし，この刑法は，1978年10月11日法によって廃止され，元の

1940刑法典が復活した。

ところが、この1940年刑法典については、政治体制の変化を反映して改正作業が1960年初めから開始された。1983年7月、新刑法典の制定をめざす法案が国会に上程され、若干の修正のうえ、可決成立した。改正法は、1985年1月13日施行された。ただ、ここで注意すべきは、この改正法は、1940年刑法の一部改正の形をとっているので、現行刑法は、正式には、1940年12月7日の刑法典という名称になっていることである。刑法は、その後も、一部改正が続けられている。本書で参考とするのは、2007年版の刑法典（Código Penal）である。

現行憲法は、1988年10月5日に公布された「ブラジル連邦共和国憲法」（Constituição da República Federativa do Brasil）である。

汚職およびその関連行為の処罰規定は、刑法その他の法律に規定されている。以下、それを紹介する。

(12) 森下「ブラジルの新刑法」(上)(下)判例時報1242号、1326号。
(13) 森下・注(1)前掲論文50頁を見よ。

〔Ⅱ〕 刑法各則第11編第1章

各則第11編「公行政に対する罪」の中では、第1章「行政全般に対する公務員による罪」および第2章「行政全般に対する個人による罪」とが、汚職に関する主要規定を含んでいる。

A 公務員、収賄罪

第1章（第312条～327条）には、第312条（公物横領 peculato）、第315条（予算・収入の不正使用）、第316条（公金横領 concussão）、第319条（背任 prevarição）、第323条（職務放棄）などの罪が規定されている。その中で、本稿の関係で重要な意味をもつのは、第327条（公務員）と第317条（収賄）であろう。

刑法は、公務員（funcionário público）の定義を次のように広い範囲で規定している。

第327条（公務員）

臨時又は無報酬であっても，公の任務又は仕事に従事する者は，公務員とみなされる。

§1 準政府機関において任務もしくは仕事に従事する者又は典型的な行政の活動を行うために契約した会社もしくは雇用された会社の業務を行う者は，同様に公務員とみなされる。

§2 本章に記載する罪の行為者が，直接行政，公私合同会社，国有企業又は行政により設立された財団の委員，職員又は補佐機関の地位を占めているときは，刑を3分の1加重する。

このように広く**公務員の定義が拡大されている理由**は，公行政に関する憲法上の原則の遵守を確保するためである。この見地から，官庁と契約した民間会社の従業員も公務員とみなされる[14]。たとえば，無報酬で公衆衛生の仕事に従事する民間病院の従業員も，公務員とみなされることになる[15]。

B 収賄罪（Corrupção passiva）

第317条（収賄）

自己又は他人のために，直接又は間接に，不正の利益を要求し，収受し，又は約束した者は，そのような行為が職務を離れた後，又はその職務に就く前であっても，その地位のゆえに行われたときは，

2年以上12年以下の懲役及び罰金に処する。

(註) 2003年11月12日法律10.763号により改正された法定刑。

§1 公務員が，その利益又は約束の結果として，職務を遅延し，もしくは行わず，又は職務上の義務に違反したときは，刑を3分の1加重する。

§2 公務員が要求に応じ，又は他人のあっせんに応じて，職務上の義務に違反して，職務を行い，もしくは行わず，又は職務行為を遅延したときは，

3月以上1年以下の軽懲役又は罰金に処する。

ここに規定されている収賄の罪は，不正の利益を要求し，約束または収受する単なる行為によって成立する。それゆえ，公務員が贈賄者の期待する行為に出たことは，必要でない。また，要求または約束が直接になされ

たか，第三者を介してなされたかは，問わない。公務員に行うことが期待されている行為が，不法または不正であることは，必要でない。

　不正な利益（vantagem indevida）が経済的価値のあるものであることを要するかについては，議論が分かれている。この用語を解する者は，「利益」は，政治的権限，昇進などをも含むと論ずる。これに対し，注釈書では，公務員の不正行為の見返りとして公務員の側に個人的利益の存在することが必要である，と説いている。(16) この見地から，儀礼的な飲食のごときささいな物（trivial goods）は除かれる，と解されている。(17)

　上記の第1項は，刑の加重事由を規定したものであるが，第2項は，収賄の減軽事情を規定したものである。第2項は，公務員が第三者による不正な要請に応ずるために，清廉の義務に違反した場合に関するものであって，不正の利益は公務員に供与され，または約束されていない。つまり，あっせん収賄者からの圧力に屈する形で，またはあっせん収賄者を喜ばせるために当該行為が行われた場合を刑の減軽事由としたものである。(18)

(14)　Cohen & Marriott, supra note 8, p. 144.
(15)　Cohen & Marriott, loc. cit.
(16)　Marabete, Manual de Direito Penal, 1999, p. 294. ―cited by Cohen & Marriott, op. cit., p. 147.
(17)　ブラジルの通説的見解である。cf. Cohen & Marriott, op. cit., p. 147.
(18)　Cohen & Marriott, op. cit., p. 147.

〔Ⅲ〕　第11編第2章

　各則第11編第2章「行政全般に対する個人による罪」（328条～337条-A）には，職務の不法行使（328条），反抗（329条），不服従（320条）などの罪に続いて，あっせん収賄（332条），贈賄（333条）などの罪が規定されている。そのうち，われわれにとって関心のあるのは，次の2罪であろう。

A　あっせん収賄（Tráfico de influencia）
第332条（あっせん収賄）
　　公務員が職務の執行に際して行う行為に影響を及ぼすとの口実の下に，

自己又は他人のために,利益を要求し,取り立て,もしくは取得し,又は利益の約束をした者は,

　　2月以上5年以下の軽懲役及び罰金に処する。

　行為者が利益は公務員にも生ずることを申し立て又はほのめかしたときは,刑を2分の1加重する。

　　　(注)　1995年11月16日法律9.127号により改正。

　この条の見出しは,直訳すれば,'影響下の取引'であるが,内容に即して「あっせん収賄」と訳した。

B　贈賄（Corrupção activa）

第333条（贈賄）　公務員に対し,職務行為を行い,もしくは行わず,又は遅延させるようにするために不正な利益を供与し,又は約束した者は,

　　2年以上12年以下の懲役に処する。

　　　(注)　2003年11月12日法律10.763号により改正。

　公務員が,利益又は約束のゆえに,職務上の義務に違反して,職務行為を遅延し,又は行わなかったときは,刑を3分の1加重する。

　この罪の構成要件要素である「不正な利益」は,その経済的価値いかんにかかわらず,また,倫理的,政治的または性的サービスであると否とを問わない。ただし,その利益が「賄賂」とみなされるためには,些少の価値のあるもの,たとえば,儀礼的な飲食のごときものであってはならない。[19]

　供与または約束は,直接になされ,または仲介者を通して行われることがある。この場合,仲介者は,共犯者として訴追されることがある。[20]

　利益の提供が不法な行為をせず,または遅延させるためになされたときには,贈賄罪を構成しない。これに対し,利益の提供または約束が公務員をしてある行為を行うようあっせんする目的でなされたときは,その行為が適法であっても,――たとえば,環境立法に違反する競争者を処罰する場合でも――贈賄罪が成立する。[21]

(19)　Cohen & Marriott, supra note 14, p. 150.

(20) Cohen & Marriott, op. cit., p. 149.
(21) Cohen & Marriott, op. cit., p. 150.

〔Ⅳ〕 条約の受入れによる追加規定

ブラジルは，上述のとおり，汚職防止に関する3つの条約を批准した。それら3条約を国内法に受け入れるために，2002年6月11日法律10.467号により，刑法に各則第11編第2章-A「外国行政に対し個人によって犯される罪」（Dos crimes praticados por particular contra a administração pública estrangeira）が追加された。その規定は，次の3か条である。

A 第337-B条（国際商取引における贈賄）

　　国際商取引に関連する公的行為を行い，行うことを差し控え，又は遅延させる目的で，直接又は間接に外国公務員又は第三者に不正な利益を申し込み，約束し，又は供与した者は，
　　2年以上10年以下の懲役及び罰金に処する。
　　　(注) 2007年法律7.710号により，刑が引き上げられた。
　　外国公務員が不正な利益又は約束により，職務行為を遅延し，もしくは行うことを差し控え，又は職務上の義務に違反して行ったときは，刑を3分の1加重する。

本条は，OECD条約1条（外国公務員への贈賄）を受け入れた規定である。行為者がブラジル国内でこの罪を犯したときは，国籍のいかんを問わず，本罪に問われる（属地主義）。外国公務員が訴追されると否とを問わない。本罪が成立するためには，国際商取引に関連する一定の行為をなすべき（またはその行為を差し控えるべき）義務を負う外国公務員に不正の利益を申し込み，約束し，または供与することを要する。

本条の行為（申込み，約束，供与）は，直接または間接に行われることがある。この場合，第三者である仲介者は，本条の罪の共犯者となるのであって，第317条（収賄）の罪に問われることはない。[22]

贈賄の申込み（oferecer）または約束（prometer）は，挙動犯であるので，外国公務員がそれを受諾したか拒絶したかは，犯罪の成立とは無関係であ

る。

　外国公務員に贈賄する目的をもたない慣例的な心づけ(祝儀, チップ)は, 賄賂とはみなされない。[23]

　仮に, 利益が違法行為を防止または遅延させるために提供されたときは, 本罪は成立しない。これに対し, 利益の申込みまたは約束が公務員にある行為をさせるようあっせんする目的でなされたときは, その行為が適法であっても, 本罪は成立する。[24] この点, 第333条(贈賄)について述べたところと同様である。

(22)　Cohen & Marriott, supra note 14, p. 155.
(23)　Cohen & Marriott, op. cit., p. 156.
(24)　Cohen & Marriott, op. cit., p. 156.

B　第337-C条(国際商取引におけるあっせん収賄)

　　国際商取引に関連して外国公務員が職務を行うに当たり, その公務員の行為に影響を与えるとの口実の下に, 自己又は他人のために, 直接又は間接に利益を要求し, 取り立て, もしくは取得し, 又は利益の約束をした者は,
　　2年以上5年以下の懲役及び罰金に処する。
　　行為者が利益は外国公務員にも分与されることを主張し, 又はほのめかしたときは, 刑を2分の1加重する。

　本条の罪は, 外国公務員に対し自己の影響力が及ぶことを主張する者によって行われる詐欺的行為を処罰するものである。この罪は, 外国公務員の存在を想定するものであるが, 行為者がその外国公務員を明示したり, またはその名前を告げることは, 犯罪成立のためには必要でない。さらに, その外国公務員が期待されている権限を有することも, また, 実際に存在することも必要でない。

　行為者が主張する影響力なるものは, 国際商取引に関連する外国公務員に対するものであることを要する。この要件を欠くときは, 本罪は成立しない。ただし, 他の罪(たとえば, あっせん収賄罪〔刑法332条〕または詐欺

罪〔175条以下〕）に問われることがある。

C 第337-D条（外国公務員）

外国の国立団体又は外交機関において，一時的又は高報酬にせよ，任務，仕事又は公務を行う者も，刑法上，外国公務員とみなされる。

この規定は，第327条が内国公務員について広い範囲の定義をしているのに対応して，外国公務員につき拡大された定義をしたものである。これによると，内国公務員についてと同様，外国公務員についても犯罪成立の範囲が広くなる。この点，留意すべきであろう。

第3節 新しい汚職防止法

1 従前の汚職防止規定の不十分性

ブラジルは，上記のようにOECD条約の受入れを実行するため，刑法に追加規定を設けた。しかし，ブラジルは，大陸法系に属する国であって，伝統的に法人の刑事責任を認めない立場を堅持しているため，刑法典および特別刑法の中に両罰規定は存在しない。

ところで，OECD条約2条（法人の責任）は，「締約国は，その法原則に従い，外国公務員への贈賄につき法人の責任（liability of legal persons）を問うため，必要な措置をとる。」と規定している。ここにいう「法人の責任」は，刑事責任を意味するものではない（注釈パラ20）[25]。言いかえると，法人に対して民事制裁または行政制裁を課す規定を設ければよいことになる。しかるに，ブラジルは，法人に対し，民事上または行政上の制裁を課す立法措置をとっていない。

このような状況にかんがみ，OECDのWG（作業部会）は，2007年に公表した第2次報告書において，ブラジルが法人の責任を問うため，効果的で，均衡のとれた，かつ抑止力のある制裁を設けるべきことを勧告した。[26]

ブラジルにおける一般的見解は，法人については民事責任を問えば足り

るのであって，刑事責任としては，法人の経営者幹部を罰すればよい，という立場であるように見える。ただし，環境犯罪については法人の責任を問う立法措置がとられている。というのは，憲法225条3項が，環境犯罪については，民事責任とは別に，自然人または法人（pessoas jurídicas）に対し，刑事上および行政制裁（sanções penais e administrativas）を科すべき旨を規定しているからである。これによれば，法人に対して刑事責任を問うことは，憲法上禁止されている訳ではなく，もっぱら立法政策の問題だということになる。このゆえに，ブラジルの汚職防止法は時代遅れだと評されており，刑事法，刑事訴追の近代化が必要であることが指摘されている。

このような情勢にかんがみ，2010年，新しい汚職防止法案（Bill No. 6. 826 of 2010）が作成された。しかし，それは，汚職犯罪につき法人の刑事責任を問うことをめざすものではなく，民事責任と行政責任を問うことを内容とするものである。報道によれば，**この法案は，2010年8月，法律として成立している**。

(25) cf. Commentaires relatifs à la Convention sur la lutte contre la corruption d'agents publics étrangers dans les transactions commerciales internationales, 1997, para 20.
(26) Cohen & Marriott, op. cit., p. 158.
(27) cf. Cohen & Marriott, op. cit., p. 160.
(28) Anticorruption Blog. Anticorruption Enforcement in Brazil. —posted by Rodrigo Roux on March 22, 2011. p. 1.
(29) Website August 3, 2010 by Zachary Shahan, Huge Anti-Corruption Law passed in Brazil. インターネットで検索したところでは，2010年に一部改正法は成立している。しかし，その条文を入手していない。

2　新法の概要

〔Ⅰ〕　米国FCPAの影響

ブラジルには，米国の企業が進出している。それらの企業は，FCPA（外国汚職防止法）のきびしい適用を受けることになる。それは，主として次の

2つの理由にもとづくであろう。
  (i) FCPA は，属地主義の拡大により，外国公務員等への贈賄行為の一部でも米国内で行われたときは，その行為につき米国の裁判権が及ぶとしている。たとえば，ブラジルに進出している米国企業の幹部の承認にもとづき，ブラジルの高官への贈賄資金を米国からブラジルにいる米国企業に送金した場合には，当該幹部および企業は，FCPA の適用により，同法による制裁を受けることになる。
  (ii) ブラジルに進出している米国企業の支店の従業員が，ブラジルにおいてブラジルの公務員に贈賄した場合には，その従業員は，ブラジル刑法の贈賄罪の責を問われるほか，属人主義にもとづいて FCPA の適用を受けることになる。
FCPA の規定する制裁が苛酷であるので，米国企業は，ブラジル支店についてもきびしい法令順守プログラム（compliance program）を設定している。そのことの帰結として，ブラジルの企業も FCPA が実施している法令順守プログラムにならっているようである。(30)

(30) Lexis Nexis Communities. FCPA Law Blog, Brazil and Anti-Corruption Legislation. 03/11/2011, p. 2.

〔Ⅱ〕 新法の主要箇所
　新法は，汚職防止に関する国際的動向に沿った新しい流れをブラジル立法に直接もたらすであろう，といわれている。その主要な点は，次のとおりである。
　A　上司の責任（respondeat superior）
　新法にあっては，ブラジル企業の従業員または代表者によって犯された汚職関連行為につき，企業の責任が問われるという考えが，取り入れられた。このことは，新法以前には環境犯罪の場合を除いて刑事責任を問われることはないとされてきたので，重要な改革である。

B 積極的防衛（affirmative defense）

新法は，英国の「適正手続」(adequate procedures)(31)において採用されている手続を導入した。この手続の詳細は，法文を入手しえないので明らかにすることができないが，おおむね英国の「適正手続」に類似したものであるようである。

C 捜査協力（credit for cooperation）

新法は，犯罪が行われた場合に，当局が捜査に着手する前に通報することなどを含め，捜査に協力すること，およびそのような捜査協力がなされたときは，犯罪者に対する制裁を科するに当たって考慮されることを規定している。

D 刑罰（penalties）

新法は，自然人と法人とに刑罰を科している。この刑罰の中には，行為者に対し12年以下の拘禁刑を科しうるとしたほか，企業の全収入（the company's gross revenus）の1％から30％までの間で罰金を科しうることとしたのみならず，公的契約をすることの資格停止が含まれている。

ところで，ここにいわゆる「企業の全収入」の意味が明らかでない。1つの考えでは，その汚職行為によって「企業が得べかりし収益の全部」を意味するのか，それとも「企業が現に得た収益の全部」を意味するとも受け取れる。他の考えでは，およそその企業が当該年間に挙げた総収益を指すとも受け取れる。FCPAの立場を類推して考えれば，その汚職行為によって得た収益の全部を指すと解される。いずれにせよ，英国のBribery Act 2010が規定する「無制限の罰金」(unlimited fine)(32)に近い考え方のように思われる。

ついでに，自然人に対して科せられる罰金について一言する。

上述したように，刑法で汚職罪について規定する法定刑は，すべて「○年以上○年以下のreclusão（懲役）ないしdetenção（軽懲役）及び罰金（multa）」というふうに，自由刑に罰金が必要的に併科されているのであるが，その罰金については，「○○以下の罰金」というようには法定刑が規定されていない。

これは，罪刑法定主義に違反するのではないか，という疑念を惹き起こすものである。しかしながら，憲法5条39項は，明文で罪刑法定主義を規定している。

　刑法49条（罰金）は，罰金刑（pena de multa）は，判決で明示された量（quantia）の支払いを内容とするものであり，その罰金刑は，**日数罰金**（dias-multa）であって，10日以上360日以下である。日数罰金は，犯行当時における被告人の月収の30分の1を下ることはできず，かつ，月収の5倍を超えない範囲で，裁判所が判決において言い渡す日額（valor）に日数を掛けた額で定まる。これによれば，汚職罪につき有罪とされた被告人に対し，自由刑に必要的に併科される罰金は，刑法49条の定める範囲内にとどまる，という見方も可能であろう。いずれにせよ，この点については，問題点を指摘しておきたい[33]。

(31)　これについては，森下「英国の贈収賄法」(注6)前掲・国際汚職の防止231頁を見よ。
(32)　O'Shea, The Bribery Act 2010. A Practical Guide., 2011, Jordans, p. 228.
(33)　われわれの法感覚からすれば，自然人につき自由刑と罰金を法定刑として掲げるとしても，「自由刑又は/及び罰金」という規定の仕方にすれば，具体的事案について妥当な刑が宣告されうるのではないか，と考えられる。

第15章　ルーマニアの汚職防止対策

第1節　ルーマニアという国
第2節　ルーマニアの汚職
第3節　刑法における汚職関連規定
第4節　汚職対策をめぐる賛否の議論

第1節　ルーマニアという国

1　地理，人口，宗教

　ルーマニア（Romania, Roumanie）は，ヨーロッパの南東部，バルカン半島の北東部に位置する国であって，北と東はソ連と国境を接し，西はハンガリー，南西はユーゴスラヴィア，南はブルガリアとそれぞれ国境を接している。面積は，23万7,428 Km^{2}で，人口は，約2,030万人（2010年）。
　ルーマニアは，スラブ系の多い東ヨーロッパの国の中で，唯一，「東のラテン系の国」（Latins de l'Est）と呼ばれている[1]。このことは，ルーマニアが言語，宗教，文化においてラテン系の色彩を濃くもっていることを物語るであろう。すなわち，言語は，俗ラテン語に起源をもつロマンス語派に属するルーマニア語であり，また，国民の宗教は，ルーマニア正教が87％，ローマ・カトリックが7％，ギリシャ正教が6％となっていることからも理解されるであろう。というのは，ルーマニア正教もギリシャ正教も，ともにキリスト教のオーソドックスの教会（orthdox church）に属するからである[2]。このことは，ローマの支配（106〜271年）を経て，7〜9世紀ごろ，ルーマニア民族とルーマニア語が形成された事情によるであろう。

(1) Rodica Mihaela STANOIU, La corruption politique, une menace à l'adresse de la démocratie, en ce début de millénaire. Le cas de la Roumanie, dans : Du Monde Pénal. Mélanges en honneur de Pierre-Henri BOLLE. 2006, Helbing & Lichtenbahn, p. 493.
(2) 正教は，独立教会であって，ローマ教皇の司牧の下には属しないが，教義としてはローマ・カトリックと同じである。

2　政治体制の歴史

　1877年，ルーマニアは，ロシア・トルコ共同の圧力から脱して，王国として正式に独立した。第1次世界大戦では連合国側に立って参戦し，「大ルーマニア」を実現した。1938年，カロル2世は，憲法を廃止し，王制ファシスト政権を樹立した。第2次大戦では日独伊三国同盟に加わったが，44年8月，共産党指導下の愛国戦線が峰起し，1945年3月，共産党・社会民主党を主体とする民主政府が成立した。次いで，1947年12月，君主制が廃止され，ルーマニア共和国の発足が宣言された。

　1948年3月，総選挙で人民民主戦線が勝利し，人民共和国憲法が採択され，社会主義建設が開始された。1952年9月，人民民主主義形態の社会主義国としての憲法が制定された。

　こうしてルーマニアは，ソ連の権力支配の下で共産主義の国となったのであるが，「最もきびしい独裁国家の1つ」として知られるようになった。[3] それは，大統領ニコラエ・チャウシェンスクが「チャウシェンスク王朝」とも言われた個人独裁体制を確立したからである。

　しかしながら，1980年代に入ると，チャウシェンスクが経済政策に失敗し，国内経済は疲弊したため，国民の間では独裁政権に対する不満が強まり，民主化を求める機運が高まった。これに対し，チャウシェンスクは，情報統制と反対勢力の弾圧強化を図り，民主化運動への一切の妥協を拒否した。

　1989年12月，自由を求める国民により，革命が勃発。大統領夫妻は，特別軍事法廷で大量虐殺と不正蓄財の罪により死刑判決を受け，即日，銃殺

刑が執行された。こうして，共産党政権は崩壊した。この革命により，現在のルーマニア共和国が樹立された。

1990年5月，ルーマニアで初となる多数政党制による自由選挙が行われ，政党に衣替えした救国戦線が勝利を収めた。1991年12月，新しい憲法が承認された。その中には，ルーマニアは資本主義経済にもとづく，言論，宗教，所有の自由が保障された共和国である，と記載されている。

2007年1月，ルーマニアは，EU（欧州連合）に加盟した。

(3) Stanoiu, supra note 1, p. 495.
(4) ルーマニア共産党は，非合法化されたが，後にこれは撤回された。共産党関係者は，救国戦線に参加して政治生命を保った。http://ja.wikipedia.org/wiki/ルーマニア革命（1989）」, p. 4.
(5) http://www.romaniaabi.jp./info/info.httml.「ルーマニアについての一般情報」p. 3。

第2節　ルーマニアの汚職

1　共産主義の時代

「**共産主義は，汚職を加速することしかしなかった。ルーマニアは，最もひどい独裁主義の1つを経験した。**」

これは，ブカレスト大学のStanoiu教授のすぐれたフランス語論文「政治的汚職。（新）千年期の初頭における民主主義に向けられた脅威。ルーマニアの場合」（2006年）における論述の1こまである。ここで'共産主義'の時代というのは，前記「政治体制の歴史」において述べたように，1948年から1989年の革命までの40年間を指す。

この共産主義の時代には，ルーマニアにおける生産手段の共産化の拡がりと混沌とした生産過程は，（ソ連を除く）他の共産圏の国ぐにの状況をはるかに超えたものであった。この状況において，国民は生きるために権力

者の側に贈賄したようである。これが,「政治的汚職」(corruption politique)と呼ばれる汚職の形態である。この「政治的汚職」は,「大きな汚職」(corruption grande, grand corruption) または「白い汚職」(corruption blanche, white corruption) と呼ばれる形態のものである。

共産主義は,独裁と搾取がひどいゆえか,汚職の温床となるようである。余談ながら,ドイツの文献には,ロシアにおける汚職を論じた著書と論文が多数,掲載されている。

(6) 注(1)前出論文。この論文は,スイス・ニューシャテル大学のPierre-Henri BOLLE教授の退官記念論文集 "Du Monde Pénal" に収められている。なお,この論文集には,森下の論文「日本における再審と死刑の問題」(Des problèmes de la révision et de la peine de mort au Japon) も収められている。
(7) Stanoiu, supra note 1, p. 495.
(8) Stanoiu, supra note 1, p. 494. 政治的汚職は,規模または金額が大きいことから「大きな汚職」と呼ばれ,また,ホワイト・カラー族の賄賂に象徴されるので,「白い汚職」と呼ばれる。cf. http://www.google.co.jp/search における "grand corruption" および "white corruption" 項目の叙述による。
(9) Horrer, Bestechung durch deutsche Unternehmen im Ausland, 2011, Lang, S. 317ff. には,ロシアの汚職に関する約20の,ドイツ語と英語の著書・論文が載っている。

2 民主主義の時代

1989年12月の革命によって,ルーマニアは,民主主義を基本とする共和国として新しい出発をした。民主主義の下では,かつての共産主義独裁政治の下でまん延した汚職は,一掃されるべきはずであった。

ところが,Stanoiu論文によれば,**道理に反して,民主主義,自由および市場経済は,汚職を育てた**。ルーマニアでは,政治家や官僚に係る"大きな汚職"が,早いスピードで国中に拡がり,汚職対策は効を奏しなかった。その理由は,1990年代初頭において'新しい政治階級'(la nouvelle classe politique) となったのは,かつての共産主義時代の政治を担った連中から

成る寄せ集めであって，資本主義経済を進める知識も意欲も持ち合わせていない者たちであったからである。当然のように，政治的汚職と経済犯罪との結び付きは，非常に緊密なものとなった。この点では，共産主義政権に代わって登場した自由で民主的な政治体制は，なんら変化することなく，それどころか，むしろ，いっそうひどいものとなった(11)。

こうして，「法の骨抜き」（neutralisation de la loi）が，共産主義体制の時代から民主主義体制の時代へと受け継がれ，いっそう進められた(12)。

(10) Stanoiu, supra note 1, p. 495.
(11) Stanoiu, supra note 1, p. 496.
(12) Stanoiu, supra note 1, p. 496.

3　犯罪学的検討

1993年，ルーマニア社会学研究所によって汚職に関する研究が行われた。それによれば，調査を受けた75％以上の人が，**1990年以降，汚職の規模は共産主義時代よりも大きくなったと感じている**。汚職は，商工業，財政，銀行，農業，税関，観光業にまで及んで，以前よりもひどくなった。その主たる原因は，官庁による許認可における適正遂行の欠如，適切な立法の欠如に見いだされた(13)。

1994年初頭に行われた調査では，1989年の革命以降，汚職は，「大きい」（grande）または「非常に大きい」（très grande）ものになった。汚職に関係するのは，政府，地方の行政機関，警察，裁判所，税関であった。その原因は，これら公務員の給与が低いところに見いだされる。上記の1994年調査は，そのことを指摘している(14)。それだけではない。一般国民の側における貧困，失業，収入の低下という，きびしい事情が挙げられる(15)。

これに関して注目すべきことが，2つある。1つは，収賄する側の公務員の中に裁判官が挙げられていることである。**裁判官に係る汚職は，司法汚職**（judicial corruption）または司法における汚職（corruption in the judiciary）とも呼ばれている。

もう一つは，司法統計に現れたところでは，汚職犯罪により有罪判決を受けた者の数は，調査によって認識されるものに比して大いに低いことである。Stanoiu 教授は，この認識と統計数字との間に大きなギャップが存在することの原因として，①暗数が大きいこと，②白い汚職（政治的汚職）の場合には「**沈黙の法**」（**沈黙する法**）（**loi du silence**）がいっそう"puissante"（強力な）ものになることを指摘している。「法が沈黙する」とは，公訴権および司法権の行使が差し控えられる，ことを意味するであろう。このような事態は，ルーマニア国民における自覚が他国におけるそれよりも遅れていたことに由来する，といわれている。

(13)　Stanoiu, supra note 1, p. 496.
(14)　Stanoiu, supra note 1, p. 497.
(15)　Stanoiu, supra note, p. 498.
(16)　Stanoiu, loc. cit.
(17)　P. Lascoumes, Corruption, Presses de Sciences Po., Paris, 1999. cité par Stanoiu, supra note 1, p. 498.

4　国際的角度から

〔Ⅰ〕　**透明性認識指数**

　TI（Transparency International）が 1995 年以来，毎年公表している CPI（Corruption Perceptions Index）〔透明性認識指数〕によれば，ルーマニアのそれは 2.9 であったところ，2010 年には，3.8 であって，調査対象 183 か国中，71 位となっている。これは，ブルガリアと同一であって，ハンガリーの 5.1（46 位），スロヴェニアの 4.5（56 位），クロアチアの 4.1（66 位）に次ぐものである。この数字を見る限り，東欧の旧共産圏の国の中でルーマニアが特に汚職度の進行した国だと断ずることはできない。指数について見る限り，ルーマニアは，2004 年当時に比べて汚職対策の成果を挙げて来た，ということができる。もっとも，汚職犯罪の訴追強度が依然として低い結果だとすれば，CPI の信頼性そのものに疑問が残る。

(18) 森下・国際汚職の防止（2012 年，成文堂）33 頁以下。

〔Ⅱ〕 EU からの勧告

　ルーマニアは，ブルガリアとともに，2007 年 1 月，EU に加盟した。しかし，欧州委員会は，同年 6 月，両国に対し，司法改革および汚職対策につき多くの課題が残されていると通告した。特に，EC（欧州共同体）の構成国は，ルーマニアにつきシェンゲン協定（Schengen Agreement）[19]の加盟国入りをすることにつき，強い警戒心をもっていて，シェンゲン協定への加入を容認しない態度をとっている。この協定への加入が実現したとすれば，ルーマニア人が自由に EC 構成国に往来することができるようになるので，尨大な数のルーマニア人が働き場所を求めて入国することになり，自国民の雇用を脅かす存在になるであろうことを危惧しているからである。

　2012 年 2 月，欧州委員会は，ルーマニアとブルガリアに対し，司法改革，汚職犯罪および組織犯罪に対する政策の整備が遅れているとして，透明で有効な対策の構築を進めるよう，勧告した。これは，欧州の先進国内で経済停滞と失業・貧困問題も高まっている現実にかんがみて，より貧しい旧東欧圏の中でも貧困とジプシー（ロマ人）問題が深刻なルーマニアとブルガリア両国に対して，シェンゲン圏への昇格を阻止しようとする「保守主義の傾向」の表れでもある。[20]

(19) シェンゲン協定につき，森下・国際刑法の新しい地平（2011，成文堂）198 頁以下を見よ。
(20) http://79909040.at.webry.iofo/201109/article-1.html.「ブルガリア，ルーマニアへの差別待遇」（2012），p. 1.

第3節　刑法における汚職関連規定

1　ルーマニア刑法の歴史

　最初のルーマニア刑法典は，1864年10月30日に公布された。この刑法は，その当時のフランス刑法（1810年刑法典に改正をほどこしたもの）から直接大きな影響を受けたものであったが，そのほか，1851年のプロイセン刑法の影響を受けたものであった。しかし，1864年刑法は，模範としたこれら2つの刑法に比べて全般的に刑罰を緩和したものであって，死刑を廃止した。

　第1次世界大戦では，ルーマニアは，連合国側に立って参戦し，トランシルバニア（Transylvania）などいくつかの地域を奪取して，「大ルーマニア」を実現し，バルカン第1の大国となった。1920年，統合されたルーマニア国の新刑法制定の作業が開始され，第4次草案に若干の修正をほどこしたものが，1936年3月19日，新刑法として公布された。この刑法は，新古典学派の影響の下に折衷主義の体系を採用したものであった。[21]

　1936年刑法は，自由主義刑法の伝統を忠実に守ったものであった。ところが，その公布後，ルーマニアは，強権的な政治体制の国となった。その結果，刑罰は重く法定され，死刑は，1938年9月24日，復活された。

　第2次大戦後，ルーマニアは，社会主義共和国となった。そこでは，1948年，1936年刑法が，かなりの修正を伴って再び公布された。再び復活した1936年刑法は，新しい政治体制にうまく適合しなかった。犯人の社会的危険性とか犯罪行為の社会的に危険な特徴とかいう観念が導入されたからである。[22]それは，共産主義刑法の考えが社会主義の国となったルーマニアに持ち込まれたからであろう。

　新刑法典の作成作業が進められ，新刑法典は，1968年6月21日に公布され，1969年1月1日，施行された。この新刑法は，犯罪の社会的危険性の観念の上に立って，国営企業のサボタージュ，その企業設備の損壊，あ

る種の義務の不履行などを国家の安全に対する犯罪としたほか，社会主義的財産に対する侵害に対して重い刑を科した。

1989年12月の革命によって，ルーマニアは，民主的な共和国となった。1991年12月8日，国民投票によって新しいルーマニア憲法が成立した。その新憲法の基本原則に沿って，2004年法律第301号により，新刑法典が制定され，2005年7月に施行された。これが，現行の刑法である。

(21) Centre français de Droit comparé, Les Codes Pénaux Européens Ⅳ, 1971；Code Pénal Roumain, p. 1631.
(22) Centre Français de Droit comparé, loc. cit.

2　新刑法の特色

2004年の新刑法は，大陸法系に属するルーマニアが民主革命の精神を具現すべく鋭意努力して制定した刑法典であって，比較法的にも参考となる点をいくつももっている。

新法は，全部で512か条から成る。そこには，新しい時代を反映した諸規定が数多く含まれている。たとえば，ジェノサイド（genocide）の罪，非人道的取扱いの罪，テロ行為の罪，マネー・ロンダリング（資金洗浄）の罪，労働保護侵害の罪などが，それである。

新刑法は，法人の刑事責任を正面から肯定する立場を採り，総則篇において法人に対する刑の種類を掲げるとともに，各則篇においては，『法人は，「本章の罪について」，「第○○条の罪について」罰する。』というように，明文をもって規定している。たとえば，過失致死の罪（181条，187条），過失傷害の罪（189条，192条）について規定されているのが，その代表的なものである。後述するとおり，汚職の罪についても，法人に対する制裁の規定が注目されるところである。

(23) そのほか，子どもポルノの罪，労働保護の罪，マネー・ロンダリングの罪，テロ行為の罪についても，法人は法的責任を問われている。

3　新刑法における刑の体系

〔I〕　**自然人に対する刑**

総則第3篇「刑」第1章は，「自然人に適用される刑の種類及び限度」において，次のとおり規定する。

まず，刑の目的として，第57条第1項は，「刑は，有罪の言渡しを受けた者を再教育し，かつ，再犯を防止するために適用される強制処分である。」として，再教育目的を高らかに掲げている。

刑の種類は，主刑，補充刑および付加刑から成る（58条）。

重罪に対する主刑は，無期懲役（life detention）[24]および（5年以上30年以下の）有期重懲役（severe detention）に分かれる（同条3項）。

軽罪に対する主刑は，次のものから成る。(a)1年以上15年以下の軽懲役（strict imprisonment），(b)15日以上1年以下の拘禁刑（imprisonment），罰金15日以上300日以下の日数罰金（day-fine）[25]および100時間以上500時間以下の社会奉仕作業（community service）。

補充刑（complementary penalties）は，1年以上10年以下の一定の権利の停止である（58条5項）。ここで，補充刑というのは，——フランス刑法の影響を受けたものと思われる[26]——主刑に併科して言い渡すこともできるが，主刑に代えて言い渡すことのできる刑を意味する。それゆえ，付加刑とは性質を異にする。

付加刑（accessory penalty）は，補充刑として規定されているすべての種類の権利の行使を禁止するものである（58条6項）。

---

(24) 死刑は，存在しない。無期懲役は，20年間服役した後に仮釈放が可能である（72条1項）。60歳を超えた無期懲役受刑者は，15年間服役した後に仮釈放が許されうる（72条2項）。無期刑の仮釈放者は，釈放後，10年間，再犯を犯すことがなければ，刑の執行を終えたこととされる（72条3項）。

(25) 日額は，10万レイ（lei）以上100万レイ（lei）以下である（刑58条4項C号）。1ユーロが，ほぼ3.6レイである。

(26) 1992年制定のフランス刑法131-10条（補充刑）をみよ。

〔Ⅱ〕 法人の刑事責任と法人に対する刑
A 法人の刑事責任
ルーマニア刑法は，法人（legal entities）の刑事責任を認める。

第45条（法人の刑事責任についての条件）
① 国，公的当局（public authorities）及び公的機関を除いて，法人は，法の定める場合において，法人のため又は法人の利益のために，その組織体（bodies）又は代表者により犯した罪につき刑事責任を負う（criminally liable）。
② 法人の刑事責任（criminal liability for legal entities）は，同一の行為の遂行に関与した自然人の刑事責任を排除しない。

この規定は，1992年のフランス刑法第121-2条〔法人の刑事責任〕とほぼ同一内容のものである。法人が社会的実在として，時には大規模な犯罪を犯していること（経済犯罪，製造物犯罪，環境犯罪，交通犯罪など）の実状を直視するならば，法的にもその刑事責任を問うのが当然である，との基本的立場が採られたのである。この立場は，旧刑法以来のものである。

B 法人に対する刑
総則第3編第2章「法人に適用される刑の種類及び限度」は，法人に対し，次のとおり，主刑と補充刑を規定する（59条）。
主刑は，1,000万レイ（lei）以上1,000億レイ以下の罰金である（2項）。ちなみに，1ユーロが，ほぼ3.6レイである。
補充刑は，次のとおりである（59条3項）
　a）法人の解散
　b）1年以上3年以下の期間，法人活動の全部または一部の停止
　c）1年以上5年以下の期間，公的入札手続への参加禁止
　d）1年以上5年以下の期間，財政的資金を受けることの禁止
　e）判決の公示または公表
以上のうち，(b)から(e)までに掲げる補充刑は，その全部または一部を併

科することができる（59条4項）。

　なお，法人に対する罰金については，科刑の基準として，自然人に対する法定刑が懲役（detention）であるか，拘禁刑（imprisonment）であるかによって，次のとおり区別されている（80条）。
　(i)　自然人につき懲役が規定されている罪については，2,500万レイ以上75億レイ以下の罰金
　(ii)　自然人につき拘禁刑が規定されている罪については，1,000万レイ以上5億レイ以下の罰金

4　新刑法における汚職の罪

　各則第6編の第7章は「汚職の重罪及び軽罪」というタイトルの下で，収賄，贈賄等，一連の罪を規定し（308条～312条），収賄罪（309条）以下の罪につき，法人に対する制裁を定めている（313条）。

〔Ⅰ〕　**公務員の収賄**
　第308条〔収賄〕
　①　自己の職務上の義務に係る行為をし，もしくは行為をせず，又は遅延させることに関し，又はこれらの義務に反する行為をすることに関し，直接又は間接に，自己又は他人のために，金銭又はその他不正な利益を要求し，もしくは収受し，又はその約束をした公務員の行為は，3年以上15年以下の軽懲役及び一定の権利の停止に処する。
　②　公務員又は公益業務を行う者が犯した前項の行為は，3年以上12年以下の軽懲役及び一定の権利の停止に処する。
　③　第1項の規定は，次に掲げる者にも適用する。
　　(a)　ルーマニアが当事国である公的国際機関において，契約に基づく行為をする従業員もしくは人，又は同様な権限を行うその他の者
　　(b)　ルーマニアが当事国である国際機関の議会の議員
　　(c)　欧州共同体において契約に基づく行為をする従業員もしくは人，又は同様な権限を行うその他の者
　　(d)　ルーマニアが裁判権を受諾した国際裁判所において司法業務を行う

者及びこれらの裁判所において司法事務を行う公務員
  (e) 外国の職員（employees）
  (f) 外国の立法又は行政の議会の議員
④ 収賄から極めて重大な結果が生じた場合には，15年以上20年以下の重懲役及び一定の権利の停止に処する。
⑤ 収賄の客体となった金銭，価値その他の物は，没収する。それらを発見することができないときは，その価額を追徴する。

　この規定における収賄罪の構成要件は，旧刑法254条（収賄）のそれとほぼ同じである。特に目につく点としては，新法308条3項の規定が新設されていることである。これは，2003年の国連汚職防止条約（UNCAC）16条が外国公務員および公的国際機関の職員に係る贈収賄の犯罪化を義務づけていることに対応するものと解される。[27]

　旧法147条は，公務員（public officer）の定義を規定していた。[28]新法には，この規定は受け継がれていないが，同じ解釈が引き継がれていると思われる。政府管理企業の従業員も，一定の条件の下で「公務員」とみなされる。[29]

　賄賂にあたるものは，「金銭又はその他の不当な利益」（money or other undue benefits）である。その法的定義は存在しない。学説では，賄賂とみなされるためには公務員が適法に受け取るべきでないものをいうと解されている。ただし，社会慣習および儀礼（social convention and courtesy）に合致するもののみがこれ（賄賂）に該当しない，と解されている。[30]

(27) ルーマニアは，2004年11月2日，この国連条約を批准している。
(28) 旧147条1項は，公務員とは，いずれかの公務所において，その性質のいかんを問わず，また，俸給を受けると否とも問わず，常勤で又は臨時に公務所の業務を行うすべての者をいう旨，規定していた。
(29) Catalin Baiculescu, Romania, dans：Gruetzner, Hommel & Moosmayer, Anti-Bribery Risk Assessment, 2011, Beck, Hart, Nomos, p. 292.
(30) Baiculescu, op. cit. p. 291.

〔II〕 贈　賄
　　第 309 条（贈賄）
　　① 　自己又は他人に関する行為をし，もしくは行為をせず，又はその行為を遅らせることに関し，又は義務に反する行為を行うことに関し，直接又は間接に，自己又は他人のために，公務員又は従業員に金銭又はその他の利益を約束し，申し込み，又は供与する行為は，1 年以上 5 年以下の軽懲役に処する。
　　② 　外国の職員又は公的国際機関の職員の業務上の義務に係る行為をし，もしくはしないこと，又はその行為を遅らせることに関し，直接又は間接に，自己は他人のために，金銭又はその他の利益をそれらの職員に約束し，申し込み，又は供与する行為は，1 年以上 5 年以下の軽懲役に処する。
　　③ 　第 1 項に規定する刑は，第 308 条第 3 項に規定するいずれかの者の業務上の義務に係る行為をし，もしくは行為をせず，又は遅らせることに関し，又はそれらの義務に反する行為をすることに関し，直接又は間接に，金銭又はその他の利益をその者又は他人のために約束し，申し込み，又は供与する行為にも科する。
　　④ 　第 1 項，第 2 項又は第 3 項の行為は，贈賄者がなんらかの方法で収賄者により強制されたときは，犯罪とはならない。
　　⑤ 　贈賄者は，訴追機関がその犯罪につき通知される前に行為を当局に自首したときは，罰しない。
　　⑥ 　第 308 条第 5 項の規定は，申込みが受諾されなかったときでも，状況に応じて（accordingly）適用する。
　　⑦ 　金銭，価値又はその他の物は，第 4 項及び第 5 項の場合には，供与者に返還しなければならない。

　これは，第 2 項の新設規定を除いて，旧刑法 255（贈賄）とほぼ同一の規定である。ただし，第 4 項における「贈賄者」（bribe-giver）と「収賄者」（bribe-taker）という文言は，新法において初めて用いられた言葉である。
　贈賄者は，公務員であると民間人であるとを問わない。後述するように法人も刑事責任を負う（313 条）ので，法人も贈賄罪の主体となりうる。

　　(31) 　第 2 項は，国連条約 16 条が外国公務員等に係る贈収賄の犯罪化を義務づけた

ことを取り入れたものであって，第308条第3項に対応する規定である。

〔Ⅲ〕 事後収賄

第310条〔不正な利益の収受〕

① 公務員がその職務のゆえに義務とされている行為をした後に，直接又は間接に金銭又はその他の利益を収受する行為は，1年以上7年以下の軽懲役に処する。

② 公益事業の従業員又は職員が犯した前項の行為は，1年以上5年以下の軽懲役に処する。

③ 第1項の規定は，第308条第3項に規定する者にも適用する。

④ 金銭，価値又はその他の物は，没収する。それらを見付けることができないときは，それに相当する金額を追徴する。

(32) 公益事業（office of public interest）とは，公共の水道供給事業，ごみ処理事業，公共運送等の事業を指すようである。cf. Baiculesca, supra note 29, p. 292.

〔Ⅳ〕 不正報酬の収受

第311条〔不正報酬の収受〕

① 公務員が退職，辞職，解雇又は雇用取消しの前3年間に，その職務として私法上の法人の監督又は統括の責を負うている法人からその仕事の報酬を得た行為は，1年以上3年以下の軽懲役又は日数罰金に処する。

② 前項の私法上の法人の責任者（persons in charge）は，前項の行為の共犯者とみなされる。

〔Ⅴ〕 あっせん贈収賄

第312条（あっせん贈収賄）

① ある従業員をしてその業務権限が含まれる行為を行い，もしくは行わず，又は遅らせるように，又はその業務権限に違反する行為をするように仕向けることに関し，影響力のある者又は影響力を有すると信じ込ませた者が，直接又は間接に，自己又は他人のために金銭又はその他の利益を収受し，又は要求したときは，2年以上10年以下の軽懲役に処する。

② ある従業員の業務上の権限に含まれる行為を行い，もしくは行わず，又

はその行為を遅らせること，又はその者の権限に反することを行うように決心をさせることに関し，影響力をもつ者又は影響力をもつと信じさせた者に，金銭，贈物又はその他の利益を，直接又は間接に，供与する約束をし，申し込み，又は供与する行為も，前項と同様に罰する。
③ 第2項の行為は，捜査機関がその行為について知る前に，行為者が当局に自首したときは，罰しない。
④ 第1項及び第2項の客体となった金銭，価値又はその他の物は，没収する。それらを発見することができないときは，その価額に相当する金額を追徴する。
⑤ 金銭，価値又はその他の物は，第3項の場合にそれを与えた者に返還しなければならない。
⑥ 第1項及び第2項に関しては，従業員（employee）とは，第308条第3項に掲げるいずれの者をも意味する。

　本条1項は，いわゆるあっせん収賄の罪を規定する。収賄者は，権限を行使することのできる職員（公務員とは限らない）── いわゆる第三者 ── に影響力を有することを贈賄者に信じ込ませて，賄賂を収受，要求等の行為をする者である。賄賂が第三者に届けられたか，また，第三者が請託に係る行為をしたかどうかは，本罪の成立に関係がない。
　本条2項は，いわゆるあっせん贈賄の罪を規定する。収賄者が公務員であることを要しない点を考えれば，そこまで犯罪化する必要があるか疑問であるが，恐らく大規模な商取引の契約等にあっては，あっせん贈賄をも処罰する必要があるのであろう。

(33)　第312条の英文見出しは，"Influence peddling"（影響力を売り物にするとか，影響力を呼びものにする，という意味）であるが，内容に則して「あっせん贈収賄」と訳した。

〔Ⅵ〕　法人に対する制裁
　第313条（法人に対する制裁）
　　法人は，第309条及び第312条の罪について罰する。

これは，第309条（贈賄罪）および第312条（あっせん贈収賄）の罪につき法人を罰する旨の規定である。法人に対する刑については，第59条（刑の種類）を参照していただきたい。なお，実際問題として補充刑および付加刑が企業にとってきびしい法的制裁となることがある点に，注意していただきたい。

〔Ⅶ〕 刑法の場所的適用

新刑法は，刑法の場所的適用に関して，ルーマニアの裁判権をいちじるしく拡大している。

(1) **属地主義**（10条）　この基本原則は，いずれの国の刑法におけると同様である。
(2) **属人主義**（11条）　国外において，ルーマニア国民およびルーマニアに居住する外国人が（ルーマニア刑法所定の）罪を犯したときは，その罪が行為地でも罰せられるとき，（ルーマニア）刑法を適用する。

この規定は，①無制限の能動的属人主義を採用していること，および②内国に居住する外国人を内国人と同視していることにおいて，余りにも内国刑法の適用範囲を拡大したものと言わざるをえない。特に，上記②の点については，なぜに内国に居住する外国人を内国人とみなすのか，その理由づけを見いだすことは困難である。

(3) **保護主義**（12条）　国外で，ルーマニア国民またはルーマニアに居住する外国人がルーマニア国民又はルーマニアの法秩序に対する罪を犯した場合において，その罪が無期懲役または重懲役にあたるときは，（ルーマニア）刑法を適用する。
(4) **世界主義**（criminal law universality）

第13条〔世界主義〕
① ルーマニア国外で，外国人又はルーマニア国外に居住する外国人が犯した，第12条第1項に規定する以外の犯罪についても，次に掲げる要件の下で，刑法を適用する。

(a) その行為が，行為地国法によっても罰せられていること。
　(b) 行為者が，ルーマニア国内にいること。
② ルーマニア国又はルーマニア国民に対する犯罪については，行為者は，犯罪人引渡しが行われた場合にも罰することができる。
③ 第1項及び第2項の規定は，訴追の開始，訴訟の継続もしくは刑の執行を妨げる事由が存在するとき，又は刑が執行されたとき，もしくは執行されたとみなされるとき。
④ 刑が執行されなかったとき，又は部分的にのみ執行されたときは，外国判決の承認(34)に関する法規に従って裁判を行う。

第14条（刑法及び国際条約）
　第11条から第13条までの規定は，ルーマニアが当事国である国際条約に特別の規定がないときに適用する。

(34) 外国判決の承認（recognition of foreign judgements）とは，外国でなされた確定刑事判決の効果を内国で承認する制度である。森下・国際刑法の新動向（1979年，成文堂）22頁以下，193頁以下をみよ。

第4節　汚職対策をめぐる賛否の議論

〔Ⅰ〕　議論の対立

　1989年12月の革命後，ルーマニアは，民主化を図ってEU加盟をめざそうとしたが，改革は思うように進まなかった。ルーマニアは，2007年のEU加盟をめざしたものの，ルーマニアの汚職体質がEU加盟の障害になるとして，EUからたびたび改善を求められた。

　2004年秋，中道左派連立政権の誕生とともに，モニカ・マコベイ（女性）が司法大臣となり，司法改革と汚職闘争とを開始した。市民運動家は，マコベイ大臣を擁護したが，野党の社会民主主義党（PSDR）と極右の大ルーマニア党（PRM）が，反マコベイ動議を国会に提出し，与党議員までもこれを支持したため，動議は，上院で可決された。

　このような政治情勢が続くのは，結局，革命後のルーマニアに依然とし

て旧共産主義体制の温存を図ろうとする勢力が根強いことによるようである。その後の政治状況については，2012年夏現在，インターネットを通じても明らかにすることができない。

　注目されるのは，「企業に関する汚職防止法」（Anti-Bribery Laws on Corporations）を廃止すべきかをめぐって賛否両論が戦わされていることである。この法律の内容は明らかでないが，賛成論と反対論のあらましを紹介する。[35]

〔賛成論〕　廃止に賛成する意見

　汚職防止法は，新しい抜け道（loopholes）を創り出し，不平等を招来する。不平等というのは，賄賂をいっそう高額なものとするか，または競争なき不利益（uncompetitive disadvantages）かの，いずれかを指す。

　これがなにを意味するのかは，理解に苦しむのであるが，次のような記述がなされているところから判断するよりほか道はないであろう。いわく，一方では，「汚れた」かつ腐敗した政府と，他方では，「きれい」で，かつ倫理にかなった企業（ethical corporations）との‘mixture’（混合物，合成体）というのは，明らかに不可能である。[36]この表現は，恐らく，政治家・役人は腐敗しているのに，企業だけは清らかであれと言っても，それは明らかに無理だ，ということを指すであろう。これを言い換えれば，旧共産圏の伝統，aggressiveな（積極的，攻撃的な）資本主義および貪欲な政治家が存在する開発途上国（ルーマニア）にあっては，[37]民主化された先進国におけると同じような汚職対策は通用しない，ということであろう。

〔反対論〕　廃止に反対する意見

第1．政府が腐敗しているという事実は，汚職防止法を廃止せよということを意味しない。犯罪がくり返されることは，取締りを強化せよという理由にはなっても，その行為を合法化せよという理由にはならない。

第2．需要があるからといって，供給がいつでも合法的になる訳ではない。たとえば，麻薬犯罪，人身売買，子どもポルノなどについて考えれば，この理由が説明される。

第3．過剰規制は弊害があるから規制（取締り）を廃止せよというのは，極論である。仮に，過剰規制があるとすれば，廃止すべきではなくて改正すべきである。

以上のように，賛否両論が展開されている。こうした議論が闘わされていることは，2012年現在，ルーマニアが旧共産主体制からいまだに脱出していないことを物語るであろう。それにもかかわらず，次に掲げる2件の報道は[38]，ルーマニアが徐々にであるが，汚職対策を強化していることの成果が現れていることの証しともなるであろう。

(i) ルーマニアのIoan Lazan裁判官は，ある事件の犯人を釈放するため賄賂として25,000ポンド（約500万円）を受け取ったとして，起訴され，実刑判決を受けて，刑務所に収容された。彼は独居房に入れられたが，そこにはすでに1人の受刑者が入れられていた。その先客受刑者は，元裁判官によって実刑判決を受けた者であったので，元裁判官の顔を覚えていた。このことを知った元裁判官は，震え上がって，顔面蒼白となり，転房を願い出た由。

(ii) 2012年6月，ルーマニアの元首相は汚職事件で実刑判決を受けた。彼は，刑務所に収容される前，銃で自殺を図ったが，未遂にとどまった。

このように，裁判官や首相までも汚職罪に因り訴追されることとなったのは，2000年法第78号により汚職防止法が制定され，ついで2002年の緊急政令第43号により，── スペインの先例にならって ──汚職捜査局 (Parquet National Anti-corruption = PNA) が創設され，起訴法定主義が採用され，ついで，2003年法律第161号「公務執行における透明性に関する法律」により，大統領，大臣，司法官なども訴追の対象とされるに至ったためであろう[39]。

(35) cf. debatewise, Anti-Bribery Law on Corporations should be abolished. http://debatewise.or/debates/3563, 2012 p. 1.
(36) see supra note 35, p. 4.

(37) see supra note 35, p. 4.
(38) see http://www.google.co.jp./search? hl =, 2012, p. 1.
(39) Stanoiu, supra note 1, pp. 499, 501.

〔Ⅱ〕 2010 年汚職防止（改正）法

2010 年 12 月 15 日，法律第 33 号「2010 年汚職防止（改正）法」（Prevention of Corruption（Amendment）Act 2010）が公布された。この法律の正式名称は，「1906 年汚職防止法及び 2001 年汚職防止（改正）法を改正し，かつ関係事項を整備する法律」となっている。

この正式名称のとおり，かつて 1906 年に制定された汚職防止法および 2001 年の汚職防止法を改正することを主眼とする法律である。1906 年の法律といえば，ルーマニア王国の時代のものであり，2001 年の法律といえば，革命を成就して，共産主義体制からようやく民主主義体制へ移行したばかりの時期の産物である。この両法律がさほど成果を挙げえなかったことは，すでに述べたとおりである。

汚職の処罰については，2004 年の新刑法に規定されているので，2010 年の汚職防止（改正）法は，旧汚職防止法の規定における文言の定義を明確にすることを主たる内容としている。たとえば，'agent'，'contract of employment'，'employee'，'employer'，'penalisation' などの定義が明確にされているなどが，それである。

あ と が き

ルーマニアは，2007 年，ブルガリアとともに EU（欧州連合）に加盟した。本来であれば，EU 加盟国は共通通貨である EUR（ユーロ）を導入しなければならないが，失業率や赤字財政のゆえに EUR 導入の条件を満たすことができず，現時点ではユーロは導入されていない。

現在，ルーマニアは，RON（新ルーマニア・レウ）という独自通貨を採用しているが，2014 年には，EUR を導入する予定である。しかし，2014 年に EUR を導入できるかどうか，疑問視されている。

索　引

あ　行

あっせん収賄罪
　……45, 88, 111, 154, 259, 307, 343, 367
あっせん贈賄………………………50, 367
あっせん贈収賄…7, 16, 180, 292, 294, 366
アルカンタラ法典……………………340
安全ガード条項………………………12
安全行動………………………………9, 10
違警罪…………………………………173
イタリア憲法27条1項………………23
一国二制度……………………………63
一般規定原則……………………172, 177
委任政令………………………………232
違法の結び付き…………205, 206, 211
インド共和国…………………………81
エージェント…………………………140
円滑化支払い…60, 71, 196, 305, 315, 323
　　──の抗弁………………………323
欧州評議会………………175, 202, 222
　　──の汚職に関する刑事条約…15, 24
　　──の汚職に関する民事条約……150
　　──の条約………………………202
大きな汚職……………………………355
汚職……………………………………7, 179
　　──に対する刑罰………………181
　　──に関する基本犯罪……………152
　　──に関する国連条約
　　　　→国連汚職防止条約
　　──に対する刑罰………………181
　　──の保護法益概念の拡大………19
汚職行為の拡大…………………312, 338
汚職対策独立委員会…………………65
汚職犯罪に対する刑罰………………181
汚職犯罪の国際化………………172, 179
汚職防止及び国民権益委員会……105, 120
汚職防止法
　………104, 118, 119, 140, 150, 159, 200
重くない刑……………………………277
オンブズマン…………………………317
　　──事務所………………………149

か　行

海峡植民地……………………………127
戒告……………………………………251
外国公務員…………………16, 338, 347
外国公務員等への贈賄
　………………47, 291, 308, 322, 325, 345
外部行為………………………………331
拡大された属人主義…………………324
加重収賄………………………………111
加重収賄罪……………………………155
ガード条項……………………………5
課徴金…………………………………235
カーネーション革命…………………246
仮釈放…………………………………302
過料………………………………215, 216
簡易裁判所による有罪………………77
韓国における司法汚職………………106
管制………………………………51, 52
企業………………………………115, 233
　　──に関する汚職防止法………370
　　──の刑事責任…………………328
　　──の社会的責任………………234
　　──の全収入……………………350
企業責任…………………………233, 234
　　──の自主性……………………240
　　──の法的性質…………………236
企業文化………………………………330
挙証責任の転換………………………159

起訴法定主義……………………296,371
期待可能性………………………………289
　　――の理論……………………………258
行政制裁……………………………58,235
行政責任説………………………………236
共産主義の時代…………………………354
共犯の犯罪地……………………………162
共謀………22,67,100,144,145,164,181,
　　　　219,278,312,320,331,338
　　――の処罰……………………………100
　　――の犯罪化…………………………313
共謀罪……………………………89,145,332
刑事責任は人的である…………………230
刑の執行猶予……………………………302
刑法上の収賄罪………………………40,41
刑法の場所的適用範囲…………………262
厳格責任…………………………………320
権利制限刑………………………………275
　　――の種類……………………………275
休日拘禁…………………………………250
均衡の原則………………………………182
金銭的行政制裁…………………………237
金銭的制裁…………………………………26
具体的双方可罰性………………………323
軽罪…………………………………………173
軽罪裁判所………………………………173
警察汚職……………………………………64
刑事責任説………………………………237
刑事責任の拡大…………………………330
拘役……………………………………51,52
公益通報権法…………………………85,89
公益通報者………………………58,122,220
　　――の保護……………………………122
公益通報者保護法…………………317,334
拘禁刑……………………………………328
公職禁止…………………………………214
高等法院…………………………………132
公務員………………33,86,108,141,153,
　　　　　195,256,327,364

　　――の範囲………………………………33
公務員収賄罪………………………………43
公務担当者………………………………203
考慮すべき義務……………………………11
国営企業…………………………………160
国越的汚職…………………3,227,312,338
国家公務員………………………………159
国際商取引…………………………………15
　　――におけるあっせん収賄…………346
　　――における外国公務員贈賄防止法
　　　　　……………………………………117
　　――における汚職犯罪………………291
　　――における贈収賄…………………260
　　――における贈賄……………………345
国家機関………………………………35,44
国家機関等収賄罪…………………………44
国家機関等への贈賄………………………49
国民権益委員会……………………105,120
国連汚職防止条約
　　　　…19,22,45,76,96,113,119,139,
　　　　　150,165,171,202,222,278,280,
　　　　　286,303,304,308,310,319,364
国連麻薬及び犯罪事務所…………………11
コンプライアンス・プログラム
　　　　………………………………239,268

さ　行

財産的利益………………………………256
裁判官……………………………………203
裁判権……………………………………324
財物…………………………………………47
サムスン…………………………………106
シーメンス疑惑事件……………………197
シェンゲン協定…………………………358
資金洗浄……………………………3,19,161
　　――の3段階……………………………20
　　――の犯罪化……………………………20
資金洗浄防止及び処罰法………………161
資格制限……………………………………78

資格停止	114	純粋の商業贈収賄	38
死刑	134, 151, 157	純代理処罰主義	218
時効	7	白い汚職	355
事後収賄	111, 366	制限的な能動的属人主義	54
事務所の閉鎖	354	正式起訴による有罪	77
自国公務員への贈賄	48	政治的汚職	355
事前収賄罪	156	世界ガバナンス指標	103

自然人
　——に対する刑……………………174, 181
　——に対する特別の刑………………193
　——に対する付加刑…………………253
　——に対する補充刑……………190, 193

自宅拘禁	152, 301	世界主義	54, 368
受動的属人主義	116, 183, 262, 263	絶対的資格制限	274, 301
司法汚職	106, 107, 156, 157, 356	煽動	278
司法界における汚職	306, 356	捜査協力	350
司法官の汚職	306	相談	22
司法官の収賄	306	贈収賄	14
社会的相当性	211	贈収賄防止條例	65, 69
司法共助	4, 8	贈賄	112, 207, 212, 255, 344, 365

贈賄行為防止のための「6つの基本原則」
　………………………………………266

社会奉仕作業	250, 274, 275, 361	双方可罰主義	183, 196
収賄	110, 205, 212, 254, 342	双方可罰性	116, 218
——の推定	88	組織体	34, 35, 251
収賄者	365	——による公務員贈賄	50
自由刑	213, 274	組織体職員収賄罪	41
主刑	174, 249	組織体職員への贈賄	41
受刑者の移送	8	組織体犯罪	35
受託収賄	110	属人主義	116, 163, 311, 368
上司の責任	349	属地主義	53, 182, 217, 262, 324, 368
上訴法院	132	損害賠償制裁刑	174, 186

た　行

商業贈収賄	36, 37	代償責任	91, 92
商業贈収賄罪	37, 38	第三者供賄	111
商業賄賂	56	脱退	9
使用者責任	92	単位	35
商取引	210	短期自由刑の特則	250
——における贈収賄	209, 210	団体	251
——における贈賄罪	212	治安判事裁判所	133
職業禁止	214, 215	秩序違反	215
職務行為の不可買収性	207	秩序違反法	214, 215, 216
		秩序罰	215

地方オンブズマン……………121,122
地方裁判所………………………132
沈黙の法…………………………357
追徴………………………………112
通常でない資産…………………159
締約国……………………………3
適正手続……………………266,350
「適正な手続」の抗弁……………266
適法行為の抗弁……………323,324
当事国……………………………6
透明性認識指数………70,84,138,319,357
特別規定原則…………………176,177
特別資格制限…………………274,302
特別責任規定……………………332
特別捜査手法……………………340
土地使用権………………………61
独立委員会の権限と構成………66

な 行

内国公務員に係る贈収賄………327
内部告発者………119,122,230,269,296
内部告発者保護法……………269,317
内部準則…………………………239
21世紀のドラコン法……………26
日数罰金………214,251,252,276,351,361
能動的属人主義
　……117,182,196,218,262,263,323,368

は 行

場所的適用範囲…………………262
罰金………………52,94,135,214,251,276
罰金以外の制裁…………………95
罰金王国シンガポール…………136
罰金単位……………………325,326
半拘禁…………………………250,252
犯罪収益…………………………21
　——の隠匿・偽装………………21
　——の取得・所持・使用………22
　——の洗浄…………………19,20

——の転換・移転………………21
汎米汚職…………………………22
汎米汚職防止条約
　………………17,76,310,312,337,338
被害者なき犯罪…………………157
秘密捜査手法……………………67
比例罰金…………………………284
付加刑……………………………253
米国のFCPA……………………26
米国の外国汚職防止法…………22
米州機構……………………311,337
遍在主義…………………………218
遍在説…………53,116,162,182,217,218
防御条項…………………………12
防御文書…………………………5
報奨金……………………………123
法人………………232,237,251,328,362
　——に対する付加刑……………253
　——に対する刑……………174,181,362
　——に対する制裁………25,26,118,367
　——に対する特別の刑………184,284
　——に対する罰金……………251,276
　——に対する付加刑……………253
　——の一般化された責任の原則…177
　——の責任…………………25,231,280
　——の法的責任……93,118,230,233,263
　——社会的責任…………………92
法人の刑事責任
　……79,116,140,164,170,175,184,190,
　　　264,272,280,281,303,322,362
　——の一般化………………………177
　——の2要件………………………177
法人管理者の責任………………279
法人と個人との平等の原則……178
法人は罪を犯すことができない
　………………23,56,91,175,263,272
法人犯罪…………………………92
法令順守計画……………………58
保護主義………54,116,163,262,368

保護措置……………………9, 123	や　行
補充刑…………174, 182, 188, 361, 362	汚れた財産………………………326
発議………………………………278	ら　行
没収…………………78, 112, 228	利益………………………………204
香港基本法…………………………65	利益供与…………………………207
ま　行	利益収受…………………………203
マネー・ロンダリング条約………20, 23	立法指針………………………5, 11
マレーシア連邦………………127, 128	立法すべき義務……………………11
密室の犯罪………………………157	ルーマニア共和国……………353, 354
みなし公務員……………………115	わ　行
民間部門………………………18, 339	賄賂……14, 87, 109, 140, 256, 304, 344, 364
——における贈収賄	——の範囲……………………195
………………18, 74, 113, 261, 325	賄賂強要罪………………………154
無期刑……………………………331	
むち打ち…………………………135	

索　引　*377*

外国語索引

ACRC················105, 120
ACT················320
active bribery················14, 40
adequate procedures················350
agent················75, 140, 143
aktive Bestechung················212
Angestellter················211
Anti-Corruption Act················104
Anti-Corruption and Civil Rights Commission················105
aut dedere aut judicare················218
autoridad················286, 287
AUCL················36
Beauftragter················211
benami················85
body corporate················328
bribe················14
bribery················109
Bribery Act 2012················22, 26, 264, 268, 350
BRICs················81, 91, 335
caning················135
CBI················97
CE 刑事条約················15, 19, 24, 40, 150, 194, 222, 268, 280, 295, 339
CE 民事条約················150, 222, 269
Civil Rights················121
coima················249
commercial bribery················36, 56
Conseil de l'Europe················175
conspiracy················22, 67, 100, 164, 219, 312, 320, 331, 333, 338
conspiration················181
contraventions················173
conviction on indictment················77
compliance program················234, 349

corporate compliance program················56
corporate crime················35, 92
corporate culture················330
corporate legal liability················93
corporate social responsibility················234
corporation················35, 93
Council of Europe················202, 222
counselling················22
Court of Appeal················131, 132
CPI················70, 84, 104, 138, 315, 319, 333, 357
crimes················16, 173
criminal commercial bribery················39
criminal conspiracy················89, 144, 145
corruption················7, 35, 179
corruption blanche················355
corruption grande················355
corruption in judiciary················106, 356
corruption politique················355
CVC················96
day-fine················361
decreto-legislativo················234
délits················173
dia-multa················251, 276, 351
District courts················132
enterprises················115
enti················232, 233
entraide judiciaire················4, 8
EU-BestG················200
EU 汚職防止法················171, 200
EU 理事会················265
facilitation payments················60, 71, 183, 196, 305, 315, 323, 324
FATF················139
fault elements················329
FCPA················22, 348

fine	26, 27, 135, 136
FIU	20
foreign public official	16
funcionario público	286, 304, 341
grand corruption	365
Geldbuβe	215
gratification	140, 141, 142, 143, 145
guard clause	5
halfway-house	250
High Court	131, 132
IAC	83
IACAC	17, 310, 312, 313, 337, 338
ICAC	65, 71
ICACの汚職対策	66
illicit enrichment	17, 76, 295, 310, 338
imprisonment	328
indictable offence	326
influence peddling	367
Japanese corruption	137
judicial corruption	106, 107, 356
jurisdiction	321, 324
KICAC	104, 119
Legislative Guide	5, 6
legal entity	24, 118, 362
liability of legal persons	25
life imprisonment	321
lobbying	103, 104
lobbying corruption	103, 105
local ombudsman	121
magistrates' court	133
Malaysia	128
monetary fines	95
money-laundering	3, 19
mutual legal assistance	4, 8
NACC	149, 159
negligence	329
NICs	63
MIEs	63
non-criminal commercial bribery	39
OAS	311, 337
obligation to consider	11
obligation to legislate	11
OECD	113
OECD条約	15, 22, 26, 117, 150, 171, 181, 199, 200, 222, 231, 268, 250, 268, 308, 313, 319, 322, 338, 347
OECD条約2条	24, 231
official bribery	40
officier public	195
ombudsman	317
Ordnungswidrigkeit	215
over act	331
paper trail	158, 165
passive Bestechung	212
passive bribery	14, 40
penas accessorias	253
persona giuridica	232, 237
PBO	65, 69, 76, 77, 78
PCA	85, 86, 138, 140
police corruption	64, 137
political corruption	82
politicised judiciary	315
pot-de-vin	14
Prevention of Corruption Act	118
principal	75, 140, 143
private sector	339
proceeds of crime	21
public body	140, 143, 144
public officer	364
public official	108, 141, 153, 327
respondent superior	92, 349
Right to Information Act	85, 89
RTI Act	84, 85, 89
safe conduct	8
safe guard clause	12
salvus conductus	9, 10
Samsung	106
Schengen Agreement	358

Siemens　198	trading in influence　7, 45
Singapore　126, 128	trafico de influencia　243, 260, 292
Singapore is a fine country　135	transnational bribery　312, 338
Societas delinquere non potest	transnational corruption　227
23, 56, 91, 175, 215, 263, 272	Transparency Internationl　70, 104
socially acceptable and legally	Ubiquitätstheorie　217
unproblematic　204	Ubiquitätsprinzip　218
Sozialadequanz　211	UKBA　265
special investigative techniques　4, 340	UNCAC　1, 119, 139, 150, 319, 339, 364
special investigator　147	undercover operation　67
subordinate courts　131	UNODC　5, 6, 11
summary conviction　77	vicarious liability　91, 92
summary trial　325, 326	WEF　315
supreme court　131	WGI　103, 119
State Party　6	whistleblower
statute of limitation　7	58, 119, 122, 220, 269, 296
Tagessatz　214	Whistleblowers Protection Act　334
Technical Guide　6	white corruuption　355
theory of ubiquity　53, 116, 162	World Governance Indicators　103
TI　70, 84, 104, 319, 333, 357	

著者紹介

森下　忠（もりした・ただし）

　1924 年　鳥取県に生まれる
　1950 年　京都大学法学部卒業
　1962 年　法学博士
　現　在　広島大学名誉教授・岡山大学名誉教授

主　著

緊急避難の研究（1960 年，有斐閣）
緊急避難の比較法的考察（1962 年，有信堂）
国際刑法の新動向（1979 年，成文堂）
国際刑事司法共助の研究（1981 年，成文堂）
国際刑事司法共助の理論（1983 年，成文堂）
国際刑法の潮流（1985 年，成文堂）
イタリア刑法研究序説（1985 年，法律文化社）
犯罪者処遇論の課題（1988 年，成文堂）
刑事政策各論（1989 年，成文堂），新版（1996 年）
刑事司法の国際化（1990 年，成文堂）
刑事政策の論点Ⅰ（1992 年，成文堂）
刑事政策大綱Ⅰ，Ⅱ（1985 年，成文堂），新版（1993 年），
　　　　　　　　　　　　　　　　　　　新版第二版（1996 年）
犯罪人引渡法の理論（1993 年，成文堂）
刑事政策の論点Ⅱ（1994 年，成文堂）
国際刑法の基本問題（1996 年，成文堂）
刑事政策の論点Ⅲ（1997 年，成文堂）
犯罪人引渡法の研究（2004 年，成文堂）
刑法適用法の理論（2005 年，成文堂）
国際刑法学の課題（2007 年，成文堂）
国際刑事裁判所の研究（2009 年，成文堂）
国際刑法の新しい地平（2011 年，成文堂）
国際汚職の防止（2012 年，成文堂）

諸外国の汚職防止法制
国際刑法研究　第 14 巻

2013 年 3 月 10 日　初版　第 1 刷発行

著　者　森　下　　忠

発行者　阿　部　耕　一

〒162-0041　東京都新宿区早稲田鶴巻町 514 番地
発行所　株式会社　成文堂
電話 03（3203）9201代　http://www.seibundoh.co.jp

製版・印刷　三報社印刷　　　　　製本　弘伸製本

Ⓒ 2013　T. Morishita　　Printed in Japan
☆乱丁・落丁は，お取り替えいたします☆　検印省略
ISBN978-4-7923-1976-2　C3032

定価（本体 7800 円＋税）

森下　忠 著　国際刑法研究シリーズ

第1巻	国際刑法の新動向	Ａ５判・342頁	品切
第2巻	国際刑事司法共助の研究	Ａ５判・372頁	3800円
第3巻	国際刑事司法共助の理論	Ａ５判・334頁	4000円
第4巻	国際刑法の潮流	Ａ５判・346頁	4000円
第5巻	刑事司法の国際化	Ａ５判・340頁	4854円
第6巻	犯罪人引渡法の理論	Ａ５判・260頁	6000円
第7巻	国際刑法の基本問題	Ａ５判・300頁	6000円
第8巻	犯罪人引渡法の研究	Ａ５判・328頁	6000円
第9巻	刑法適用法の理論	Ａ５判・294頁	6000円
第10巻	国際刑法学の課題	Ａ５判・294頁	6000円
第11巻	国際刑事裁判所の研究	Ａ５判・338頁	6500円
第12巻	国際刑法の新しい地平	Ａ５判・300頁	6000円
第13巻	国際汚職の防止	Ａ５判・330頁	6500円
第14巻	諸外国の汚職防止法制	Ａ５判・406頁	7800円

（定価は本体価格）